왜 분노해야 하는가

Capitalism in Korea II

한국 자본주의 II
분배의 실패가 만든
한국의 불평등

왜 분노해야 하는가

장하성 지음

Capitalism in Korea II

헤이북스

차례

세부 차례

특집 〔그림으로 읽는 한국 경제〕

정당한 분노를 해야 할 때다

세상은 우리가
만들어가는 것이다

| 또 하나의 기적 |

한국 경제는 한때 '한강의 기적'이라 불렸다. 제2차 세계 대전 이후 패전국 독일이 불사조처럼 살아난 것을 일컫는 '라인 강의 기적'도 한강의 기적에 비할 바가 되지 못한다. 어떤 나라도 한국과 같이 세계에서 가장 가난한 나라에서 선진국 반열까지 차고 오른 사례를 찾아볼 수 없었다. 박정희 통치 기간(1961~1979)에 20년도 채 안되는 산업화로 85달러에 불과하던 1인당 국민소득을 1709달러로 무려 20배로 끌어올렸다. 이러한 성과는 절대 빈곤의 멍에에서 벗어나게 만들었지만, 여전히 한국은 1인당 국민소득 2000달러에도 미치지 못하는 개발도상국 수준이었다. 기적은 거기에서 멈추지 않았다. 많은 사람들이 고도성장을 박정희 시대로 한정해서 생각하지만 1994년

에 1인당 국민소득은 1만 달러를 넘어서서 중진국의 반열에 올랐고, 1997년 외환 위기를 극복하면서 2006년에는 2만 달러를 달성했으며, 2014년에는 2만 8000달러를 넘었다.[1] 한국 경제의 성장 기적은 지난 반세기 이상 계속된 것이다.

경제 전문가가 아닌 일반인에게는 한국 경제의 성공 신화란 초단기간의 눈부신 산업화와 고도성장이겠지만, 기적은 단지 그것뿐만이 아니었다. 비교적 관심을 끌지 못한, 하지만 내용적으로는 더욱 중요할 수도 있는 사건은 급속한 성장 과정에서도 '소득 불평등이 악화되지 않았다'는 점이다. 산업화 과정이 본격적으로 시작된 1960년대 초반부터 적어도 1990년대 중반까지 약 30년 넘는 기간 동안 소득 불평등이 악화되었다는 뚜렷한 증거는 보이지 않았다. 이 말은 성장의 과실이 대체로 고루 분배되었다는 의미고, 그것은 실질임금이 노동생산성과 비슷하게 올랐기 때문이다. 왜 생산성 향상만큼 실질임금도 병행하여 올랐는지에 대해서는 다양한 설명이 있을 수 있으나, 상당히 빠른 성장률 때문에 임금의 상승이 자본축적 과정에 그다지 장애 요인으로 작용하지 않았기 때문이라 추정해볼 수 있다. 우리나라 노동력의 역량에 비하여 워낙 초저임금으로 시작했기 때문에 각 산업 분야에서는 임금 압박보다는 사업 규모를 늘리는 것이 더 중요한 관건이었다고 보인다.

산업화와 성장을 한 축으로 하고, 다른 한 축에서는 분배의 형평성을 동시에 달성했다는 것은 두 마리의 토끼를 모두 잡는 것과 같이 대단히 놀라운 일이다. 산업화에 성공한 사례도 드물거니와 분배의 형평성까지 유지한 나라는 한국과 대만뿐이다. 경제 발전의 궁극적인 목적이 국민 삶의 질 향상이라면 성장은 수단에 불과한 것이다.

결국 성장의 과실을 나누어 갖는 분배의 형평성이 이루어져야 한다. 국민 대다수는 어제보다 오늘이 나았고, 오늘보다 나은 내일의 삶을 확신할 수 있었다. 성장과 더불어 분배가 이루어졌기 때문에 50년 동안 세계 최장 노동시간이라는 기록이나 독재정치와 같은 고통도 인내할 수 있었던 것이다. 이런 의미에서 한국의 산업화 과정은 단지 세계 시장을 석권하거나 세계 10위권으로 경제 규모가 커졌다는 사실을 훨씬 뛰어넘는 또 하나의 기적을 이룬 것이었다.

| 기적에서 나락으로 |

고도성장과 더불어 성장의 과실이 비교적 공평하게 향유되던 기적은 지속되지 않았다. 1960년대 초반부터 시작되었던 산업화 과정에서 기간마다 차이는 있을지라도 적어도 1980년대까지는 소득분배가 악화되지 않았다. 1990년대 중반까지는 소득분배의 형평성이 오히려 호전되는 양상을 보이기까지 했다. 그러다가 1997년 외환 위기 이후 불평등은 악화되기 시작하더니, 그 속도가 매우 빠르게 진행되고 있다. 지난 20년 가까운 기간 동안 소득분배의 균형은 완전히 상실되었고, 이제 한국은 세계에서 가장 불평등이 심해진 나라가 되었다. 불평등의 악화는 단지 소득에서만 그치지 않았다. 일자리 간의 불평등, 노동자 간의 불평등, 기업 간의 불평등, 세대 간의 불평등 등 거의 모든 지표에서 한국은 세계 최악의 위치로 떨어지고 있다. 거기에다가 경제성장의 하락이 뒤따랐다.

최근에 잠재성장률에도 미치지 못하는 성장이 몇 년간 지속되고 있지만 한국 경제가 구조적으로 저성장 기조에 들어섰는지는 아직 예단하기 이르다. 성장이 둔화된 것은 경제 규모가 커지고 소득수준이 높아지면서 발생하는 당연한 과정으로 받아들일 만하다. 아직은 OECD 회원국 중에서 성장률이 가장 높은 나라 중 하나이기 때문이다. 그러나 OECD 회원국 중에서 불평등은 가장 심한 나라일 뿐 아니라 혁명적인 변화가 없는 한 반전될 가능성이 없을 정도로 이미 구조화되었다. 성장 하락이 불평등의 악화 현상과 겹치는 사태가 지속된다면 그것은 머지않아 한국 경제에 재앙 수준의 파국을 불러올 가능성을 배제하기 어려울 것이다. 고도성장과 공평한 분배라는 두 가지 기적은 사라지고 한국 경제는 저성장과 불평등 악화라는 두 가지 재앙의 나락으로 떨어지고 있는 것이다.

한국 경제에 관한 관심은 항상 성장에 집중되었다. 권력을 가진 정치권, 재벌, 관계뿐 아니라 학계와 언론계까지도 성장 지상주의자들이 장악해 왔다. 그들은 성장을 모든 문제를 해결하는 최선의 방안이요, 만병통치약으로 생각해 왔다. 분배는 성장을 저해하는 '경제악'으로 여겼고, 정의로운 분배를 주장하는 사람을 '빨갱이'로 몰기까지 했다. 심지어는 성장을 위해서 인간이 추구하는 근본적인 가치인 자유와 평등 그리고 인류가 사회라는 공동체를 구성하면서 지켜온 정의와 민주라는 기본 질서까지 희생되어도 무방한 것으로 주장해 왔다. 많은 국민들도 그들의 성장 우선 정책에 무언의 동의를 해왔다. 그 이유는 성장이 자신의 삶을 더 낫게 만들어줄 것이며, 참고 지내면 성장이 사회의 많은 문제들도 해결해줄 것이라는 믿음을 가졌기 때문이다. 그러나 그러한 믿음이 깨졌다. 성장이 지속되었지만 보통 국민들의 삶이 나아지지 않는 모순이 현실화되었고, 사회는 갈수록 갈등과 대립으로 분열의 골이 깊어지고 있다.

국가 경제나 기업이 성장하고 발전하는 궁극적인 목적은 국민이 잘살기 위한 것이다. 지금의 한국은 목적을 상실한 성장을 하고 있다. 성장 지상주의자들은 대기업이 더 잘되고 부자가 더 잘살게 되면 당장은 아니더라도 언젠가는 중소기업도 잘되고 보통 국민들도 잘살게 된다고 주장해 왔다. 그러나 낙수 효과는 허구로 판명났다. 경제가 성장했는데도 보통 국민들의 삶은 나아지지 않았고, 불평등은 갈수록 심해지고 있다. 국민도 이제야 자신의 믿음이 실현되지 않는 미신이었다는 것을 깨닫기 시작했다. 경제가 성장했으니 분명 나라 전체의 부가 늘어난 것은 사실이다. 그런데 왜 나의 삶은 나아지지 않는가에 대해서 국민이 의문을 갖기 시작하게 된 것이다. 성장의 혜택에서 소외된 다수의 국민들이 불평등한 분배에 대한 관심을 보이기 시작했다. 아쉽게도 불평등이 이미 심각한 수준에 이르렀을 뿐 아니라 혁명적인 변화가 없이는 바로잡기 어려울 정도로 구조화된 이제서야 한국 사회의 화두가 된 것이다.

지금의 상황은 어느 날 갑자기 생겨난 것이 아니다. 지난 20년 동안 지속적으로 그리고 가파르게 악화되어 온 결과다. 그런 상황이 왜 교정되지 않고 오랫동안 방치되었을까? 성장과 분배를 함께 이루어낸 기간이 길었기 때문에 불평등 악화를 그저 일시적 현상으로 보았을 수도 있다. 혹은 과거와 같이 고도성장을 재현할 수 있다면 불평등 문제도 자연스레 해결될 것으로 기대하는 심리도 작용했을 수도 있다. 하지만 기대했던 고성장의 회복은 돌아올 리 없고 불평등은 더욱 심화되기만 했다. 이제는 오히려 불평등이 성장을 저해하면서 인과관계가 물고 물리는 구조적 모순으로 고착되고 있다.

| 이 책의 화두 세 가지 |

한국에서의 불평등에 대한 관심은 2012년 대선에서 '경제민주화' 주제 중의 하나로 막연하게 제기되었지만 구체적인 논의가 이루어지지는 않았다. 그러다가 2014년 가을에 피케티의 저서 《21세기 자본》이 출간되면서 불평등에 대한 관심이 높아지기 시작했다. 피케티는 선진국들의 불평등이 어떻게 악화되어 왔는가를 분석하고 이를 해소하는 방안을 제시했다. 한국은 자본주의 발전 경로와 역사 그리고 자본축적의 수준이 오랜 자본주의 역사에서 자본을 축적해 온 선진국과 너무나 다르기 때문에 피케티의 분석과 대안은 한국의 현실과 거리가 있었다. 그럼에도 불구하고 이 책이 많은 관심을 끈 것은 불평등한 한국 현실에 대한 국민의 새로운 자각을 반영하는 것이었다. 한국에 관한 내용이 단 한 줄도 없는 외국 학자의 책이 불평등에 대한 관심의 계기를 만들어주었다는 것이 한편으로 고마운 일이지만, 다른 한편으로는 한국 학자의 한 사람으로서 참담하고 부끄러운 일이었다.

최근에 한국의 불평등에 대한 수많은 글들과 책들이 쏟아져 나왔다. 이런 상황에서 필자가 불평등에 관한 또 하나의 책을 쓰는 것이 무슨 의미를 가질 수 있는지 자문해보았다. 이 질문을 되풀이할수록 쓰겠다는 의지가 강해졌다. 이유는 한국에서의 불평등에 관한 기존의 많은 논의들이 한국의 현실을 제대로 반영하지 못하고 있다고 판단했고, 필자 나름의 한국 불평등에 관한 논의를 하고자 했기 때문이다. 필자는 이 책을 통해서 선진국이 아니라 '한국'의 불평등에 대한 의문과 답을 구하려고 했고, 이는 필자가 '자본주의'가 아니라 '한국에서의 자본주의'에 대한 논쟁을 하기 위해서 《한국 자본주의》라는 책을 쓴 것과 같은 맥락이다.

필자가 한국의 불평등에 대한 탐색을 통해서 답을 구하고자 하는 질문은 크게 세 가지다. 첫째, '불평등하다'라는 현상에 대한 서술에서 그치지 않고 한국은 '왜 불평등해졌는가'라는 이유와 원인이다. 둘째, 한국의 현실에 기초한 불평등을 '극복할 방안이 무엇인가'에 대한 해법이다. 그리고 셋째, 지금의 불평등한 한국을 '누가 바꿀 수 있는가'라는 주체다. '왜 불평등해졌는가'라는 원인에 대한 정확한 답을 구해야 불평등을 완화하기 위해서 '무엇을 해야 하는가'라는 대안에 대해서 제대로 답할 수 있을 것이다. 그래서 첫 번째 질문과 두 번째 질문은 같은 맥락이다. 세 번째 질문은 아무리 좋은 방안이 마련되어도 이를 현실에서 실현할 주체가 누구인가를 다시 생각해보고자 한 것이다. '누가 바꿀 수 있는가'라는 실천의 주체에 대한 답을 구하려면 먼저 '누가 지금의 불평등을 만들었는가'라는 책임 소재와 원인 제공자를 밝혀야 하고, 그것은 첫 번째 질문에 대한 답과 관련된 것이다. 세 번째 질문이 특별히 중요한 이유는 한국의 불평등한 상황이 다음 세대인 청년세대에게서 희망을 빼앗아가고 있기 때문이다. 지금 당장의 불평등은 어쩔 수 없고 단기간에 교정되기도 어렵다 하더라도, 적어도 이 상태가 지속되어서는 안 된다. 청년세대가 3포 세대, 잉여 세대와 같이 절망의 단어로 대변되고 있는 지금의 현실을 누가 만들었는지를 제대로 밝혀야 청년세대에게 희망의 미래를 만들어줄 수 있을 것이다.

한국이 세계에서 가장 불평등한 나라가 되었지만, 불평등을 만들어낸 구조가 선진국들과 다르며, 그러기 때문에 이를 바로잡는 방안도 달라야 한다. 기존의 불평등에 관한 논의들이 한국의 불평등이 심각하다는 점에는 모두가 동의한다. 그러나 기존의 논의들 중에는 불평등의 원인을 규명하는 데 미흡하거나 또는 선진국의 논리를 한국에 적용하는 잘못된 논의를 하고 있는 것이 적지 않다. 지난 20년간 불평등이 지속적으로 악화되어 온 상황이 교정되지 않고 방치된 것이나, 피케티 열풍이 정작 중요한 한국의 불평등을 파헤치는 논쟁으로 이어지지 않은 것도 많은 논의들이 한국의 불평등 구조와 원인이 선진국과 다른 것을 간과했기 때문이다.

| 왜 불평등해졌는가? |

경제적 불평등은 '가진 것'의 차이와 '버는 것'의 차이로 구분한다. 가진 것의 격차는 재산 불평등이고, 버는 것의 격차는 소득 불평등이다. 기존의 불평등에 관한 논의는 이 두 가지 불평등의 차이를 간과하고 있거나 혼재되어 있으며, 일반 사람들의 관심은 대부분이 가진 것의 격차, 즉 재산 불평등에 초점이 맞추어져 있다. 그 이유는 이론적으로 자본주의에서 자본이 자본을 만드는 속성으로 인하여 재산 불평등이 소득 불평등을 악화시키는 주요한 원인이 되기 때문이다. 또한 대부분의 나라에서 재산 불평등이 소득 불평등보다 더 심하며, 그러한 재산 불평등이 소득 불평등을 초래하는 것이 일반적인 현상이기 때문이다. 한국의 상황은 꼭 그런 것이 아니다. 한국도 다른 나라와 마찬가지로 재산 불평등이 소득 불평등보다 심하다. 그러나 한국은 재산 불평등이 소득 불평등을 만들어내는 주요한 원인이 아직은 아니다. 한국에서 불평등한 상황으로 인하여 절대다수의 국민들이 경제적 고통을 겪는 것은 재산 불평등보다는 '버는 것'의 격차, 즉 소득 불평등으로부터 오는 것이다. 그리고 소득 불평등의 근본적인 원인은 고용 불평등이다. 한국에서의 불평등에 대한 논의들은 바로 이 점을 간과하고 있다. 여기에서 필자의 생각은 기존의 불평등에 대한 논의들과 구별된다.

일반 국민들은 불평등이라는 단어를 들으면 대부분 '빈부의 격차'를 연상한다. 불평등을 부자와 가난한 자의 차이로 인식하는 것은 '가진 것'의 차이로 보는 것이다. 그러나 대다수 국민들의 일상적인 삶의 질은 '가진 것'보다는 '버는 것'이 결정한다. '가진 것'의 격차가 의미가 있는 경우는 '가진 것'의 차이로 인하여 '버는 것'의 차이가 만들어질 때다. 다시 말하면 재산이 소득을 만들어서 재산 불평등이 소득 불평등을 만드는 원인이 될 때 빈부의 격차가 중요한 관심사가 되는 것이다. 한국의 소득 불평등은 재산격차가 아니라 임금격차가 만들어낸 것이기 때문에 불평등에 대한 원인 규명과 대안 마련을 위해서는 관심의 초점을 재산보다는 소득에 맞추어야 한다.

모든 계층에서 노동소득이 전체 소득의 90% 이상을 차지하고 있고, 평균적인 가계의 경우에 재산소득은 가계소득의 1%도 되지 않는다. 심지어 소득 상위 10%에 속하는 고소득층의 경우에도 재산이 만들어내는 소득은 5%도 되지 않는다. 이자나 임대료, 배당과 같은 재산으로 벌어들이는 소득은 전체 소득 불평등을 결정할 만큼의 수준이 아니며, 불평등을 만들어내는 원인은 임금으로 받는 노동소득이다. 물론 소득 상위 1% 또는 0.1%에 속하는 초고소득층은 상당한 소득을 재산으로 벌어들이고 있다. 그러나 그들은 극소수이며, 거의 모든 가계들은 재산의 대부분이 소득을 만들어내지 못하는 거주용 주택이기 때문에 재산을 갖고 있다 해도 소득에 별반 도움이 되지 못한다. 따라서 한국에서는 재산 불평등이 소득 불평등의 주요한 원인이 되지 않는 것이다. 전체 국민의 절대다수에게는 재산격차가 아니라 임금격차, 즉 가진 것이 아니라 버는 것의 차이가 불평등을 만들어서 중산층이 줄어들고 저소득층과 저임금노동자가 늘어나고 있는 것이다.

임금격차가 소득 불평등을 만드는 원인이라면, 임금격차가 왜 생겨났는지를 생각해보아야 한다. 그래야 불평등을 어떻게 바로잡을 것인지의 두 번째 질문에 답할 수 있을 것이다. 결론부터 말하자면 임금격차가 확대되는 이유는 고용 불평등과 기업 간 불균형이다. 즉 정규직과 비정규직 그리고 대기업과 중소기업 간의 임금격차가 갈수록 확대되고 있는 것이 소득 불평등을 악화시키고 있는 절대 원인인 것이다.

비정규직 임금은 정규직의 절반에도 미치지 못한다. 비정규직 노동자가 정규직으로 전환되는 비율은 노동법이 정하고 있는 고용 기간 2년이 지나도 열 명 중 두 명에 불과하다. 비정규직은 정규직으로 가는 징검다리가 아니라 빠져나오지 못하는 함정인 것이다. 1990년대 초반까지는 비정규직이라는 개념 자체가 없었다. 비정규직에 관한 통계조차 존재하지 않는다. 비정규직은 외환 위기 이후에 나타난 새로운 고용 형태이며, 기업은 비정규직을 낮은 임금을 지급할 뿐 아니라 임의로 해고하는 수단으로 악용해 왔다. 고용 불안정과 낮은 임금이라는 두 가지 부당함을 감수하고 있는 비정규직 노동자가 정부 통계로는 노동자 세 명 중 한 명 그리고 노동계 통계로는 노동자

두 명 중 한 명이다. 이러한 고용구조 때문에 한국은 같은 직장에서 1년 미만 근무하는 노동자가 세 명 중 한 명일 정도로 고용 불안정이 OECD 국가 중에서 최악이다. 불평등한 고용구조가 한국 불평등의 근본적인 원인이며, 이러한 구조를 만든 장본인은 대기업이다.

중소기업 임금은 대기업의 60% 수준이다. 중소기업과 대기업 간 임금격차가 오래전부터 큰 것은 아니었다. 1980년대 중소기업 임금은 대기업의 90%가 넘는 수준일 정도로 격차가 작았는데, 지난 30년 동안 격차가 지속적으로 확대된 것이다. 중소기업과 대기업의 임금격차가 커진 반면에 중소기업에서 일하는 노동자는 크게 늘었다. 중소기업의 임금이 대기업과 거의 같은 수준인 97%이었던 1980년 중소기업에서 일하는 노동자는 전체 노동자의 절반을 조금 넘는 53%이었다. 임금격차가 60%로 커진 2014년에는 전제 노동자의 81%가 중소기업에서 일하고 있다. 임금격차가 커졌을 뿐 아니라 국민 절대다수가 임금이 상대적으로 낮아진 중소기업에서 일하기 때문에 소득 불평등이 가속적으로 악화된 것은 당연한 결과다.

한국에는 약 50만 개의 기업이 있다. 한국 모든 기업의 매출액 중에서 재벌그룹에 속하는 100대 기업의 매출액이 차지하는 비중은 29%이고, 모든 중소기업은 35%를 차지한다. 이들 재벌 100대 기업이 고용하고 있는 노동자는 전체 노동자의 4%에 불과한 반면에 중소기업은 72%이다. 더욱 심각한 불균형은 순이익이다. 재벌 100대 기업은 한국 모든 기업의 순이익 60%를 차지한 반면에 중소기업은 35% 불과하다.[2] 대기업과 중소기업의 하청 구조 정점에 있는 초대기업이 고용을 만들어내지 않으면서 이익을 독차지하고 있기 때문에 절대다수의 고용을 담당하고 있는 중소기업은 정상적인 임금을 지급하지 못하고 간신히 생존하고 있는 것이다. 그 결과로 2차 하청기업의 임금은 원청기업인 초대기업 임금의 3분의 1이고, 3차 하청기업은 4분의 1 수준에 불과한 극심한 격차를 보이고 있다. 동일한 생산 사슬에 있는 원청기업과 하청기업 사이의 이렇게 엄청난 임금 불평등은 어떤 합리적인 경제 이론으로도 설명될 수 없는 것이다. 고용을 창출하지 않는 초대기업이 순이익을 독차지하는 지극히 불균형한 기업 생태계는 대기업이 '갑의 힘'이라는 시장 외적 요인으로 만들어낸 것이지 공정한 시장이 작동한 결과가 아니다.

한국의 소득 불평등은 재산소득으로 만들어진 것이 아니라 노동소득 때문이다. 다시 강조하자면 한국에서 불평등의 원인은 궁극적으로 정규직과 비정규직으로 양분된 고용 불평등과 대기업과 중소기업, 원청기업과 하청기업 간의 불균형으로 인해서 만들어진 것이다. 그럼에도 불구하고 기존의 불평등에 관한 적지 않은 논의들은 이자나 배당과 같이 자본이 소득을 만들어내는 재산 불평등에 초점을 맞추고 있다. 그리고 재계뿐 아니라 노동계의 일부 기득권까지도 저임금과 고용 불안정이라는 두 가지 불이익을 당하고 있는 비정규직과 중소기업 노동자를 외면하고 있다. 더구나 일부 진보 세력들은 소득 불평등의 원초적 책임이 있는 재벌의 불공정하고 불법적인 행태를 외면하고 오히려 한국 경제의 미래라고 옹호하기까지 한다. 필자는 기존의 이러한 논의들과 생각을 달리한다. 한국의 불평등 근원은 재산의 격차보다는 소득의 격차이며, 소득의 격차는 임금의 격차로 만들어진 것이다. 임금의 격차는 고용의 격차와 기업 간 불균형에서 찾아야 하며, 고용의 격차와 기업 간 불균형의 책임은 재벌 대기업에게 있다는 것을 이 책에서 논증하고 있는 것이다.

| 무엇을 해야 하는가? |

첫 번째 질문에 대한 답이 기존의 논의가 집중하고 있는 빈부의 격차가 아니라 소득의 격차라면, 두 번째 질문에 대한 답도 기존의 논의들과는 다를 수밖에 없다. 기존의 논의들은 불평등을 완화하는 방안으로 '재분배' 정책에 초점을 맞추고 있다. 그러나 이 점에서도 필자의 생각은 다르다. 재분배는 '다시 분배'하는 것이다. '원천적 분배'가 잘못되었기 때문에 정부가 복지 정책을 통해서 분배를 '다시' 조정하는 것이 재분배 정책이다. 한국에서는 아직 기초적인 복지 제도도 제대로 작동하지 않고 있고, GDP 대비 복지 예산의 비중이 OECD 국가 중에서 가장 낮다. 복지를 통한 재분배는 지금보다 더 확대되어야 한다는 점은 이론의 여지가 없다. 그러나 극도로 불평등한 원천적 분배를 그대로 두고, 사후적으로 교정하는 재분배만으로 불평등을 완화하는 효과는 매우 제한적일 수밖에 없다. 뿐만 아니라 한국의 불평등한 구조는 재분배만으로 교정할 수 있는 범주를 이미 넘어선 정도로 심각하고 구조화되었다는 것이 필자의 판단이다. 따라서 '재분배' 이전에 원천적 '분배'의 불평등을 바로잡는 것이 보다 더 시급하고 근본적인 불평등을 해소하는 방안이다.

한국은 외환 위기 이후로 사회복지 지출을 가파르게 늘려 왔다. 외환 위기 직전인 1996년 GDP 대비 사회복지 지출 비율은 3.4%이었고, 2014년에는 10.4%로 크게 증가했다. 이렇게 사회복지 지출을 빠르게 늘려 왔는데도 불구하고 재분배를 통해서 불평등을 완화하는 효과가 OECD 회원국 중에서 가장 낮은 이유는 원천적인 '분배'의 불평등이 악화되는 속도가 더더욱 빨랐기 때문이다. 여전히 한국은 GDP 대비 사회복지 지출의 비중이 매우 낮다. 그럼에도 불구하고 사회복지 예산이 정부 예산 중에서 차지하는 비중이 30%로 지방행정 예산 다음으로 높다. GDP 대비 사회복지 예산을 OECD 평균 수준으로 확대하려면 정부 예산의 절반을 사회복지에 투입해야 한다. 그러기 위해서는 현재 6.2%인 교육예산, 4.8%인 국방 예산 등의 다른 분야에 대한 지출을 크게 줄여야 한다. 이는 현실적으로 가능하지 않다. 유일한 방안은 정부 예산 규모 자체가 크게 늘어나는 것이다. 세금으로 충당하는 정부소득의 증가율이 경제성장률보다 크게 낮기 때문에 이 또한 현실성이 없다. 결론적으로 재분배 정책만으로 지금의 불평등을 완화하는 것은 턱없이 역부족하며, 사회복지 지출을 계속해서 더 빠르게 늘려간다고 해도 불평등을 완화하는 데 상당히 오랜 기간이 걸린다는 것이다. 그렇기 때문에 원천적 분배, 즉 임금과 고용의 불평등을 직접적으로 해소하는 정책이 필요한 것이다.

임금과 고용의 불평등이 한국 불평등의 근본적 원인이라면 결국 불평등은 기업이 만들어낸 결과인 것이다. 절대다수의 국민들은 노동의 대가로 받는 임금으로 삶을 꾸리고 있다. 그런데 경제가 성장했는데도 불구하고 보통 국민들의 삶이 더 나아지지 않았고 소득 불평등은 더욱 악화되었다면 성장의 성과가 임금으로 분배되지 않았다는 것을 의미한다. 국민총소득 중에서 가계로 분배된 몫이 지난 20년 동안 크게 줄었다. 그렇다면 도대체 누가 성장의 성과를 차지한 것인가? 일반 국민들은 고소득층이 성장의 성과를 독차지한 것으로 생각하는 경향이 있다. 물론 고소득층이 더 많은 몫을 가져갔다. 그러나 이보다는 압도적으로 많은 몫을 기업이 가져갔다. 정확하게는 대기업이 가져갔다. 경제성장의 성과가 가계, 즉 국민에게 분배되지 않고 대기업이 소유하는 기현상이 한국의 현실이다. 경제성장의 결과로 대기업은 부자가 되고 절대다수의 국민들과 중소기업은 경제성장의 혜택에서 제외된 것이다. 경제는 성장했지만 국민과 중소기업은 패자가 되었고, 대기업이 승자가 된 것이다.

기업이란 소득이나 소비의 궁극적인 주체가 아니다. 이론적으로 보자면 기업은 다만 소득이 일시적으로 머물다가 각 가계에 전달되는 도관체(pass-through)일 뿐이다. 기업에 머무르는 돈이란 미래의 투자를 위해 일시적으로 보관하거나, 투자를 하지 않는다면 노동자에게 임금이나 정부에 세금, 주주에 배당, 채권자에 이자 등 어떠한 형태로든 지급될 수밖에 없다. 그런데 성장한 결과로 일반 가계도, 정부도 돈을 벌지 못하고 기업만 벌었다면 정말로 기이한 현상이 아닐 수 없다. 경제가 성장하기 위해서는 수요가 있어야 하고, 수요가 있기 위해서는 소비가 되어야 하고, 소비를 할 수 있기 위해서는 소득이 있어야 한다. 그런데 소득이 없다면 결국은 소비도 수요도 투자도 성장도 있을 수가 없다.

경제성장의 성과를 대기업이 가져갔기 때문에 국민이 잘살게 되지 못했다는 것은 크게 두 가지 지표에서 나타난다. 첫째는 국민총소득 중에서 가계소득으로 분배된 몫이 줄어든 것이고, 둘째는 줄어든 가계소득의 몫이 그대로 기업소득의 증가로 이전된 것이다. 외환위기 직전인 1996년 국민총소득 중에서 가계소득으로 분배된 비율이 71%이었는데, 이후에 지속적으로 줄어들어서 2014년에는 62%이다. 경제성장의 성과 중에서 가계에 분배되는 몫이 9%포인트 줄어든 것이다. 같은 기간에 기업소득으로 분배된 비율은 16%에서 25%로 9%포인트가 늘어났다. 줄어든 가계소득의 몫을 기업이 차지한 것이다. 경제성장의 성과가 국민에게 분배되지 않고 기업에 계속 남은 비중이 커진 것이다. 그렇다고 해서 기업이 투자를 늘린 것은 아니었고, 오히려 저축을 늘렸다. 기업 저축이 가계 저축보다 훨씬 더 많고, 기업 부채는 줄어들고 가계 부채는 늘어났다. 가계가 저축의 주체가 되어 기업에 자금을 공급하는 것이 아니라 기업이 저축의 주체가 되는 기현상이 벌어진 것이다. 그렇다고 해서 기업소득의 증가가 모든 기업에 해당하는 것은 아니다. 중소기업은 여전히 자금난에 허덕이고 초대기업은 돈이 '남아도는' 것이다.

한국의 소득 불평등은 선진국의 경우를 그대로 적용해서 저소득층과 고소득층 간의 분배 갈등의 문제로 단순하게 볼 수 없다. 그 근원에는 선진국과 달리 가계에 노동소득으로 분배되어야 할 몫을 재벌 대기업이 분배하지 않고, 중소기업에게 돌아가야 할 이익을 재벌 대기업이 차지하고 있는 고용구조와 기업 구조가 있는 것이다. 임금 분배가 잘못된 것을 바로잡는 것이 한국의 불평등을 구조적으로 그리고 빠르게 완화할 수 있는 방안이다. 또한 임금 불평등은 고용 불평등과 기업 간 불균형으로 인해서 만들어진 것이기 때문에 정규직과 비정규직의 격차와 대기업과 중소기업의 격차를 줄이는 정책이 불평등을 완화하는 보다 근본적인 대책이 된다. 임금 분배 구조, 고용구조 그리고 기업 구조를 개혁하는 정책이 전제되지 않은 상태에서 정부의 복지 예산을 늘리는 재분배의 확대만으로 불평등을 해소할 수 없다. 이것이 필자가 이 책을 통해서 논증하고 있는 핵심 중 하나다.

| 누가 바꿀 수 있는가? |

지금의 불평등한 한국을 보다 평등한 사회로 바꿀 수 있는 방안들은 얼마든지 있다. 문제는 누가 이를 현실에서 실천할 것인가 하는 '주체'에 달렸다. 그것이 필자가 이 책을 통해서 답을 구하고자 하는 마지막 질문이다. 누가 세상을 바꿀 것인가를 논의하려면, 먼저 누가 지금과 같은 세상을 만들었는가를 생각해보아야 한다. 세상은 스스로 진화하는 것이 아니다. 사회를 주도하는 세력과 사회의 구성원들이 함께 만들어가는 것이다. 그렇다면 누가 청년세대들이 희망을 포기할 정도로 불평등한 한국을 만든 것이며, 오랜 세월 동안 세상이 그렇게 되도록 방치한 책임은 누구에게 있는가?

한국은 세계적인 경쟁력을 가진 수많은 '자랑스런' 재벌 대기업을 가지고 있고, 그들이 한국 경제의 성장을 이끌어가고 있다. 동시에 그들은 한국 사회의 불평등을 만든 원인 제공자이기도 하다. 불평등의 원인이 고용 불평등과 대기업과 중소기업 간의 불균형으로 만들어진 임금 불평등이고, 고용 불평등과 기업 간 불균형을 주도한 주체는 한국 경제를 지배하고 있는 재벌 대기업이라고 필자는 진단했다. 재벌은 한국 경제의 거의 모든 영역을 장악하고 있다. 재벌이 하지 않은 사업을 찾기가 힘들다. 경제만이 아니라 언론, 교육, 문화 분야까지도 직접 장악하고 있고, 재벌들의 영향력이 직접적으로 미치는 정치인, 관료, 법조인, 학자들도 적지 않다. 재벌은 경제만을 지배하는 것이 아니라 정치권력을 넘어서는 한국 사회 전반에 지배력과 영향력을 행사하고 있다. 그러한 그들의 힘이 대기업과 중소기업의 격차를 만들었고, 비정규직과 정규직의 차별을 만든 것이다.

다시 반복하지만 일자리의 4% 밖에 만들지 않는 재벌 100대 기업이 이익은 60%를 차지하는 극심하게 기울어진 기업 생태계는 시장이 아니라 재벌 대기업이 만든 것이다. 경제성장의 성과 중에서 국민에게 분배하는 몫을 줄이고 그들이 가져가는 몫을 늘렸기 때문에 불평등이 심해진 것이다. 만약 불평등을 만든 직접적인 책임이 있는 재벌 대기업이 나서서 스스로 비정규직을 없애고, 고용격차를 완화하고, 중소기업에 대한 분배를 늘리고, 저임금노동자에 대한 분배를 늘린다면 한국의 불평등은 순식간에 해결된다. 재벌들이 정말 그런 일을 실천한다면 한국은 함께 잘사는 정의로운 성장을 이루는 또 하나의 기적을 만들게 된다. 그러나 그런 기적은 없을 것이며, 이를 기대하는 것은 몽상일 뿐이다.

부모는 자식이 자신보다 더 잘되기를 바라고, 자식을 위해서 많은 것을 희생한다. 지금의 부모 세대가 그렇고, 그들의 부모 세대도 그랬으며, 그렇기 때문에 말 그대로 죽어라고 일했다. 그러한 부모들의 노력과 희생이 한국을 발전시키는 원동력이었고, 자식 세대가 부모 세대보다 더 나아진 것이 한국이 발전한 과정이었다. 지금의 기성세대는 그들의 부모 세대보다 더 잘되었고, 자식 세대들에게 자신들이 누리지 못한 풍요를 제공할 수 있었다. 그런데 그러한 세대를 물린 선순환 구조가 깨져버리고 말았다. 지금의 청년세대인 자식 세대는 기성세대보다 잘되지 않았다. 비록 부모보다 풍요를 누리고 있지만 청년세대에게는 미래에 대한 희망이 보이지 않고, 그래서 그들은 부모 세대와 같은 꿈을 꾸지 않는다. 청년세대는 젊음의 특권인 연애, 결혼, 출산마저도 포기하는 3포 세대가 되었고, 스스로를 쓸모없는 나머지라고 자조하는 잉여 세대가 되었다. 꿈이 없다는 것은 절망의 끝에 서 있는 것이다. 한 개인이 아니라 한 세대가 꿈을 포기했다면 그 사회는 미래가 없는 죽은 사회다.

한국의 모든 부모가 자식을 자신보다 더 잘되게 하려고 온갖 노력과 희생을 했는데도, 자식 세대가 꿈을 꾸지 않은 절망에 이르렀다는 것은 한국 사회의 모순이고 비극이다. 한국이 어쩌다가 이렇게 되었는가? 불평등을 만든 직접적인 책임은 재벌 대기업에 있다. 재벌 대기업이 불평등한 나라를 만들도록 방치한 책임은 청년세대의 부모인 기성세대에게 있다. 기성세대는 한국을 빈곤에서 탈출시키고 오늘의 풍요를 일구어낸 산업화 세대로서 그리고 군사독재를 무너뜨리고 민주주의를 쟁취한 민주화 세대로서 자부심을 가지고 살아 왔다. 그러나 그들은 경제가 성장해도 국민이 더 잘살게 되지 않고 자식 세대의 희망을 빼앗아버린 나라를 만든 책임도 함께 있는 것이다.

왜 20여 년 가까운 긴 세월 동안 기성세대가 세상을 이렇게 만들어 왔는가를 이 책의 뒷부분에서 논의하고 있다. 여기서는 다만 기성세대와 청년세대가 동일한 시대에 같은 한국에 살고 있다는 것을 의심할 정도로 한국의 현실에 대한 인식이 서로 간에 어긋나 있다는 점만 지적하고자 한다. 세대 간 현실에 대한 극단적인 인식의 차이를 상징적으로 보여주는 여론조사 결과를 예로 들어보자. 박근혜 대통령이 '대통령으로서 직무를 잘 수행하고 있다고 보십니까?'라는 질문에 대해서 산업화 세대인 60대 이상은 열 명 중 여덟 명, 민주화 세대인 50대는 열 명 중 다섯 명이 '잘하고 있다'고 답을 했다. 그러나 잉여 세대인 20대는 열 명 중 여덟 명, 3포 세대인 30대는 열 명 중 일곱 명이 '잘못하고 있다'고 답을 했다.

정치적 지지나 호감을 물어본 것이 아니다. 지금 한국을 잘 이끌어가고 있는가를 물어본 것이다. 자식 세대는 절대다수가 '잘못하고 있다'라고 하는데, 부모 세대는 정반대로 절대다수가 '잘하고 있다'고 하는 것이다. 같은 시대 같은 대통령을 두고 부모와 자식은 서로 다른 대통령을 보고 있는 것이다. 한국 현실의 문제들을 해결하는 리더십에 자식은 희망을 포기할 정도로 '문제가 많다'고 보고 있는데도 불구하고 부모는 '문제가 없다'고 보고 있다. 이것은 주관적인 판단의 문제가 아니라 객관적인 현실에 대한 기성세대의 인식에 문제가 있다고 할 수밖에 없다. 세계에서 가장 불평등하고, 저임금노동자가 가장 많고, 고용이 가장 불안정하고, 무엇보다도 청년세대가 비정규직과 실업으로 아파하고 있는 한국의 현실을 기성세대가 아무리 보수적이라 하더라도 이를 좋다고 생각할 리는 만무할 터, 이것은 그들이 현실을 모르거나 아니면 외면하고 있기 때문일 것이다.

자식이 잘되기를 바라는 부모는 온갖 희생을 감내해 왔는데도 자식이 꿈을 꾸지 못하는 절망에 이르러서 스스로 3포와 잉여라고 자조하는 있는 한국의 모순은 기성세대가 만든 것이다. 개인으로서 부모가 아니라 집단으로서 부모 세대가 만들었다는 말이다. 기성세대는 자신이 청년일 때 한국 사회의 중심에 서서 세상을 바꾸는 주역을 했다. 60대 이상인 산업화 세대는 그들이 30대와 40대일 때부터 경제와 정치의 중심에 서서 한국을 빈곤으로부터 탈출시키고, 유신독재에 저항하면서 세상을 바꾸었다. 50대에 들어선 민주화 세대도 그들이 30대일 때부터 세상의 중심에 섰다. 그들은 청년 시절에 민주화를 완성시키고 곧바로 정치계, 재계, 학계, 노동계의 중심에 진입해서 세상을 바꾸는 주역으로 등장했기에 '386' 세대라고 불렸다. 그런데 그들의 자식들인 30대와 20대는 무슨 세대인가? 지금의 청년세대에게는 부모 세대와 같은 시대정신이나 세대정신이란 한갓 사치일 뿐이다. 그들은 3포 세대와 잉여 세대라는 절망의 단어로 불리고 있을 뿐이다.

기성세대는 자신이 청년일 때부터 지금까지 지난 20년 이상을 사회의 중심에서 한국을 이끌어 왔다. 그 결과로 이제 한국은 불평등한 나라, 청년세대에게서 희망을 빼앗아가는 나라가 되었다. 청년세대는 기성세대가 만들어준 세상의 틀에 자신을 맞추어가면서 아파하고 희망을 포기하고 있다. 미래는 기성세대의 것이 아니다. 청년세대의 것이다. 그런데도 기성세대는 청년세대에게 오히려 그들을 경쟁으로 몰아넣고 비정규직, 저임금 그리고 실업의 굴레를 씌워주고 있다. 기성세대는 아직도 한국의 중심에 서서 자신이 만들어낸 '과거'의 한국에 계속 갇혀 있다. 그들은 청년세대를 위해서 세상을 바꿀 생각이 없고, 자식 세대에게 세상의 중심에 설 기회를 줄 생각도 없다.

재벌 대기업에게 함께 잘사는 보다 평등한 한국으로 만드는 기적을 바랄 수도 없고, 기성세대에게 세상을 바꿀 것도 기대할 수 없다면 누가 한국을 바꿀 것인가? 바로 미래의 주인이 바꿔야 한다. 20대와 30대로 정의한 청년세대 또는 젊은 세대만이 지금의 한국을 바꿀 수 있다는 것이 필자의 세 번째 질문에 대한 답이다. 이 답이 이 책을 쓴 가장 중요한 이유이기도 하다.

청년들이 아프다고 한다. 기성세대가 강요한 틀에 자신을 맞추기 위해서 온갖 스펙을 쌓고, 자기계발을 하고, 원한 것이 이루어지지 않으면 자신의 탓으로 돌리고, 아무리 힘들어도 긍정의 힘으로 이겨내고, 그래도 힘들면 스스로 힐링하면서도 아파한다. 그들의 아픔은 높은 이상을 이루지 못해서도 아니고, 세상을 걱정해서도 아니고, 부모 세대처럼 자유와 민주를 쟁취하려는 투쟁 때문도 아니다. 청년 세대의 아픔은 '월급 많이 주는 정규직' 일자리를 갖지 못해서이고, 저임금 비정규직을 벗어나지 못해서 오는 불평등의 아픔이다.

청년세대의 꿈이 단지 '취업'으로 쪼그라든 것은 그들의 잘못이 아니다. 그들의 공포는 세상이 그들에게 강요한 것이다. 기성세대가 만들었고, 바꿀 생각도 없는 불평등한 현실 때문이다. 그렇기 때문에 청년세대의 아픔은 결코 스펙 쌓기와 자기계발, 긍정과 힐링으로 치유될 수 없다. 내가 치유된다 하더라도 누군가는 나의 아픔을 대신 감내해야 하는 구조이기 때문이다. 그들의 아픔은 세상을 바꾸지 않고서는 치유될 수 없다. 청년세대가 스스로 이를 깨닫고 자신만이 아니라 세상을 힐링하는 데 나서야 한다. 혼자서 긍정의 최면을 걸고 자기계발의 노력을 하면 극복된다는 미신에서 빠져나와야 한다. 초대기업에서 정규직 일자리를 갖는 사람은 열 명 중 한 명도 채 되지 않는다. 아무리 긍정하고 힐링해도 나머지는 모두 여전히 잉여와 3포로 남아야 한다. 그러기에 자신이 아닌 세상을 힐링하고 바꿔야 한다.

지금의 정의롭지 못한 한국을 기성세대가 만들었는데 청년세대에게 세상을 바꾸는 짐을 떠넘기는 것은 기성세대가 무책임한 것이다. 더구나 청년세대는 기성세대가 만들어놓은 틀에 맞추어 열심히 노력하며 살아왔는데, 이제 와서 세상을 바꾸라고 하니 억울하다고 항변할 수도 있을 것이다. 필자도 기성세대이기에 책임이 있다. 그러기에 청년세대에게 세상을 어떻게 바꿀 것인가를 말해주어도 별 소용이 없을 것이다. 그럼에도 불구하고 몇 가지 멘토질 같은 잔소리를 하려고 한다. 첫째, 청년세대는 기성세대가 강요하는 방식이 아닌 자신 세대의 방식으로 세상을 바꾸어야 한다. 기성세대와 청년세대는 같은 시대 같은 나라에 살고 있지만 서로 다른 세상을 보고 있다. 미래는 청년세대의 것이지 기성세대의 것이 아니다. 청년세대가 바라는 세상을 자신의 방식으로 만들어야 한다. 기성세대도 그들이 청년세대일 때부터 자신의 이상을 좇아서 자신의 방식으로 세상을 바꾸었다.

둘째, 청년세대에게 강요된 틀에 무조건 순응하지 말고 불평등하고 불공정한 한국의 현실을 있는 그대로 보아야 한다. 지금의 현실을 제대로 본다면, 그리고 그 모순된 현실이 노력 부족과 같은 자기 책임이 아니라면, 그리고 거기에서 빠져나올 방법도 없다면 분노하게 될 것이다. 이러한 현실을 제대로 알고도 분노하지 않는다면 절망할 필요도, 아플 이유도, 힐링할 필요도 없이 그저 맹목적으로 긍정하고 자기계발에 열중하면 된다. 청년세대의 분노는 정의롭지 않은 한국의 현실을 바꾸는 시작점이자 가장 중요한 점이다. 모든 행동은 인식에서 출발하기 때문이다. 셋째, 지금의 청년세대가 겪고 있는 아픔을 적어도 다음 세대에게 물려주어서는 안 된다는 사명감을 가져야 한다. 청년세대는 부모 세대보다 못한 세대가 되었고, 그것은 기성세대의 탓이다. 청년세대 역시 기성세대가 저지른 잘못을 반복한다면, 그래서 이를 다시 다음 세대에게 물려준다면 한국은 미래가 없다. 10년 전 '88만 원 세대'였던 30대는 '3포 세대'로 추락했고, 다시 '5포 세대'로 진화하고 있다. 20대는 쓸모없는 나머지라는 '잉여 세대'라고 자조하고, 너무도 많은 것을 포기해야 하는 'n포 세대'가 되어가고 있다. 청년세대가 이런 퇴보와 퇴행과 비정상의 악순환을

끊어야 한다. 한국의 미래를 위해서이기도 하지만 다음 세대를 위한 것이다. 청년세대는 부모처럼 자식만을 위해서 희생하고 헌신하는 데 그치지 말고 자식의 친구들 모두에게, 자식 세대에게 보다 평등하고 정의로운 세상을 물려주어야 한다.

정의롭지 못한 분배로 만들어진 불평등으로 인해서 절대다수의 국민들이 고통 받고, 성장의 혜택을 누리는 1%의 소수와 소외된 99%의 다수로 갈려서 갈등의 골이 깊어지고 있다. 세상은 저절로 변화하는 것이 아니라 사회 구성원인 우리가 만들어가는 것이다. 지금의 불평등한 한국의 현실도 힘을 가진 기득권 세력들과 그들의 조력자들의 의도로 설계되고 실행된 결과이지 시장에서 스스로 진화한 결과가 아니다. 우리 모두가 현실에 순응하고, 세상을 바꾸려 하지 않았기 때문에 한국이 기적에서 나락으로 추락한 것이다. 역설적으로 다수의 국민들이 함께 나선다면 지금의 한국을 바꿀 수 있다. 청년세대만이 아니라 기성세대도 정의롭지 못한 현실에 함께 분노해야 한다. 불평등한 불의를 보고도 분노하지 않는다면 그것은 마음까지 노예가 되는 것이다. 불평등으로 고통 받고 있는 다수의 국민들이 함께 분노하고, 기성세대가 세상을 바꾸려는 청년세대에게 응원을 보낸다면 한국은 정의로운 사회라는 또 한 번의 새로운 기적을 만들어낼 수 있다.

제 1 부

불평등에 대해

미처 몰랐던 것들

분배는 왜 실패했는가?

제 1 장

오르지 않는 임금, 늘어나는 기업소득

불평등은 어디에서
시작되었을까?

| 버는 것과 가진 것 |

경제적 불평등은 소득 불평등과 재산 불평등으로 구분할 수 있다. 즉 버는 것과 가진 것에서 생기는 불평등이다. 소득은 매년 벌어들이는 돈의 흐름이고, 재산은 소득 중에서 소비하지 않고 쌓아둔 돈의 축적이다. 높은 소득을 지속적으로 벌어들이면 재산도 늘어나기 때문에, 소득 불평등이 지속되면 재산 불평등도 심해지기 마련이다. 또한 재산은 이자, 배당, 임대료와 같은 소득을 만들어내기 때문에 재산 불평등은 곧바로 소득 불평등으로 이어진다.

일반인의 경우에 소득의 대부분은 일해서 버는 임금이다. 직업을 대물림할 수 없기 때문에 소득 불평등이 바로 대물림되는 것은 아니다. 그러나 소득은 직업에 의해서 결정되고, 직업은 교육 수준에 영향을 받고, 교육비는 부모의 소득에 따라서 달라지기 때문에 소득 불평등도 어느 정도 대물림되는 경향이 있다. 특히 한국에서는 대학 입시를 위한 사교육이 공교육을 압도하고, 학력 차별이 임금 차별로 이어져 소득 불평등이 교육 기회의 불평등을 통해서 일정하게 대물림되는 현상이 존재한다.

재산은 자식에게 상속이나 증여로 물려줄 수 있기 때문에 재산 불평등은 대를 이어갈 수 있어서 소득 불평등보다 훨씬 더 심각한 문제다. 또 다른 이유로는 재산은 재산소득이라는 불로소득을 만들어내기 때문이다. 부동산을 보유하면 시세 차익이나 임대 수입을 얻을 수 있다. 예금이나 채권을 보유하면 이자를 받을 수 있고, 주식을 보유하면 배당금을 받을 수 있다. 임대료, 이자, 배당 그리고 부동산과 주식의 시세 차익은 재산소득이다. 따라서 재산 불평등이 매우 심한 사회에서는 일하지 않고 먹고사는 소수의 부자와 열심히 일해도 먹고살기 힘든 절대다수로 분할된다.

자본축적의 역사가 오래된 선진국에서는 소득 불평등보다 주로 재산 불평등이 관건이다. 소득 불평등의 문제가 없다는 것이 아니라 이것은 고소득층에 대한 누진적 세금과 저소득층에 대한 정부 보조금 같은 정책 수단을 통하여 어느 정도 소득분배의 균형을 보완할 수 있다. 하지만 재산 불평등은 장기간에 걸쳐 고착화되어 단기적 정책 수단으로 쉽게 교정할 수 있는 방안이 제한되기 때문이다. 산업화의 역사가 짧은 한국도 재산 불평등이 소득 불평등보다 더 심하다. 그러나 한국에서는 재산이 만들어내는 소득, 즉 재산소득이 소득 불평등을 악화시키는 주요한 원인이 아직 아님을 유의해야 한다. 한국의 불평등 상황을 이해하기 위해서는 재산 불평등과 소득 불평등을 함께 살펴봐야 한다.

한국에서는 아직까지 소득 불평등의 주요한 원인이 재산으로 벌어들인 재산소득보다는 임금으로 벌어들인 노동소득에 있다. 통계에 따라서 차이가 있으나, 노동자 가구의 평균 가계소득 중 노동소득이 차지하는 비중이 90%를 넘고, 재산소득이 차지하는 비중은 3%를 넘지 않는다. 재산소득의 불평등을 해소하기 위해서는 근본적으로 재산의 불평등을 바로잡아야 한다. 이미 오랫동안 축적된 재산을 재분배하는 정책을 시행하는 것은 현실적으로 매우 어렵거니와 시행한다 해도 매우 제한적인 효과 밖에 없다. 이에 비하여 노동소득의 불평등을 바로잡는 정책은 상대적으로 용이하고, 정책 수단의 선택 폭도 넓을 뿐만 아니라 사회 정치적 저항의 수준도 낮다. 따라서 한국은 사회적 합의와 정치적 의지만 있다면 더 이상 늦기 전에 불평등 구조를 시정할 수 있는 여지가 상대적으로 많다는 의미에서 그나마 다행이다.

먼저 한국의 불평등 문제를 소득 불평등 중심으로 논의하려 한다. 재산 불평등에 대한 통계가 부족한 것도 있지만 주요한 원인이 재산소득보다는 노동소득의 불평등에 있기 때문이며, 소득 불평등의 근본적인 원인을 임금구조와 고용구조에서 찾을 것이다.[1]

임금격차가
커져간다

| 임금소득 지니계수 |

한국에서 불평등은 지난 20여 년 동안 지속적으로 악화되어 왔다. 경제가 고도성장을 누리던 1980년대와 1990년대 초반까지는 불평등이 완화되는 추세였으나 1990년대 중반부터 추세가 반전되어 불평등이 갈수록 심해지고 있다. 불평등의 정도를 나타내는 대표적인 지표로는 지니계수(Gini係數)와[2] 소득 계층 간의 소득 비율 또는 상위 소득 계층이 전체 소득 중에서 차지하는 비중[3] 등이 사용된다.[4] 지표에 따라서 조금 다른 결과를 보이지만, 어떤 지표를 보든지 최근 20여 년 동안 한국의 노동소득 불평등이 지속적으로 악화되어 왔다는 점을 보여주는 데에는 일치한다. 임금소득, 즉 노동소득으로 측정한 지니계수와 소득 계층 간 소득 비율 두 가지로 측정한 한국의 최근 불평등 정도는 30년 전인 1980년대 중반과 비슷한 수준으로 후퇴했고, OECD 회원국 중에서 소득 불평등이 가장 심한 나라 중 하나가 되었다.

가계소득으로 측정한 지니계수가 있지만, 이 조사는 표본에서 고소득 가구와 상대적으로 소득이 낮은 1인 가구가 포함되지 않는 등의 문제로 인해서 불평등의 상태를 실제보다 훨씬 심각하지 않게 추정하는 왜곡이 있다.[5] 따라서 여기에서는 광범위한 노동자를 대상으로 조사하는 임금소득을 기준으로 한 지니계수와 소득 비율로 불평등을 논의한다.

1980년 이후 노동자 임금소득을 기준으로 한 지니계수의 변화를 보면,[6] 종업원 수 10인 이상 기업의 임금소득에 대한 지니계수는 1980년부터 1990년대 중반까지 지속적으로 하락해서 불평등이 완화되는 추세였다. 그러나 1990년대 중반부터 상승으로 반전되어 최근까지 불평등이 악화되는 추세가 이어지고 있다. 2008년 금융 위기 이후에 일시적으로 정체 상태에 있으나, 상대적으로 임금수준이 낮은 1인 이상 10인 미만 기업을 포함한 모든 기업의 임금소득에 대한 지니계수를 보면 최근에 다시 상승하는 추세다.[7] (그림 1 참조)

임금 통계의 대상이 1인 이상 모든 기업으로 확대된 것이 2008년이기 때문에 이에 대한 지니계수도 이때부터 존재한다. 1인 이상 10인 미만 기업의 임금수준은 10인 이상 기업의 그것보다 낮다. 따라서 모든 기업의 임금소득 지니계수가 10인 이상 기업만을 대상으로 조사한 경우보다 12~14% 더 높게 나타난다. 이것은 2007년 이전 한국의 지니계수 통계가 불평등의 상황을 실제보다 훨씬 심각하지 않은 것으로 과소평가하고 있다는 것을 의미한다.

1

완화되던 불평등이 다시 악화되었다!

〔그림 1〕임금소득 지니계수 추이

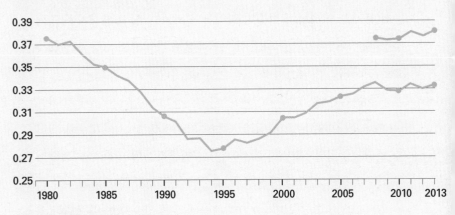

● 10인 이상 기업 ● 1인 이상 기업

자료 : 한국노동연구원
한국노동연구원이 '임금구조기본통계조사'와 '고용 형태별근로실태조사'를 이용하여 작성한 것이다.

〔그림 2〕임금소득 계층 하위 10% 소득 대비 상위 10% 소득의 비율 추이

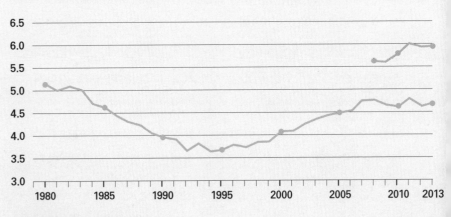

● 10인 이상 기업 ● 1인 이상 기업

자료 : 한국노동연구원

소득 불평등이 악화되는 이러한 추세는 임금소득 계층 간의 비율에서도 비슷하게 나타난다. 10인 이상 기업과 1인 이상 모든 기업의 임금소득 계층 최하위 10%의 평균임금 대비 최상위 10%의 평균임금 비율을 보면, 지니계수와 마찬가지로 1980년부터 1990년대 중반까지는 불평등이 완화되지만 1990년대 중반부터 다시 불평등이 악화된다. 지니계수와 마찬가지로 10인 이상 기업의 비율은 금융 위기 이후에 정체 상태인 것으로 보이지만, 1인 이상 모든 기업의 비율을 보면 임금 불평등은 계속해서 상승한 것으로 나타난다. 임금소득 계층 최상위 10%의 평균임금은 최하위 10%의 그것보다 2008년에 5.6배였으나, 2013년에는 5.9배로 증가해서 임금격차가 더욱 확대되었다. (그림 2 참조)

| 가계소득 지니계수 |

가계소득에는 노동소득 이외에도 재산소득, 사업소득 그리고 이전소득이 있다. 보다 정확한 소득 불평등 정도를 알아보려면 가계소득 전체에 대한 지니계수나 소득 비율 또는 소득 집중도를 평가해야 한다. 가계소득의 불평등을 가늠할 수 있는 통계로 정부가 통계청의 '가계동향조사'에 근거해서 발표하는 지니계수가 있다. 그러나 가계동향조사는 고소득층의 표본들이 누락되었고, 금융소득이 포함되지 않았으며 상대적으로 소득이 낮은 1인 가구의 소득이 제외되어 현실을 제대로 반영하지 못하는 문제가 있다. 따라서 가계동향조사의 가계소득으로 측정한 지니계수는 불평등의 정도를 실제보다 훨

2 정부의 가계소득 지니계수는 왜곡 문제가 심각하다!

〔그림 3〕 가계소득 지니계수와 임금소득 지니계수 추이

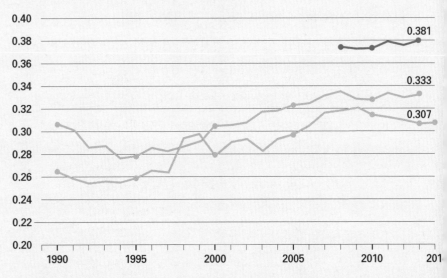

● 가계 시장소득 지니계수 ● 임금소득 지니계수 10인 이상 기업 임금 ● 임금소득 지니계수 1인 이상 기업 임금

자료 : 통계청, 한국노동연구원

씬 심각하지 않은 것으로 과소평가하는 왜곡의 문제가 있다.(그림 3 참조)

한국의 가계소득에서 노동소득의 비중이 90%를 넘기 때문에 노동소득 지니계수는 가계소득 지니계수의 추이를 상당 부분 반영한다. 이자, 배당과 같이 금융자산으로부터 발생하는 재산소득은 고소득층에 대한 집중도가 노동소득의 그것보다 높아서 가계소득 지니계수는 노동소득 지니계수보다 불평등이 더 심한 것으로 나타나는 것이 당연하다. 그러나 정부가 발표하는 가계소득 지니계수는 노동소득 지니계수보다 훨씬 더 낮다.

가계소득 중 가계 구성원이 직접 벌어들인 시장소득의 지니계수는 10인 이상 기업의 임금소득 지니계수보다 1998년과 1999년을 제외한 모든 기간에서 더 낮게 나타났다. 2013년의 경우에 10인 이상 기업의 임금소득 지니계수는 0.333이고, 1인 이상 모든 기업의 경우는 0.381이다. 그러나 가계의 시장소득 지니계수는 0.307로 훨씬 낮게 나타난다. 이자, 배낭, 임대료와 같은 재산소득을 포함한 가계의 시장소득 지니계수가 임금소득만으로 측정한 지니계수보다 훨씬 더 낮게 측정된 것이다. 일반적으로 재산소득은 임금소득보다 훨씬 더 불평등하며 한국도 예외가 아니기 때문에, 가계소득이 임금소득보다 지니계수가 낮은 것은 가계소득을 잘못 측정했기 때문이다.

뿐만 아니라 2008년 금융 위기 이후에 1인 이상 모든 기업의 임금소득으로 측정한 지니계수는 계속 상승했고, 10인 이상 기업의 임금소득 지니계수는 정체 상태이다. 그런데도 가계의 시장소득 지니계수는 오히려 하락해서 소득 불평등이 개선되는 것으로 나타난다. 임금소득 불평등이 악화 또는 정체 상황에서 재산소득을 포함한 소득 불평등이 개선되려면, 재산소득이 이전보다 훨씬 더 평등하게 분배되어야 가능하다. 이러한 가정은 전혀 비현실적이며 금융 위기 이후에 이자, 배당 등의 재산소득 불평등이 개선되었다고 볼 수 있는 근거가 전혀 없다.

OECD가 발표하는 가계소득 지니계수도 한국 정부의 자료를 그대로 수록하고 있기 때문에 한국의 경우 OECD 국가 중에서 가장 낮은 것으로 나타난다. 결론적으로 정부가 발표하는 가계소득 지니계수는 한국의 소득 불평등 현실과는 동떨어진 통계적 왜곡 문제가 심각하며, 따라서 불평등의 문제는 임금소득을 기준으로 논의하는 것이 보다 객관적이다.

고소득층이
더 많이 가져간다

| 노동소득 집중도 |

소득 불평등에 대한 통계는 소득 조사의 한계로 인해 어떤 통계를 취하느냐에 따라서 그 결과에 상당한 차이가 있다.[8] 가장 대표적인 사례가 앞서 설명한 정부가 공식적으로 발표하는 가계소득 지니계수다. 현실을 반영하지 못하는 가계동향조사에 근거한 지니계수는 다른 나라와 비교가 어렵고, 과거 추이도 정확한 것으로 보기 어렵다.[9] 앞서 논의한 임금소득 불평등의 지표도 많은 소기업의 저임금 노동자와 자영업자 노동자가 표본에서 제외되었기 때문에 불평등이 실제보다 심각하지 않은 것으로 측정되는 문제가 있다. 이러한 문제들을 보완하는 대안으로 국세청의 소득세 자료를 이용하여 불평등을 측정하는 연구가 있다. 이 경우에는 고소득층의 소득은 거

3 고소득층의 노동소득 비중이 갈수록 더 높아간다!

〔그림 4〕 노동소득 상위 계층의 소득 집중도 추이

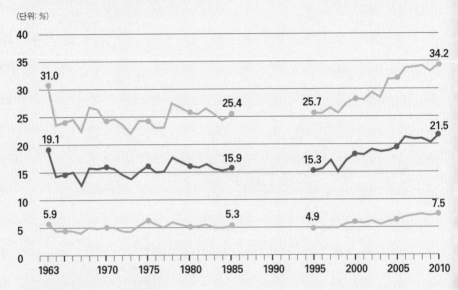

(단위: %)

● 상위 1% ● 상위 5% ● 상위 10%

자료 : 김낙년, "한국의 소득 불평등, 1963-2010", 〈경제발전연구〉 제18권 제2호, 2012.

의 완전하게 파악되는 장점이 있지만 임금소득이 소득세 과세 대상에 미달되거나 면제되는 노동자의 통계가 제외되어 불평등이 실제보다 과소평가될 가능성이 있다. 그럼에도 불구하고 국세청의 자료는 1960년대부터 존재하기 때문에 과거부터의 추이를 알 수 있으며, 다른 통계와 비교해서 고소득층의 소득이 제대로 반영되었기 때문에 소득 불평등의 장기적 추이를 보다 정확하게 판단할 수 있다. 국세청 자료를 이용해서 한국의 임금소득 불평등 지표를 장기적으로 추정한 대표적인 연구가 김낙년 교수의 논문이다.[10]

김낙년 교수는 1963년부터 2010년까지 노동소득 최상위 계층의 노동소득 집중도 변화를 추정했다. 이 통계는 노동소득 최상위 1%, 5%, 10% 계층 각각의 노동소득이 전체 노동소득 중에서 차지하는 비중,[11] 즉 전체 노동소득 중에서 얼마만큼이 고소득층에게 분배되었는가의 소득 집중도를 측정하는 것이다. 결과에 따르면 "1960년대 이후 고도성장기를 거치면서 근로소득의 집중도는 다소의 기복은 있었지만, 뚜렷한 상승 또는 하락 추세를 보이지 않고 비교적 낮은 수준으로 안정되어 있었다."[12] 한국 경제가 고도성장을 하던 시기에는 오히려 불평등이 심해지지 않았었는데 "1990년대 중엽, 특히 외환 위기 이후 소득 집중도가 급속히 높아졌으며, 그 경향은 최상위 소득 계층으로 갈수록 더욱 빨랐다."[13](그림 4 참조)

이 연구에 의하면 한국은 지금같이 불평등이 심한 나라가 아니었다는 것이다. 경제가 높은 성장을 이루던 1960년대, 1970년대 그리고 1980년대 중반까지 지금보다 훨씬 더 평등한 분배가 이루어졌고, 경제가 성장하는 과정에서 국민도 비례적으로 잘살게 되었다는 것을 의미한다. 그러나 1990년 중반 이후부터 상황이 바뀌었다. 전

_4 고소득층의 총소득 비중이 갈수록 더 높아간다!

〔그림 5〕 개인소득 상위 계층의 소득 집중도 추이

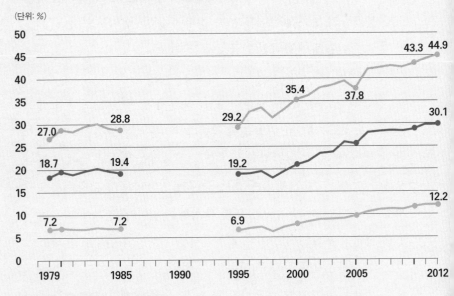

(단위: %)

- 상위 1%　● 상위 5%　● 상위 10%

자료 : The World Top Incomes Database, 2015.

체 임금소득 중에서 상위 소득 계층이 차지하는 비중이 지속적으로 증가했다는 것은 경제성장의 성과를 고소득층이 중산층이나 저소득층보다 더 많이 가져감으로써 불평등한 상황이 악화된 것이다.

| 개인소득 집중도 |

정부가 가계동향조사의 가계소득에 근거해서 작성하는 지니계수가 불평등의 실상을 지나치게 과소평가하고 왜곡한 것인데도, 이것 이외에는 가계소득 전체를 기준으로 한 불평등을 측정하는 지표나 통계를 찾아보기 어렵다. 한편 이에 가장 근접한 자료로서 '세계 상위 소득 데이터베이스(The World Top Income Database, WTID)에 수록된 소득 집중도를 들수 있다.[14] WTID는 개인소득을 기준으로 한 것이며, 노동소득뿐만 아니라 재산소득과 사업소득 등을 포함한 모든 개인소득을 추정해서 소득 불평등의 정도를 보여주는 지표를 발표하고 있다. 이 통계가 다른 지표보다 신뢰성이 있는 이유는 국세청에 신고한 개인소득 자료에 근거해서 소득 불평등을 측정한 것이기 때문이다.

WTID가 제공한 한국 개인소득 집중도의 추이를 보면, 소득 계층 상위 10%의 소득이 전체 소득에서 차지하는 비중은 1979년 27.0%에서 1995년 29.2%로 2.2%포인트 증가에 그쳤다. 16년이라는 긴 기간 동안에 소폭 등락이 있었지만 전반적인 증가 추세가 없었다. 적어도 1990년대 중반까지는 불평등이 악화되지 않았음을 보여주고 있다. 소득 계층 상위 5%와 1%의 소득이 전체 소득에서 차지하는 비중도 마찬가지였다. 상위 5%의 비중은 1979년 18.7%에서 1995년 19.2%로 거의 변화가 없었다. 상위 1%의 비중은 1979년 7.2%에서 1995년 6.9%로 오히려 소폭 감소했다.(그림 5 참조)

그러나 1995년 이후부터 이러한 추세는 급반전을 맞게 되며, 상위 소득자들의 소득 집중도가 지속적으로 증가 추세를 유지해서 소득 불평등이 급격하게 악화되었다. 소득 계층 상위 10%의 소득이 전체 소득에서 차지하는 비중은 1995년 29.2%에서 2012년 44.9%로 급격히 증가해서 전체 소득의 절반 가까이를 차지하는 상황이 된 것이다. 상위 10%의 비중은 1979년부터 1995년까지 16년 동안에 불과 2.2%포인트 증가했으나 1995년부터 2012년까지 17년 동안에는 15.7%포인트가 증가한 것이다. 상위 5% 비중도 마찬가지로 1995년 19.2%이었으나 2012년에는 30.1%로 10.9%포인트가 급격하게 증가했다. 이것은 1979년부터 1995년까지 0.5%포인트 증가한 것과는 엄청난 차이인 것이다. 상위 1% 비중도 1995년 6.9%에서 2012년 12.2%로 5.3%포인트가 증가했고, 이것은 1979년부터 1995년까지 0.3%포인트 감소한 것과는 대조적인 변화다.

노동소득, 재산소득 그리고 사업소득을 포함한 개인의 모든 소득을 기준으로 한 경우에 소득 불평등은 노동소득만을 기준으로 한 경우보다 훨씬 더욱 심각하며, 이러한 불평등은 1990년대 중반 이후 지난 20여 년 동안에 급격하게 악화된 것이다.

세계에서 가장
불평등해진 나라 1

| 임금소득 비율 지표 |

한국의 불평등 상황은 다른 나라와 비교해도 심각한 수준이다. 국제 비교를 위하여 OECD에서 집계하고 있는 통계를 보자. 상용 근로자(Full-time worker)의 임금을 기준으로 한 최하위 10% 대비 최상위 10%의 임금 비율(배수)을 나타낸 지표에 의하면 한국은 2013년 4.7배로 OECD 33개 회원국 중에서 네 번째로 불평등이 심하다.[15] OECD 임금소득 비율 지표는 상용 근로자의 임금만을 기준으로 한 것이기 때문에 비정규직이라도 무기 계약직과 같은 상용 근로자들은 포함되었고, 상대적으로 임금이 현저히 낮은 임시직 노동자는 제외된 통계다. 한국은 임시직 노동자의 비율이 다른 나라보다 매우 높고, 상용 근로자와 임시직 노동자의 임금격차가 매우 크다.

5   OECD 회원국 중에서 네 번째로 임금 불평등이 심하다!

[그림 6] 상용근로자 임금소득 하위 10%의 임금 대비 상위 10%의 임금 비율

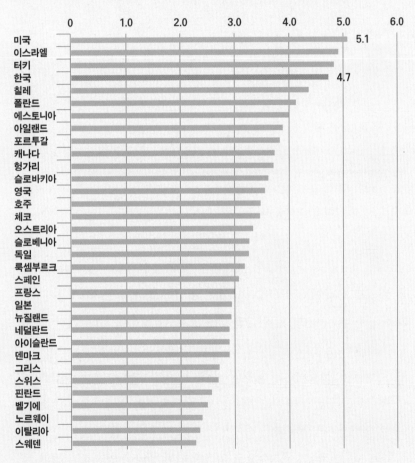

자료 : OECD, 2013.
2013년 통계가 없는 나라는 가장 최근 연도의 통계를 사용했다.

OECD의 임금 비율 통계가 상용 근로자의 임금만을 기준으로 한 것인데도 불구하고 한국은 이미 불평등이 매우 심한 나라로 나타나고 있다. 여기에 임시직 노동자의 임금을 포함할 경우에는 한국의 임금소득 불평등은 OECD 통계에 나타난 것보다 훨씬 더 심각할 것으로 추정된다.(그림 6 참조)

이러한 추정은 앞서 1인 이상 모든 기업의 노동자 임금을 기준으로 하여 최하위 10% 대비 최상위 10%의 임금 비율을 제시한 한국노동연구원의 추정과 상용 근로자 임금만을 기준으로 한 OECD 통계를 비교해보면 보다 명확하게 알 수 있다. 상용 근로자만을 기준으로 한 OECD 비율은 4.7인 반면에 모든 기업의 노동자 임금을 기준으로 한 한국노동연구원의 비율은 5.9이다. 상대적으로 저임금인 소기업의 노동자와 임시직 노동자를 포함한 경우에 비율이 크게 증가한 것이다.

상용 근로자 임금만을 기준으로 한 경우에 OECD 회원국 중에서 임금 불평등이 가장 심한 나라인 미국의 비율이 5.1이다. 한국의 모든 기업 노동자 임금을 기준으로 한 비율 5.9는 미국보다 훨씬 더 높은 것이다. 물론 한국과 미국을 함께 비교할 수 있는 모든 노동자의 임금을 기준으로 한 통계가 없기 때문에 두 나라의 서로 다른 비율을 평면적으로 직접 비교하기는 어렵다. 그러나 한국은 전체 노동자 중에서 임시직 노동자의 비율이 다른 나라보다 훨씬 더 높다는 사실에 비춰볼 때 모든 노동자의 임금 불평등은 미국의 수준에 근접해 있음을 짐작할 수 있다.

OECD가 발표한 상용 근로자의 임금을 기준으로 한 한국과 미국의 최하위 10% 대비 최상위 10%의 임금 비율의 추이를 살펴보자.

6

미국만큼이나 소득 불평등이 심각하다!

〔그림 7〕 한국과 미국의 상용근로자 임금소득 하위 10%의 임금 대비 상위 10%의 임금 비율 추이

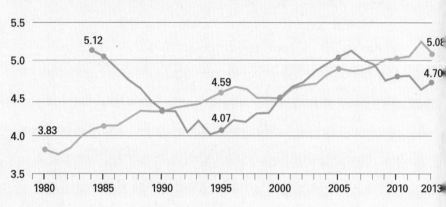

● 한국 ● 미국

자료 : OECD

〔그림 8〕 한국과 미국의 개인소득 상위 10%의 소득 집중도 추이

(단위: %)

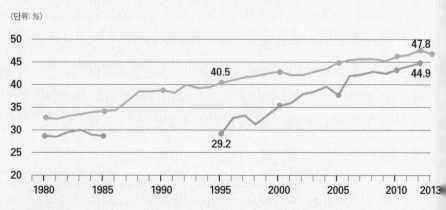

● 한국 ● 미국

자료 : The World Top Incomes Database

미국의 경우 1980년대 초반 이후 지난 30여 년 동안 지속적으로 불평등이 악화되었다. 한국의 경우 통계가 집계되기 시작한 1980년대 중반부터 1990년대 초반까지는 불평등이 완화되는 추세였지만 1990년대 중반 이후부터 불평등이 급격하게 악화되는 추세로 전환되었고, 2000년대 들어서 급기야는 불평등 수준이 미국을 앞질렀다. 2006년 이후에 완화되는 추세를 보이지만 불평등의 수준은 여전히 미국만큼이나 높다.(그림 7 참조)

개인소득을 기준으로 한 WTID에 수록된 한국과 미국의 최상위 10%의 소득이 전체 소득에서 차지하는 비중의 추이도 살펴보자. 이 통계에서도 미국의 경우는 임금소득 비율 추세와 마찬가지로 1980년대 초반 이후 지속적으로 불평등이 악화된다. 한편 한국의 경우는 다른 추이를 보인다. 통계가 없어 1980년대 중반부터 1990년대 중반까지의 추이는 알 수 없다. 그러나 1995년 이후에는 지속적으로 불평등이 악화되는 추세를 보여주고 있으며, 특히 미국과의 격차가 줄어들고 있다. 2013년에는 미국의 경우 최상위 10%의 비중이 47.8%를 차지하는데 한국의 경우 44.9%를 차지하여 미국의 수준에 육박하고 있다. 임금소득 비율이나 최상위 10%의 소득 집중도 모두 한국의 불평등 정도가 미국의 수준에 이르고 있음을 보여주고 있다.(그림 8 참조)

7 가계소득이 줄어든 만큼 기업소득으로 이전됐다!

〔그림 9〕 국민총소득의 가계-기업-정부의 분배 비율 추이

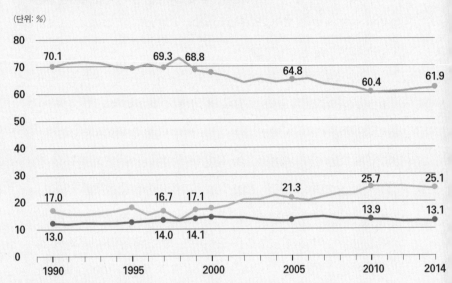

(단위: %)

● 기업소득 ● 가계소득 ● 정부소득

자료 : 한국은행

기업소득의
비중이 늘어났다

| 경제성장률과 소득분배 |

경제활동으로 만들어낸 국가 경제 전체의 소득을 국민총소득(GNI, Gross National Income)이라고 하며, 국민총소득은 경제활동에 기여한 경제의 3주체인 가계(개인), 기업, 정부에게 분배된다. 국민총소득의 분배 구조에서 가장 두드러진 특징은 1997년 외환 위기 이전까지는 가계와 기업에게 분배된 소득의 비중에 큰 변화가 없었으나, 이후부터는 가계소득으로 분배된 몫이 지속적으로 줄어든 반면에 기업소득으로 분배된 몫은 지속적으로 늘어난 것이다. 1990년부터 2014년까지 국민소득 중에서 가계소득의 비율은 70%에서 62%로 약 8%포인트 감소했고, 기업소득의 비율은 17%에서 25%로 약 8%포인트 증가했다. 한편 정부로 돌아간 몫은 13%에서 13%로 거의 변화가 없다.[16]

8 기업만 경제성장보다 더 많은 부를 축적했다!

[그림 10] 경제성장률과 가계소득-기업소득-정부소득 실질 증가율

(단위:%)

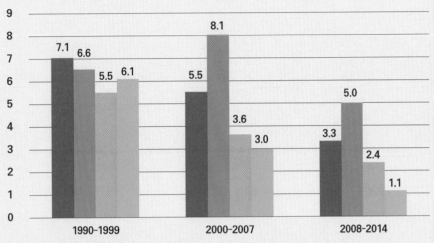

● 국민총소득 증가율(경제성장)   ● 기업소득 증가율   ● 가계소득 증가율   ● 정부소득 증가율

자료 : 한국은행

가계소득이 줄어든 만큼 정확하게 기업소득으로 이전된 것이다. 이것은 기업이 만들어낸 부가가치 중 임금·이자·배당과 같은 가계소득으로 분배되어야 할 몫이 줄어들고 기업소득의 몫이 늘어났다는 의미다.(그림 9 참조)

국민총소득의 분배 구조에서 가계소득의 몫이 기업소득의 몫으로 이전된 추세는 경제성장률, 가계소득 증가율 그리고 기업소득 증가율의 비교에서 보다 명확하게 나타난다. 1990년대에는 실질 가치를 기준으로 한 기업소득의 연평균 증가율(6.6%)이 가계소득의 연평균 증가율(5.5%)보다 높았지만 1%포인트 내외의 큰 차이는 아니었고,[17] 국민총소득 증가율(7.1%)보다 낮았다.[18] 이것은 가계소득과 기업소득이 경제가 성장한 만큼 함께 늘어난 것을 의미한다. 그러나 2000년대 이후에는 기업소득의 연평균 증가율(8.1%)은 가계소득의 연평균 증가율(3.6%)보다 2.3배 높았고 연평균 경제성장률(5.5%)보다도 크게 앞질렀다. 이러한 가계소득과 기업소득의 증가율 격차는 경제성장이 둔화된 금융 위기 이후에는 더욱 커졌다. 2008년 이후에 가계소득의 연평균 증가율(2.4%)은 연평균 경제성장률(3.3%)보다 낮았으나 기업소득의 연평균 증가율(5.0%)은 그보다 크게 높았다. 2000년대부터 경제가 성장한 만큼 가계 살림은 나아지지 않았는데 기업은 더 많은 부를 축적했다. 이러한 현상은 금융 위기 이후에 더욱 더 심해진 것이다.(그림 10 참조)

금융 위기 이후에 나타난 또 다른 특징은 정부소득의 연평균 증가율(1.1%)이 연평균 경제성장률(3.3%)보다 크게 낮은 것으로, 이 역시 경제가 성장한 만큼 정부의 재정수입이 늘어나지 않았다는 것이다. 1990년대에는 정부소득 증가율이 경제성장률보다 높았기 때문에 재

9 노동소득에 대한 분배가 줄었다!

〔그림 11〕 노동소득분배율 추이

(단위: %)

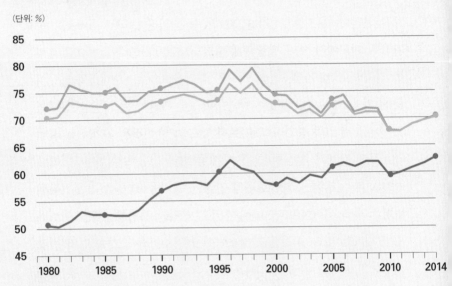

● 보정1 ● 보정2 ● 한국은행

참고 : '보정 1'과 '보정 2'의 추정 방법은 아래의 의 보고서 방식을 따랐다.
       이병희 외, "경제적 불평등과 노동시장 연구", 〈연구보고서 2013-01〉, 한국노동연구원, 2013.
보정 1 : 자영업자 소득 중 노동소득이 차지하는 비중이 경제 전체의 노동소득분배율과 같다고 가정하여
       수정한 것임.
보정 2 : 자영업자 소득 중 노동소득이 차지하는 비중이 3분의 2라고 가정하여 수정한 것임.

정이 안정적이었으나, 2000년대부터는 정부소득 증가율이 경제성장률에 크게 못 미치고 있다. 정부소득은 대부분이 세금으로 거두어들이는 수입이다. 그렇기 때문에 정부가 경제성장만큼도 재정수입을 늘리지 않으면서 그에 비례적으로 요구되는 교육, 복지, 사회간접자본 등에 대한 재정지출을 늘린다면 이것은 곧 바로 정부 재정의 적자로 이어지게 된다.

정부소득인 세금 수입은 가계의 소득에 대한 세금(소득세), 가계의 지출에 대한 세금(소비세) 그리고 기업의 이익에 대한 세금(법인세) 등으로 구성된다. 기업의 이익이 변하지 않았다고 가정할 경우, 기업의 세금은 변함이 없지만 기업의 이익 중에서 가계소득으로 분배되는 몫이 줄어들면 소득세나 소비세가 줄어들 수밖에 없기 때문에 정부소득도 덩달아 줄어드는 것은 당연하다. 또한 정부소득은 재정지출로 사용되며, 이 중에는 복지와 같이 가계에 이전되는 지출이 포함된다. 그러므로 정부소득이 줄어드는 것은 가계소득을 다시 줄이게 되는 악순환을 가져온다.

요약하면 경제성장으로 만들어진 소득 중에서 가계 살림이나 정부 재정으로 분배되는 몫이 줄어들어서 결과적으로 기업만 갈수록 부자가 되고 가계와 정부는 경제가 성장한 만큼도 혜택을 누리지 못하는 기현상이 외환 위기 이후 지난 15년 이상 지속된 것이다.

| 노동소득분배율 |

생산에 필요한 요소로는 노동, 토지, 자본, 원자재 등이 있다. 이러한

생산요소를 제공한 노동자, 자본가, 공급자 등의 경제 주체에게 분배된 소득 중에서 노동자에게 분배된 몫의 비율을 노동소득분배율이라고 한다.[19] 한국은행이 제공하는 국민소득 통계를 보면, 노동소득분배율은 1997년 외환 위기 이후에 소폭 하락했다가 최근에는 오히려 늘어났다. 이것은 국민소득 통계에서 자영업자 소득의 대부분을 사업소득, 즉 영업 잉여로 계상하기 때문에 생겨난 착시다.(그림 11 참조)

이 책의 제2장에서 구체적으로 설명하겠지만 자영업자의 대부분은 임금노동자보다 소득이 크게 낮은 영세 자영업자이며, 그들 소득의 대부분은 사업소득이 아니라 자영업자 자신의 임금, 즉 노동소득으로 보아야 한다.[20] 한국은행 통계에 따르면 2014년 자영업자의 연평균 영업 잉여는 임금노동자의 연평균 임금소득의 60% 수준에 불과하며, 월평균 177만 원이다.[21] 따라서 최소한 자영업자 영업 잉여의 일부를 자영업자의 노동소득으로 간주하는 것이 보다 정확한 추정일 것이다.

노동소득분배율에 관한 연구들은 현실에 좀 더 가까운 수치를 구하기 위하여 자영업자의 사업소득 중에서 일부를 노동소득으로 보정하는 방법을 채택하고 있다. 이 책에서도 그러한 연구 방법에 따라서 노동소득분배율을 재추정했다.[22] 그 결과, 외환 위기 직후인 1998년 이후부터 급격하게 하락하고 있다. 노동소득분배율은 1998년 79.5%이었으나 2010년 67.9%로 줄었다. 2014년 70.6%로 소폭 증가하기는 했지만 이것은 여전히 과거보다 크게 낮은 수준이며, 1980년대보다도 훨씬 낮은 수준이다.

노동소득분배율의 하락은 가계소득의 절대적인 비중을 차지하는 노동소득에 대한 분배가 줄어들었다는 것이며, 이것은 앞서 설명한 국민총소득 중에서 가계소득이 차지하는 비중이 지속적으로 줄어든 가장 주된 이유를 설명하는 것이다.

10 임금 상승이 경제성장을 따라가지 못했다!

〔그림 12〕 2000년 대비 경제성장과 실질임금 상승 추이

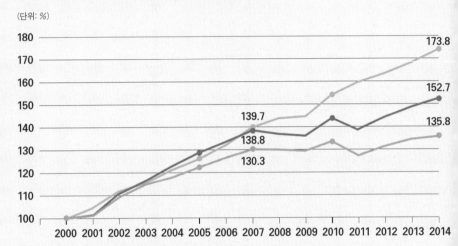

(단위: %)

● 국내총생산(GDP) ● 전산업 평균 실질임금 ● 제조업 평균 실질임금

자료 : 한국은행, 한국노동연구원
경제성장률과 소비자물가지수를 적용한 실질임금 상승률을 비교한 것이다.

경제성장에서
괴리된 임금

| 경제성장률과 실질임금 |

노동소득분배율이 이렇게 지속적으로 하락한 것은 임금 상승이 경제성장을 따라가지 못했다는 것을 말한다. 2000년을 기준 시점으로 해서 그 이후의 경제성장과 실질임금 상승이 어떻게 변화했는지를 살펴보면, 2014년까지 국가 경제는 누적으로 73.8% 성장했다. 그러나 같은 기간에 제조업 평균 실질임금은 52.7% 증가했고, 전산업의 경우 경제성장의 절반인 35.8% 증가하는 데 그쳤다.(그림 12 참조)

2007년까지는 누적 실질임금 상승률은 제조업의 경우 38.8%, 전산업의 경우에는 30.3%로 같은 기간의 누적 경제성장률 39.7%와 큰 차이가 없었다. 다시 말해서 임금은 경제가 성장한 만큼 함께 증가했다는 말이다. 그러나 2008년 금융 위기 이후에 경제성장과 실

─ 11 임금 상승과 경제성장의 괴리가 OECD 회원국 중 네 번째로 크다!

〔그림 13〕 금융위기 이후 경제성장률과 실질임금 상승률 누적량 : 2008~2013년

(단위: %)

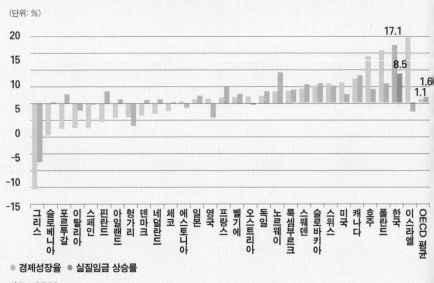

● 경제성장율   ● 실질임금 상승률

자료 : OECD

〔그림 14〕 금융위기 이후 임금 상승률과 경제성장률의 누적 격차량 : 2008~2013년

(단위: %)

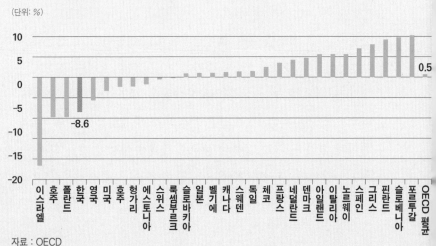

자료 : OECD

질임금 상승의 괴리가 극단적으로 커졌다. 2007년부터 2014년까지 국가 경제는 누적으로 24.4% 성장했지만, 전산업 평균 실질임금은 4.2% 증가에 불과했고, 제조업의 경우도 10% 증가하는 데 그쳤다.

금융 위기 이후 세계경제는 장기적인 경기 침체로 인하여 저성장 기조로 전환되었으며, 한국도 예외가 아니었다. 한국은 2000년부터 2007년까지 연평균 경제성장률이 5.4%이었으나 금융 위기 이후인 2008년부터 2013년까지 연평균 경제성장률이 3.2%로 크게 낮아졌다.[23] 그럼에도 불구하고 한국은 2008년부터 2013년까지 5년 동안 누적 경제성장률은 17.1%였으며, 누적 실질임금 상승률은 8.5%로써 양 지표 모두 OECD 국가 중에서 두 번째로 높은, 매우 우수한 성과를 냈다.(그림 13 참조)

그런데 경제성장률이나 실질임금 상승률 모두 높지만 양자 간의 괴리 또한 매우 큰 것도 특이한 현상이다. 실질임금 상승률이 경제성장률의 절반 수준밖에 미치지 못하여 임금 상승과 경제성장의 괴리가 네 번째로 큰 나라다. 양자 간의 괴리가 한국보다 더 큰 나라 중에서 주목할 경우가 이스라엘이다. 이스라엘은 한국보다 높은 경제성장을 했음에도 불구하고 실질임금은 역으로 감소한 나라이며, OECD 국가 중 미국 다음으로 임금소득 불평등이 심한 나라다.[24] 또한 한국보다 괴리가 큰 포르투갈의 경우는 경제가 마이너스 성장을 했음에도 불구하고 실질임금은 증가한 나라다.(그림 14 참조)

_12 재산소득의 실질 가치는 2008년 이후 오히려 줄었다!

〔그림 15〕 도시근로자 가구소득 중 재산소득과 사업소득 비중 추이 : 1990~2014년

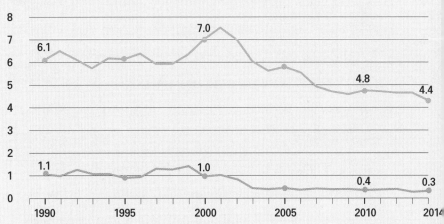

(단위: %)

● 사업소득 ● 재산소득

자료 : 통계청, 가계동향조사.

〔그림 16〕 2008년 대비 도시근로자 가구소득 추이 : 2008~2014년

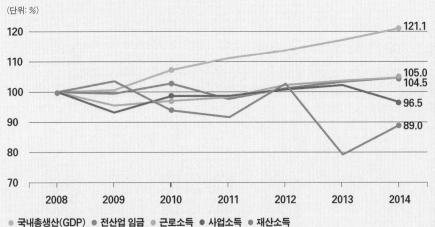

(단위: %)

● 국내총생산(GDP) ● 전산업 임금 ● 근로소득 ● 사업소득 ● 재산소득

자료 : 통계청, 가계동향조사.

| 재산소득의 실질 가치 |

통계청의 가계동향조사에 의하면 2014년 근로자 가구의 시장소득 중에서 근로소득이 차지하는 비율은 95.3%이고, 사업소득의 비율은 4.4%이고, 재산소득의 비율은 나머지 0.3%이다.[25] 금융 위기 이후인 2008년부터 2014년까지 근로자 가구 노동소득의 누적 실질 증가율은 5.0%이며,[26] 같은 기간의 누적 경제성장률인 21.1%에 크게 못 미친다. 또한 전산업 평균 실질임금의 누적 증가율인 4.5%와 비슷한데, 가구 소득의 95%가 노동소득인 것을 감안하면 당연한 결과다.(그림 15 참조)

노동소득은 비록 경제성장률보다 훨씬 밑돌았으나 증가했다. 하지만 재산소득과 사업소득의 실질 가치는 2008년 이후에 오히려 줄어들었다. 2008년부터 2014년까지 재산소득은 11.0%가 감소했고, 사업소득은 3.5%가 감소했다. 물론 근로자 가구의 소득 중에서 재산소득과 사업소득이 차지하는 비중이 매우 낮기 때문에 이 두 소득의 실질 가치 하락이 가구 소득 전체의 하락을 초래하지는 않았다. 하지만 노동소득 증가율이 경제성장률의 4분의 1에 불과한 상황에서 재산소득과 사업소득마저도 감소한 것이다.(그림 16 참조)

가계동향조사가 갖는 통계상의 왜곡 때문에 재산소득의 변화를 정확하게 반영하지 못하는 문제가 있다. 따라서 한국은행 국민소득 계정상의 2000년부터 2014년까지 경제성장, 임금소득 총액의 증가, 재산소득 총액의 증가를 비교해보자.[27] 이 기간 동안 경제는 73.8% 성장했는데, 임금소득 총액의 실질 가치는 64.9% 증가하고, 재산소득 총액의 실질 가치는 27.6% 증가하는 데 그쳤다. 그런데 국민소득

〔그림 17〕 2000년 대비 경제성장과 임금소득-재산소득 증가 추이 : 2000~2014년

(단위: %)

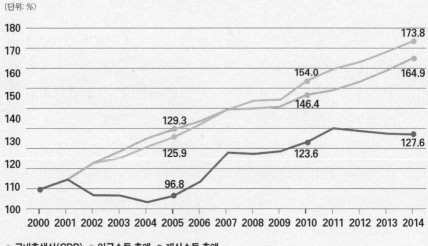

● 국내총생산(GDP) ● 임금소득 총액 ● 재산소득 총액

자료 : 한국은행

그림으로 읽는 한국 경제

13

고소득층은 저소득층에 비해 소득이 두 배 이상 늘었다!

〔그림 18〕 1990년 기준 최상위 10%-최하위 10% 계층 근로자 가구 누적 실질 노동소득 변화

(단위: %)

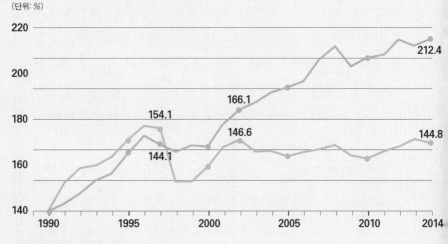

● 최하위 10% 1분위 ● 최상위 10% 10분위

자료 : 통계청, 가계동향조사.

계정의 조사 결과는 고소득층을 포함한 총액 기준이기 때문에 평균적인 가구의 임금소득이나 특히 재산소득의 증가는 그보다 훨씬 낮을 것이다. (그림 17 참조)

| 노동소득의 격차 |

경제가 성장한 만큼 임금이 상승하지 않은 결과로 가계소득의 불평등이 얼마나 악화되었는지 근로자 가구의 소득격차 변화를 살펴보자. 1990년부터 2014년까지 소비자물가 상승을 반영한 실질 가치 노동소득이 소득 계층 최상위 10%의 경우 112.4% 증가했고, 최하위 10%의 경우 44.8% 증가하는 데 그쳤다. 같은 기간에 국내총생산(GDP)이 3.4배 성장했고, 1인당 GDP도 2.9배로 증가했는데 소득 계층 최하위 10%의 노동소득은 1.4배 증가에 불과함으로써 소득 계층 최하위 10%는 경제성장만큼의 혜택도 누리지 못했다.(그림 18 참조)
　1990년 이래 소득 계층 간 노동소득의 격차가 확대되는 과정에서 네 가지 주목할 변화가 있다. 첫째, 1997년 이전까지는 노동소득 증가의 경우 최하위 계층이 최상위 계층을 앞섰고, 중간 계층에서 높았다. 1990년부터 1997년까지 계층별 노동소득의 증가율을 보면, 최하위 10% 계층(1분위)의 경우 54.1%가 증가하고 최상위 10% 계층(10분위)의 경우 44.1%가 증가했다. 특히 20~30% 계층(3분위)과 70~80% 계층(8분위)의 실질 노동소득 증가율은 각각 74.1%, 73.9%로 다른 모든 계층을 크게 앞질러서 소위 중산층의 출현을 예시했다. 결과적으로 소득 불평등이 완화되었던 시기였다.(그림 19 참조)

14 외환 위기 이후 소득 쏠림 현상이 뚜렷해졌다!

〔그림 19〕 외환 위기 이전 소득 계층별 근로자 가구의 실질 노동소득 증감률 : 1990~1997년

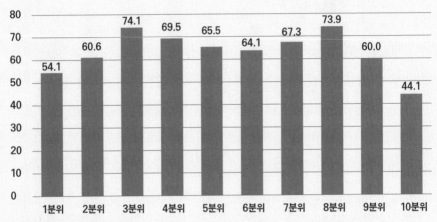

(단위:%)

자료 : 통계청, 가계동향조사.

〔그림 20〕 외환 위기 중 소득 계층별 근로자 가구의 실질 노동소득 증감률 : 1998년

(단위:%)

자료 : 통계청, 가계동향조사.

둘째, 외환 위기로 인한 계층 간 소득격차의 확대 과정에서 가장 큰 손실을 입은 것은 하위 계층이었고, 반면 상위 계층의 손실은 최소화되었다. 1998년 외환 위기는 30대 재벌그룹 중에서 16개가 파산하는, 한국 경제를 벼랑 끝 상황까지 몰아간 최대의 위기였다. 1998년 경제성장률이 −5.5%로 역대 최저를 기록했고, 실업률은 7.0%로 1970년 이후 사상 최고치로 치솟았다. 이 과정에서 저소득층인 1분위와 2분위 계층의 실질 노동소득이 각각 22.7%와 21.8% 하락했다. 가계소득의 95% 이상을 차지하는 노동소득의 5분의 1이 1년 만에 사라져서 가계 살림이 크게 위축되었다. 그러나 고소득층인 10분위 계층의 실질 노동소득은 단 3.7% 하락에 그쳐서 큰 영향을 받지 않았다. 외환 위기 당시 소득이 낮은 계층일수록 그 타격이 컸음을 뚜렷하게 확인할 수 있다.(그림 20 참조)

셋째, 외환 위기 이후에는 계층별 소득 증가의 양상이 외환 위기 이전과는 전혀 다르게 변했다. 1999년부터 2014년까지 1분위 계층의 노동소득은 21.5% 증가한 반면에 10분위 계층은 그보다 훨씬 높은 53.0% 증가했다. 외환 위기 이전에 최상위 계층의 노동소득 증가율이 다른 모든 계층보다 가장 낮았던 것과는 정반대의 현상이 나타난 것이다. 또한 중간 계층의 실질 소득 증가 역시 최상위 계층보다 낮아져서 결과적으로 최상위 계층에 대한 쏠림 현상이 뚜렷해졌다.(그림 21 참조)

넷째, 2002년 이후로 1분위 계층의 실질 노농소득이 늘지 않았다. 가장 중요한 변화다. 2002년부터 2014년까지 10분위 계층의 실질 노동소득은 27.9% 증가한 반면, 1분위 계층의 경우 오히려 1.2% 감소했다. 외환 위기를 극복한 이후에 소득격차가 더욱 확대된 가장

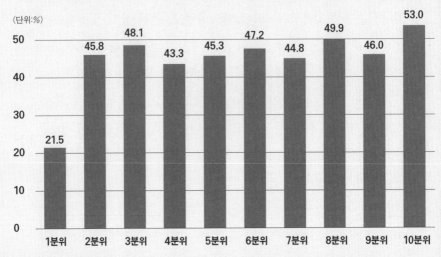

〔그림 21〕 외환 위기 이후 소득 계층별 근로자 가구의 실질 노동소득 증감률 : 1999~2014년

(단위:%)

자료 : 통계청, 가계동향조사.

15   2002년 이후 최하위 계층의 실질 가치 노동소득이 줄었다!

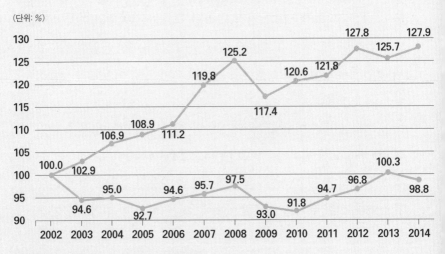

〔그림 22〕 근로자 가구의 노동소득 상위-하위 계층의 누적 실질 노동소득 증감률 추이 : 2002~20

(단위: %)

● 최하위 10%(1분위)   ● 최상위 10% (10분위)

자료 : 통계청, 가계동향조사.

중요한 원인으로 최상위층의 소득이 급격하게 증가한 까닭도 있지만 최하위층의 소득이 늘기는커녕 오히려 감소했기 때문이다. 이 기간 동안에 국내총생산은 54.9%가 증가했고, 1인당 GDP도 46%가 늘어났는데 최하위 10% 계층의 소득은 경제성장에도 불구하고 오히려 줄었던 것이다.(그림 22 참조)

이렇듯 1990년 중반까지 확대되던 중산층이 외환 위기를 계기로 축소되었고, 중산층의 상당수가 빈곤층으로 전락하는 계층 구조의 변화를 가져왔다. 동시에 저소득층과 빈곤층의 소득이 경제가 성장한 만큼 늘어나지 않음으로써 소득 불평등이 더욱 악화되는 결과를 가져왔다.

제 2 장

임금 불평등과 고용 불평등

절반의 임금으로

| 저임금노동자 |

한국은 OECD 회원국 중에서 상용 노동자 중 저임금노동자의 비율이 미국에 이어서 두 번째로 높은 나라다. 통계에서 저임금노동자란 중위(median) 임금소득의 3분의 2 미만의 임금을 받는 노동자를 말한다. 한국의 경우 2013년에 상용 노동자 중 4분의 1에 해당하는 24.7%가 이 같은 저임금노동자에 속하며, 이것은 미국의 25.0%와 거의 같은 수준이다.(그림 23 참조)

한국의 경우 1980년대 중반 이후에는 저임금노동자의 비율이 줄어드는 추세였다. 이것은 앞서 임금소득 지니계수가 1980년대 줄어들고 소득 불평등이 완화되던 추세와 같은 양상이다. 그러나 저임금노동자의 비율은 1990년대 들어 21.7%에서 증가하기 시작했고,

__16 저임금노동자가 OECD 국가 중에서 두 번째로 많다!

[그림 23] OECD 회원국의 저임금노동자 비율

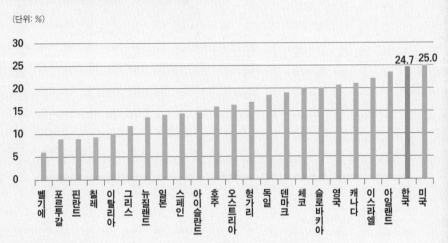

(단위: %)

자료 : OECD, 2013

[그림 24] 한국과 미국의 저임금노동자 비율 추이 : 1984~2013년

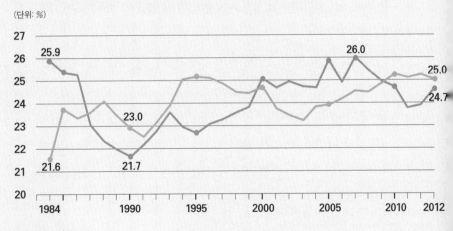

(단위: %)

● 한국 ● 미국

자료 : OECD

2000년대에는 26.0%로 최고치를 기록했고, 미국을 앞질러서 OECD 회원국 중에서 저임금노동자가 가장 많은 나라가 되었다. 금융 위기 이후에 다소 줄어들었으나 여전히 미국과 함께 저임금노동자가 가장 많은 나라다.(그림 24 참조)

| 비정규직 vs 정규직 |

소득 불평등이 악화되는 근본적인 이유 중의 하나가 고용 불평등이다. 이를 가장 극명하게 보여주는 것이 정규직과 비정규직 간의 차별이다. 비정규직은 고용 불안정의 원인일 뿐만 아니라 더욱 근본적으로는 정규직과의 임금격차로 불평등을 악화시키는 원인이 되고 있다. 비정규직의 임금은 정규직의 절반 수준이며, 이것은 지난 10년 이상 개선되지 않고 있다.

정부 통계에 따르면 2002년 비정규직의 평균임금은 정규직 대비 67.1% 수준이었으나, 지속적으로 격차가 확대되어 2009년 54.6% 수준으로 낮아졌다. 이후에 정체 상태를 유지하고 있으며 2014년 55.8% 수준에 머무르고 있다. 노동계 통계에 따르면 2000년 비정규직의 평균임금은 정규직 대비 53.7% 수준이었으나, 지속적으로 격차가 확대되어 2010년 46.9% 수준인 절반 이하로 낮아졌다. 이후에 소폭 개선되기는 했지만 2014년 49.9% 수준으로 여전히 정규직의 절반 수준이다.[1](그림 25 참조)

17

비정규직 임금은 정규직의 절반이다!

〔그림 25〕 정규직 대비 비정규직 평균임금 비율 추이 : 2000~2014년

(단위: %)

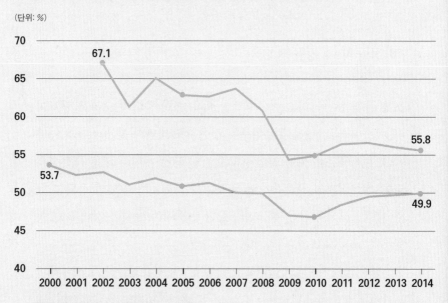

● 노동연구원(정부)　● 노동사회연구소(노동계)

자료 : 한국노동연구원, 한국노동사회연구소

| 중소기업 vs 대기업 |

기업 규모에 따른 임금 불평등도 소득 불평등의 주요한 원인이 되고 있다. 2014년 중소기업(종업원 300인 미만)의 평균임금은 대기업(종업원 300인 이상) 대비 62.3% 수준이며, 제조업의 경우에는 격차가 더 심해서 2014년 53.2% 수준에 불과하다.(그림 26 참조)

중소기업과 대기업의 임금격차는 과거부터 지금처럼 컸던 것은 아니었으며, 지난 30여 년 동안 지속적으로 확대되어 온 결과다. 전 산업의 경우 1980년대에는 중소기업의 평균임금은 대기업 대비 90% 이상의 수준이었고, 1990년대에 격차가 확대되었지만 여전히 70% 이상의 수준이었다. 제조업의 경우도 1980년대에는 중소기업의 평균임금은 대기업 대비 80% 이상의 수준이었고, 1990년대에도 70% 이상의 수준이었다. 특히 제조업은 최근에도 계속해서 임금격차가 확대되어 중소기업의 평균임금은 대기업의 절반 수준까지 하락했다.

중소기업은 2014년 전체 노동자의 81%를 고용하고 있고, 대기업은 19%를 고용하고 있다. 앞서 논의한 중소기업과 대기업의 평균임금격차를 이러한 고용 비중에 적용하면 전체 노동자의 81%는 임금으로 나머지 19% 대비 62% 수준만을 받고 일하고 있다는 의미다. 그러나 1980년에는 중소기업의 고용 비중은 54%이었고, 중소기업의 임금은 대기업의 97% 수준이었다. 이것은 1980년에는 노동자의 설반이 중소기업에서 일했고, 중소기업과 대기업의 임금격차가 극히 작았다는 것을 의미한다.(그림 27 참조)

이렇듯 과거에는 중소기업과 대기업 간의 임금격차가 상당히 좁혀져 있었고, 현재의 임금 불평등은 최근 20년 동안 발생한 것이다.

18 고용격차와 임금격차가 소득 불평등 악화의 주범이다!

〔그림 26〕대기업 대비 중소기업 평균임금 비율 추이

(단위: %)

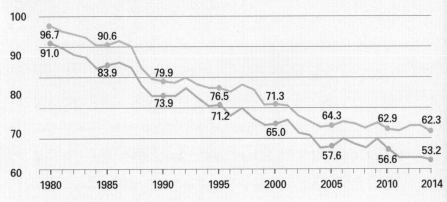

● 전산업 ● 제조업

1980~2007년 자료 : 고용노동부, 매월노동통계조사.
2008~2010년 자료 : 고용노동부, 사업체임금근로시간조사.
2011~2014년 자료 : 고용노동부, 사업체노동력조사.

〔그림 27〕대기업과 중소기업의 고용 비중 추이

(단위: %)

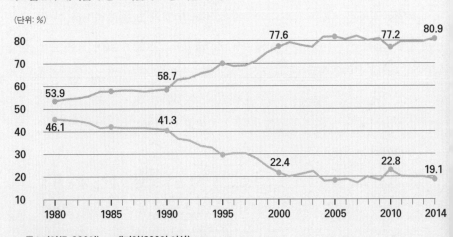

● 중소기업(5-299인) ● 대기업(300인 이상)

1980~1992년 자료 : 고용노동부, 매월노동통계조사.
1992~2014년 자료 : 고용노동부, 직종별사업체노동력조사.

상대적으로 임금이 낮은 중소기업에서 일하는 국민이 대폭 늘어났을 뿐 아니라 대기업과의 임금격차도 크게 벌어졌으니 소득 불평등이 악화되는 것은 너무도 당연한 결과다. 대기업 대비 중소기업의 고용격차와 임금격차가 복합적으로 작용한 것이 한국의 소득 불평등을 악화시키는 가장 중요한 구조적 원인이 되었다.

| 대기업 위의 초대기업 |

정부의 공식적인 대기업 분류는 종업원 300명 이상의 기업이다. 대기업 사이에도 규모의 격차가 엄청나게 크기 때문에 '초'대기업을 분리해서 비교해보면 임금격차로 인한 불평등의 상황을 좀 더 명확하게 파악할 수 있다. 예를 들어, 매출액 기준으로 2014년 1위 기업인 삼성전자의 종업원은 9만 9000명이고, 3위인 현대자동차의 경우 6만 5000명이다.[2] 이러한 초대기업의 임금수준은, 중소기업은 말할 것도 없고 다른 대기업과 비교해도 상당한 격차를 보이고 있다. 2014년 종업원 300인 이상의 전체 대기업 평균 연봉이 5792만 원이지만, 삼성전자의 평균 연봉은 1억 200만 원이고 현대자동차의 경우는 9700만 원이다. 대기업 평균 연봉은 삼성전자의 57%, 현대자동차의 60% 수준이라는 의미다. 중소기업 평균 연봉을 비교해보면 삼성전자의 35%, 현대자동차의 37% 수준이다. 초대기업의 평균임금은 대기입 평균의 약 두 배이며, 중소기업 평균의 약 세 배다.(그림 28 참조)

    삼성전자나 현대자동차와 같은 세계적인 기업의 임금이 다른 대기업 또는 중소기업과 비교해서 얼마나 더 높아야 하는지에 대해서

초대기업과 일반 기업 간 임금격차가 갈수록 커졌다!

〔그림 28〕 초대기업 대비 대기업-중소기업 평균임금 비율

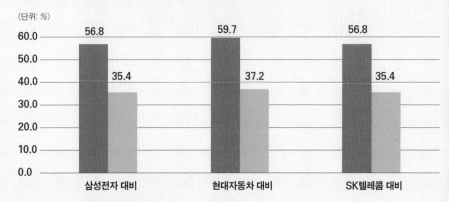

(단위: %)

● 대기업 평균임금   ● 중소기업 평균임금

초대기업의 임금 자료 : 각 기업의 2014년 사업보고서
대기업과 중소기업의 임금 자료 : 한국노동연구원

〔그림 29〕 경제성장률, 초대기업-대기업-중소기업 실질임금 상승률 누적 : 2008~2014년

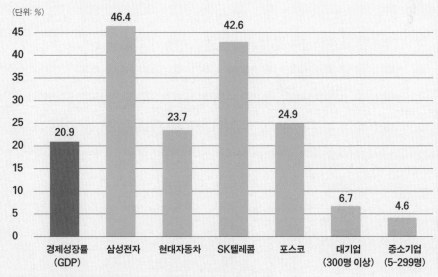

(단위: %)

국내총생산 자료 : 한국은행
초대기업의 임금 자료 : 각 기업의 2014년 사업보고서
대기업과 중소기업의 임금 자료 : 한국노동연구원

객관적인 기준을 정하기는 어렵다. 따라서 임금수준의 격차 그 자체만으로 문제가 아닐 수도 있다. 문제의 핵심은 초대기업의 직원은 경제성장의 성과 이상을 임금 상승으로 누리고 있어서 다른 기업과의 임금격차가 갈수록 확대되고 있다는 것이다.(그림 29 참조)

금융 위기 이후인 2008년부터 2014년까지 6년 동안 한국 경제의 누적 성장률은 20.9%이다. 같은 기간에 삼성전자와 SK텔레콤의 실질임금 상승률은 경제성장률의 두 배가 넘는 40% 이상이었고, 현대자동차와 포스코의 경우에는 경제성장률을 약간 상회하는 20% 이상 상승했다. 그러나 전체 대기업의 실질임금 상승률은 경제성장률에 크게 못 미치는 6.7%이었고, 중소기업의 경우에는 경제성장률의 4분의 1도 안되는 4.6%에 불과했다. 중소기업 노동자는 경제성장의 혜택을 누리지 못했을 뿐 아니라 실질임금 상승률이 연평균 1%도 되지 않았던 것이다. 중소기업 노동자의 임금수준이 초대기업 노동자의 3분의 1밖에 되지 않은데도 불구하고, 임금 상승률마저도 초대기업의 10분의 1밖에 되지 않아서 임금 불평등이 갈수록 확대되고 있는 것이다.

| 원청기업 vs 하청기업 |

제조업의 경우, 원청기업은 핵심 부품을 직접 생산하기도 하지만 대부분의 부품들을 외부 하청기업으로부터 공급받아 조립 완성한다. 한국의 대표적인 제조업 기업인 삼성전자와 현대자동차가 그러한 원청기업의 예이다. 최종 제품의 완성에 필요한 원재료나 부품을 공급하는 하청기업은 대부분이 중소기업이며, 한국의 중소기업 상당

20 원청기업과 하청기업 간 임금격차도 심하다!

〔그림 30〕 현대자동차 대비 하청기업별 평균임금 비율

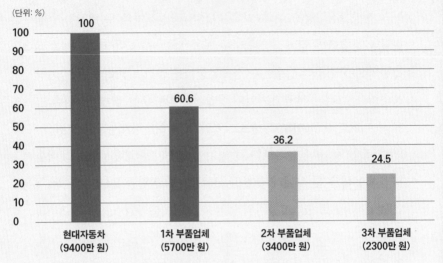

(단위: %)

자료 : "더 벌어진 대기업·中小 임금격차 줄여야 靑年 고용 는다", 〈조선일보〉, 2015년 3월 21일자 인터넷 기사.

수가 대기업 또는 초대기업의 하청기업이다.

현대자동차와 하청기업 간의 임금격차를 보자.[3] 1차 부품 공급 기업, 즉 1차 하청기업의 평균임금은 현대자동차 대비 60.6%, 2차 하청기업은 36.2%, 3차 하청기업은 24.5% 수준이다. 우연인지는 몰라도 단계적으로 1차 하청기업은 원청기업인 현대자동차의 60%, 2차 하청기업은 1차 하청기업의 60%, 3차 하청기업은 2차 하청기업의 60% 식으로 매우 일정한 간격으로 임금격차를 보이고 있다.(그림 30 참조)

1차 하청기업은 상당수가 종업원 300인 이상의 대기업이지만, 2차와 3차 하청기업은 대부분 중소기업이다. 중소기업인 하청기업은 대기업인 원청기업에 종속적이며, 원청기업이 결정하는 납품가격에 따라서 경영 성과가 결정되며, 이에 따라 임금도 결정된다고 볼 수 있다. 따라서 2차와 3차 하청기업의 노동자 임금이 현대자동차 대비 3분의 1과 4분의 1에 불과할 정도로 극심한 격차를 보이는 것은 현대자동차에 대한 납품가격 결정이 직접적인 이유이다. 그렇다고 기업 간 임금격차가 자동차 생산의 최종 부가가치에 대한 기여의 차이에 따른 격차라고 볼 근거는 없다.

원청기업과 하청기업의 거래 관계에 대한 구체적인 통계가 제공되지 않아서 납품가격에 따른 하청기업의 경영 실태나 이로 인한 하청기업 노동자와 원청기업 노동자와의 임금격차에 대한 연구나 분석을 찾아보기 힘들다. 여기서는 임금 자료가 조사된 현대자동차와 하청기업의 사례로만 설명했지만, 삼성전자 등의 다른 초대기업과 그들의 하청기업 간의 임금격차도 현대자동차의 경우와 크게 다르지 않은 것으로 추정된다.

21

은행의 평균임금은 대기업의 두 배, 중소기업의 세 배다!

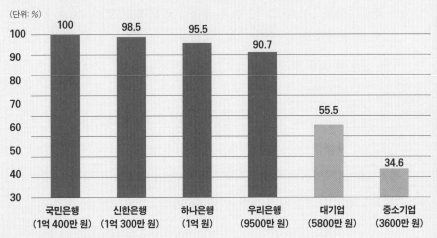

〔그림 31〕 국민은행 대비 시중은행-대기업-중소기업의 평균임금 비율

(단위: %)

자료 : 각 은행의 2014년 사업보고서
대기업과 중소기업의 임금 자료 : 한국노동연구원

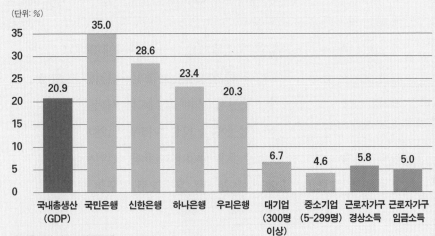

〔그림 32〕 은행 대비 실질임금 상승률 격차 : 2008~2014년

(단위: %)

국내총생산 자료 : 한국은행
시중은행의 임금 자료 : 각 은행의 2014년 사업보고서
대기업과 중소기업의 임금 자료 : 한국노동연구원
근로자 가구의 소득 자료 : 통계청, 가계동향조사.

| 은행은 왜? |

은행이 다른 금융회사와 구분되는 가장 중요한 차이점은 예금을 받는다는 것, 즉 수신(受信) 기능에 있다. 다른 금융회사는 대출을 해줄 수는 있지만 원금이 보장되는 예금을 받을 수는 없다. 은행 예금의 원금 보장은 예금보험을 통해서 이루어지지만, 예금보험이 충분하지 않을 경우 국가가 책임을 진다. 그렇기 때문에 '은행'이라는 상호 사용은 반드시 법에 규정된 요건을 갖춘 금융회사가 정부의 인가를 받는 경우에만 허용되고, 은행은 일반 사기업과 달리 공공성을 가지고 있어서 정부의 감독을 받는다. 은행의 가장 큰 수입 원천은 대출이자와 예금이자의 차이인 '예대 마진'이다. 예금에는 낮은 이자를 지급하고 대출에는 높은 이자를 부과해서 이익을 얻는 것이다. 이 역시 정부로부터 인가받은 보호된 규제로부터 파생되는 이익이며, 특정 소수에게만 허용되는 인가 때문에 발생하는 과점(寡占) 이익이다.

과거에는 은행의 주된 역할이 가계의 저축을 기업의 자금으로 공급하는 것이었으나, 지금은 사정이 달라졌다. 신용도가 높은 기업은 은행 외에도 자금 공급원이 다양해졌기 때문이다. 우량 대기업의 경우 주식시장이나 채권시장을 통해서 직접 자금을 조달하거나 내부유보금으로 조달하는 비중이 높아지면서 은행의 기업 자금 공급 역할은 대폭 축소되었다. 1990년에는 총대출금 중에서 기업 대출이 88.8%를 차지했으나 2014년 45.9%로 급격하게 줄었다. 반면에 총대출금 중에서 가계 대출이 차지하는 비중은 1990년에 불과 7.8%이었으나 이후에 급격하게 증가해서 2014년 52.2%로 절반 이상이 가계 대출이다.

여기에서 이러한 시중은행의 임금구조를 살펴보자. 시중은행의 전체 직원 중에서 여직원이 차지하는 비중이 높은데도 불구하고 남직원과 여직원 임금격차가 매우 크다. 국민은행의 경우 여직원이 전체 직원의 47%를 차지하는데, 여직원의 평균임금은 남직원 대비 절반을 조금 넘는 55% 수준이다. 2014년 국민은행 남직원 평균 연봉은 1억 400만 원인 반면에 여직원 평균 연봉은 5700만 원이다.[4] 남직원 대비 여직원 평균임금은 신한은행의 경우 57.2%, 하나은행의 경우 56.5%, 우리은행의 경우 61.8% 수준으로 대부분 은행에서 남녀 직원의 임금이 큰 격차를 보이고 있다.[5] 이렇게 남녀 직원 간에 임금 격차가 크기 때문에 일단 여직원을 제외하고 남직원을 기준으로 대기업, 중소기업의 임금과 비교하기로 한다.

한국의 대표적인 시중은행의 평균 연봉은 중소기업은 물론이고 대기업보다 훨씬 더 높다. 2014년 남직원의 평균 연봉이 가장 높은 국민은행을 기준으로 한 상대임금은 신한은행 98.5%, 하나은행 95.9% 그리고 우리은행 90.7% 수준으로 은행 간의 차이는 크지 않다. 반면에 대기업의 경우는 국민은행의 절반인 55.5% 수준이며, 중소기업의 경우는 3분의 1인 34.6% 수준이다.(그림 31 참조)

기업은 은행으로부터 대출을 받아서 생산 활동을 하고, 은행은 기업 대출로부터 이자 수익을 얻는다. 그런데 돈을 빌려준 은행이 그 돈으로 생산 활동을 하는 기업보다 두 배 또는 세 배의 임금을 받는 셈이다. 은행은 예금의 원금 보장에 대한 최종적인 책임을 정부가 지는 '공공성을 지닌 기관'이며, 은행의 이익은 규제 이익이면서 동시에 과점 이익이라는 것을 고려한다면 은행의 임금수준이 기업의 임금보다 두세 배 높다는 것은 쉽게 정당화되지 않는다. 뿐만 아니라 2008

년 금융 위기 이후 2014년까지 6년 동안의 임금 상승률도 기업보다 훨씬 더 높았다. 국민은행의 누적 실질임금 상승률은 누적 경제성장률(20.9%)보다 훨씬 더 높은 35%이고, 다른 은행도 비슷하거나 그 이상의 임금 상승을 누렸다. 그러나 같은 기간 동안에 대기업의 경우 6.7%, 중소기업의 경우 4.6% 증가하는 데 그쳤다. 금융 위기 이후에 금융기관과 기업의 경영이 과거보다 어려워졌다고 하지만 기업과 가계에 대출을 해주어 돈을 버는 은행의 직원은 경제성장 이상의 혜택을 누렸고, 은행에서 돈을 대출받아서 생산 활동을 한 기업의 노동자는 경제성장의 혜택을 받지 못한 것이다.(그림 32 참조)

은행은 기업만이 아니라 가계에도 대출을 한다. 2014년 시중은행의 가계 대출 비율은 52.2%로 은행 전체 대출의 절반을 넘는다. 은행별로 보면 국민은행 57.1%, 신한은행 49.2%, 하나은행 52.0%, 우리은행 47.6% 수준이다. 이것은 은행 이익의 대부분을 차지하는 '예대 마진'이 기업만이 아니라 가계로부터도 상당수 발생한다는 것이다. 2008년부터 2014년까지 6년 동안 가계 경상소득의 누적 실질 증가율은 경제성장률에 훨씬 못 미치는 5.6%이었고, 근로소득의 누적 실질 증가율은 5.0%에 불과했다. 은행원의 임금이 경제성장률보다 훨씬 높게 증가한 것과는 극명하게 대조적이다. 규제 이익과 과점 이익을 누리는 은행의 임금수준이 기업보다 두세 배 높다는 것도 합리적으로 설명되지 않지만, 경제상황이 과거보다 어려워졌다는 금융 위기 이후에 은행의 실질임금 상승률이 기업 임금과 가계소득 실질 증가율의 4~6배에 이르는 것은 어떤 합리적 설명으로도 받아들이기 어려운 결과다.

고용격차가
임금격차를 만든다

| 비정규직의 근속 연수 |

소득 불평등과 함께 한국 사회의 또 다른 구조적인 불평등이 고용 불평등이다. 사실 고용 불평등은 다른 불평등을 야기하는 가장 근본적인 원인이기도 하다. 한국 노동자의 삶과 위상을 가르는 가장 결정적인 구분은 정규직과 비정규직이라는 낙인이다. 정부 통계에 따르면 2014년 전체 노동자 중 정규직이 차지하는 비율은 68%이고, 비정규직의 경우는 32%이다. 노동계 통계에 따르면 정규직의 경우 55%이고, 비정규직의 경우 45%이다.[6] 정규직과 비정규직에 대한 통계는 2001년 이전에는 존재하지 않기 때문에 과거로부터의 장기적인 추이를 짐작하기 어렵다. 그러나 1990년대만 해도 비정규직이라는 용어 자체가 없을 정도로 비정규직은 한국 노동문제에서 관건이 아니었다. 외환 위기 이후에 구조 조정과 외주 용역의 증가 등으로 비정규직이 생겨났고, 이후에 급격하게 증가했다.

정부 통계가 시작된 2002년 비정규직의 비중은 전체 노동자의 27.4%이었고, 2004년 37.0%로 불과 2년 만에 10%포인트가 증가할 정도로 비정규직은 급격하게 양산되었다. 비정규직이라는 '신종 신분제도'가 생겨났을 때만 해도 이것이 장차 한국 사회 전체의 아킬레스건이 될 것이라고 보는 사람은 드물었다. 고용 불안정의 늪에 빠진 것과 같은 비정규직 노동자의 급격한 증가는 이제 사회문제로 대두되었다. 이 문제를 해결하기 위해서 2006년 비정규직 보호와 관련된 법이 제정되었고, 2007년 7월부터 100인 이상 사업장에 한해서 시행되었다. 가장 쟁점이 되었던 내용은 기간제 노동자를 2년 초과해서 고용할 수 없다는 것이다. 다시 말해 2년을 초과해서 고용할 경우 정규직으로 전환해야 한다는 것이다.

'비정규직을 비정규로 만든다'는 취지의 이 법은 언뜻 그럴 듯해 보였다. 그러나 법이 시행된 이후에 나타난 현실이란 계약직 노동자의 대부분이 고용 기간 2년을 초과해서 정규직으로 전환되기보다는 2년 이전에 고용계약이 해지되는 것이었다. 비정규직 보호법이 본격적으로 시행되었던 2008년 비정규직의 비율은 전년보다 2.1%포인트가 줄어든 33.8%이었다. 이후 추가적인 감소 추세는 보이지 않았다. 이 법이 시행된 지 7년이 지난 2014년에는 2007년과 비교해서 고직 3.5%포인트 감소하는 데 그쳤다. 결과적으로 2007년부터 시행된 비정규직 보호법은 비정규직 수가 증가하는 것을 억제하는 효과는 있었지만 그 수를 줄이는 효과를 거두지는 못했다. 이 법은 2014년 5인 이상 사업장으로 확대 시행되었지만 2007년 이후의 변화에 근

_22 비정규직 보호법은 비정규직을 보호하지 못했다!

〔그림 33〕 비정규직 노동자 비중 추이 : 2002~2014년

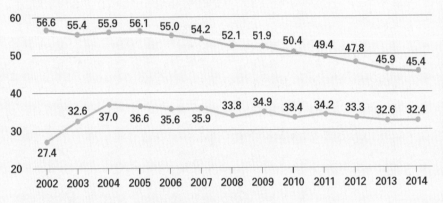

(단위: %)

● 정부 통계(한국노동연구원) ● 노동계 통계(한국노동사회연구소)

자료 : 한국노동연구원, 한국노동사회연구소

〔그림 34〕 정규직과 비정규직의 근속 연수

근속 연수(단위: 년)

자료 : 통계청, 〈경제활동인구조사〉, 2014.

〔그림 35〕 정규직과 비정규직의 1년 미만 근무 비

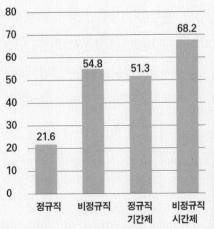

1년 미만 근무 비율(단위: %)

자료 : 통계청, 〈경제활동인구조사〉, 2014.

거해볼 때 비정규직을 축소하고자 하는 근본적인 효과를 거두기는 어려울 것으로 보인다.(그림 33 참조)

임금격차 이외에 정규직과 비정규직의 가장 큰 차이는 고용의 안정성 문제다. 정규직은 고용계약 기간이 정년까지이기 때문에 고용 안정성이 보장된다. 반면에 비정규직은 고용계약 기간이 한시적이기 때문에 고용이 불안정하다. 앞서 말한 것처럼 비정규직 보호법에 의해서 고용 기간이 한시적인, 즉 계약직이라고 불리는 기간제 노동자를 2년 이상 고용할 경우 정규직으로 전환해야 하지만 기업은 이를 피하기 위해서 2년 넘기 전에 계약을 해지하는, 즉 해고를 하는 것이 관행처럼 굳어져버렸다.

비정규직의 고용 불안정은 근속 연수의 통계에서 극명하게 들어난다. 정규직의 평균 근속 연수는 7년 1개월(7.1년)인 반면에 비정규직의 경우는 2년 6개월(2.5년) 정도이다. 그나마 2년 6개월이라는 근속 연수도 허상에 가까운 것으로, 비정규직 노동자 중 근속 기간이 1년 미만인 노동자의 비율이 54.8%이다. 특히 주목할 만한 사실은 비정규직 노동자 중 기간제 노동자의 근속 연수 중위값은 11개월(0.9년)이다. 이것은 비정규직의 절반 이상이 매년 일자리를 옮기는 극히 불안정한 고용 상태에 처해 있다는 것이다. 더욱 근본적으로는 계약직 노동자의 절반 이상이 애초부터 정규직으로 전환될 기회조차 갖지 못한다는 것을 보여주는 간접적 증거이다. 비정규직 노동자 중에서 가장 단기 노동을 하는 시간제 노동자의 경우에 평균 근속 연수가 1년 6개월(1.5년)이다. 그러나 시간제 노동자 중 3분의 2가 넘는 68.2%가 근속 기간 1년이 채 되지 않는다. 시간제 근로자 세 명 중 두 명이 1년에 두 번 이상 직장을 새로 구하는 것이다.(그림 34, 35 참조)

23 비정규직은 고용 불안, 저임금의 이중고를 겪고 있다!

〔그림 36〕 정규직과 비정규직의 주당 노동시간

(단위: 주당 노동시간)

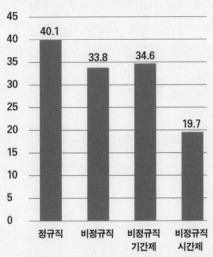

자료 : 통계청, 〈경제활동인구조사〉, 2014.

〔그림 37〕 정규직과 비정규직의 월임금 비율

(단위: 월임금 비율%)

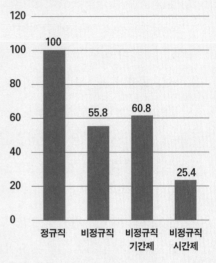

자료 : 통계청, 〈경제활동인구조사〉, 2014.

| 비정규직의 임금격차 |

'동일 노동, 동일 임금'이란 같은 노동을 했다면 같은 임금을 받는 것이며, 이것은 너무도 당연한 원칙이다. 동일한 노동을 하는데 고용 안정성에 차이가 있다면 고용이 불안정한 노동자에게 그에 대한 보상을 하는 것이 합리적일 것이다. 예를 들어, 회사는 동일한 업무에 고용 형태를 달리하여 노동자를 각각 채용하면 그중 정년까지 자리를 보장해주지 않아도 되는, 소위 '고용 유연성'이라는 편의를 갖게 되는 노동자에게는 상대적으로 높은 임금을 주는 것이다. 물론 회사의 경영 상황과 해당 노동자의 업무 숙련도에 따른 노동 대체 가능성 등 변수가 있기 때문에 현실에 적용하기는 쉽지 않을 것이다. 그러나 '비용과 편의'의 논리에 따르면 이러한 원칙은 당연하며, 기술적인 문제는 얼마든지 풀어나갈 수 있다. 백번 양보해서 더 높은 임금을 지급하지 못하더라도 최소한 동일한 임금을 지불해야 할 것이다.

동일 직장에서 동일 노동을 하는 비정규직의 대부분이 기간제 노동자다. 이에 대한 정확한 통계는 존재하지 않지만 기간제 노동자가 상시적이거나 장기적으로 지속되는 업무를 하며, 정규직 노동자와 동일한 또는 유사한 업무를 하는 사례는 쉽게 찾아볼 수 있다. 그럼에도 불구하고 기업은 고용 기간이 2년 되기 전에 계약직 노동자를 해고하고, 다른 계약직 노동자를 같은 일자리에 다시 채용한다. 가장 큰 이유는 정규직보나 현저히 낮은 임금을 지급하려 하기 때문이다.

정규직과 비정규직 노동자의 노동시간은 주당 6.3시간의 차이가 있다. 이 시차를 하루 8시간 근무를 기준으로 해서 월 노동시간으

24 비정규직 노동자의 고용의 질은 더욱 악화되었다!

〔그림 38〕비정규직 노동자 중 기간제, 시간제 노동자의 비중 추이 : 2002~2014년

(단위: %)

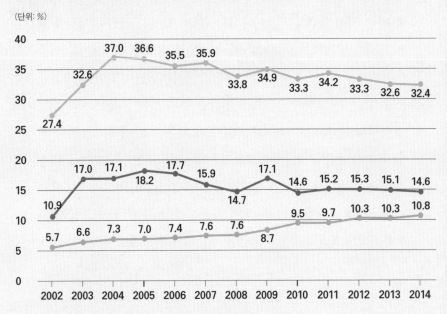

● 비정규직 노동자 ● 비정규직 기간제 노동자 ● 비정규직 시간제 노동자

자료 : 한국노동연구원

로 환산하면 약 3일이다. 비정규직 노동자가 정규직 노동자와 얼마나 동일하거나 유사한 업무를 하는지는 판단하기 어렵지만 한 달 동안에 사흘 정도의 노동시간 차이라는 사실은 실질적으로 상시적인 업무를 하고 있다는 의미다. 그럼에도 불구하고 비정규직의 임금은 정규직의 절반 정도인 55.8% 수준에 불과하다. 이런 이유가 능력의 차이 때문이라면 그건 어불성설이다. 같은 생산 라인에서 유사한 업무를 수행하는 사람들 간에 생산성의 차이가 두 배 정도 난다는 것은 현실적으로 불가능한 가정이기 때문이다.(그림 36, 37 참조)

비정규직 중 계약직으로 불리는 기간제 노동자의 주당 노동시간은 34.6시간, 알바라고 불리는 시간제 노동자의 경우는 19.7시간이다.[7] 시간제 노동자의 평균 노동시간은 정규직의 절반 수준이지만, 그들의 임금은 정규직의 4분의 1 수준에 불과하다. 이것은 대부분의 시간제 업무가 정규직과는 다른 성격의 노동을 하는 단시간 노동이기 때문인 것으로 추정할 수 있다. 그러나 기간제 노동자만 따져보면 이들의 평균 노동시간은 정규직과의 차이가 불과 주당 5.5시간이며, 이를 월 근무일로 환산하면 사흘 차이도 채 나지 않는다. 기간제 노동자는 상시적인 업무를 함에도 불구하고 임금은 정규직의 60.8% 수준으로, 고용이 불안하면서도 저임금을 받는, 즉 고용 불평등과 임금 불평등을 모두 감수하고 있는 것이다.

| 기간제에서 시간제로 |

비정규직 중에서 가장 많은 고용 형태가 기간제와 시간제 노동이다.

정부 통계에 따르면 이 둘이 전체 비정규직 노동자의 79%를 차지한다. 시간제 노동은 전일 근무가 아닌 일정 시간만을 일하는 경우로써 파트타임(part-time) 또는 '알바'라고 부른다. 기간제 노동은 계약직이라고 부르며, 앞서 노동시간에서 살펴본 것처럼 상시적인 업무를 하지만 계약 기간이 2년 미만인 경우이다.

2007년 비정규직 보호법의 핵심은 기간제 노동자를 2년 이상 고용할 경우 정규직으로 전환 채용해야 하는 것이었다. 전체 노동자 중에서 기간제 노동자의 비율은 2006년 17.7%이었으나 2008년 14.7%로 줄어들었다. 2009년 일시적으로 17.1%로 증가한 것은 이명박 정부가 저임금 공공 일자리를 늘리는 정책으로 시행한 '희망 근로' 때문이다. 2010년 14.6%이었고, 그 이후에는 더 이상 감소하지 않았다. 2014년에도 14.6%로 같은 수준이다. 따라서 비정규직 보호법이 기간제 비정규직을 줄이지는 못했다.

그래도 비정규직 보호법이 기간제 비정규직이 늘어나는 것을 막은 효과는 있었다고 평가될 수 있지만, 여기에도 일종의 숨바꼭질이 있다. 통계에서 나타난 바대로 기간제 노동자의 비율은 큰 변동이 없지만 이면에서는 기간제 대신에 시간제 근로자의 비중이 계속해서 증가했다는 사실이다. 즉 법이 시행된 이후인 2007년부터 2014년까지 전체 비정규직 중 차지하는 기간제 노동자의 비율은 1.3%포인트 감소한 반면에 시간제 노동자의 비율은 2007년 7.6%에서 2014년 10.8%로 3.2%포인트가 증가했다. 이것은 기간제 고용의 감소가 상당 부분 시간제 고용의 증가로 대체되었을 가능성을 의미한다. 결론적으로 기간제 노동이 소폭 감소했다고 하지만 기간제 노동보다 임금도 더 낮고 고용 기간도 훨씬 더 짧은 시간제 노동이 늘어나서, 비

정규직 노동자의 고용의 질은 더욱 나빠지고 고용 불평등은 더욱 악화된 것이다.(그림 38 참조)

| 사회보험 가입률 |

비정규직이 정규직과 차별을 받는 것은 임금과 고용 기간만이 아니다. 2014년 정규직 노동자는 거의 모두가 직장에서 국민연금(97.0%)과 건강보험(98.9%)에 가입되어 있다. 반면에 비정규직 노동자의 보험 가입률은 국민연금 32.9%, 건강보험 38.3% 수준으로, 3분의 2에 해당하는 절대다수의 비정규직 노동자는 가장 기본적인 사회보험의 혜택을 받지 못하고 있다. 고용보험의 경우에도 고용이 안정되어 있는 정규직은 85.1%가 가입되어 있는 반면에 오히려 고용이 불안정한 비정규직은 38.0%만이 가입되어 있다. 고용 불안정에 대비하기 위한 고용보험의 안전망에서 정작 불안한 고용에 시달리는 비정규직의 대부분이 제외되어 있는 형국이다.

비정규직 중에서도 기간제 노동자의 경우에는 다른 비정규직과 비교해서 상대적으로 사회보험 가입률이 높은 60% 내외이다. 그러나 여전히 기간제 노동자의 3분의 1 정도는 국민연금, 건강보험, 고용보험의 혜택을 받지 못하고 있다. 시간제 노동자의 경우에는 세 가지 모두에서 가입률이 20%도 되지 않아서 거의 대부분이 사회보험에서 제외되어 있다. 특히 건강보험은 고용 기간과 관계없이 가장 기본적인 사회보험임에도 불구하고 시간제 노동자의 17.8%만이 가입되어 있다는 것은 심각한 문제다.(그림 39 참조)

25 비정규직의 절반 이상이 사회보험 혜택을 받지 못한다!

〔그림 39〕 정규직과 비정규직 노동자의 사회보험 가입률

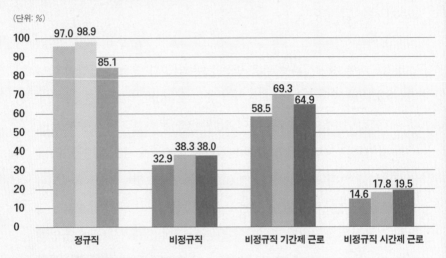

(단위: %)

● 국민연금 ● 건강보험(직장) ● 고용보험

자료 : 한국노동사회연구원

〔그림 40〕 정규직과 비정규직 노동자의 임금 외 보상률

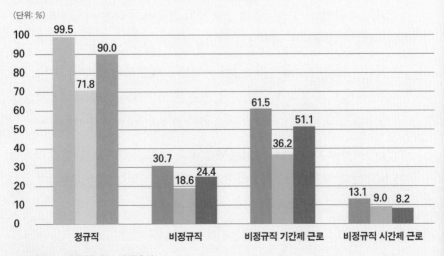

(단위: %)

● 퇴직금 ● 시간외수당 ● 유급휴가

자료 : 한국노동사회연구원

임금 이외의 퇴직금, 시간외수당과 같은 추가적인 경제적 보상에서는 비정규직 노동자에 대한 차별이 더욱 심하다. 정규직 노동자의 경우 모두가(99.5%) 직장에서 퇴직금을 적립하고 있는 반면에 비정규직 노동자의 경우 30.7%만이 직장에서 퇴직금을 적립한다. 유급휴가에서도 정규직 노동자는 거의 대부분이(90.0%) 적용받고 있지만 비정규직 노동자는 네 명 중 한 명(24.4%)만이 적용받고 있다.(그림 40 참조)

세계에서 가장
불평등해진 나라 2

| 정규직 전환율 |

한국은 고용 형태를 크게 정규직과 비정규직으로 분류하지만 다른
나라는 이러한 기준을 사용하지 않는다. OECD는 고용 형태를 고용
계약 기간이 한정되지 않은 영구직 노동자(permanent worker)와 고용
계약 기간이 한정적으로 명시된 임시직 노동자(temporary worker)로
분류한 통계를 발표한다. 한국의 비정규직 중에는 무기 계약직과 같
이 계약 기간을 연장할 수 있는 장기적인 노동자가 포함되어 있다.
따라서 OECD가 분류하는 임시직은 한국에서 분류하는 비정규직
중의 일부만 포함되어 있으며, OECD의 임시직 통계는 고용 안정성
이라는 측면에서 한국의 현실을 과소평가할 수 있다.

OECD 분류 기준에 따르면 한국의 임시직 노동자의 비율은

2013년 22.4%이다. 이것은 전체 노동자 네다섯 명 중 한 명은 임시 직이란 의미다. 이 통계만 따라도 한국은 임시직 노동자 통계가 제 공된 OECD 30개 회원국 중에서 네 번째로 높다. 한국의 임시직 노 동자 통계가 처음 제공된 2003년에는 그 비율이 25.7%이었다.(그림 41 참조)

이후 소폭이지만 감소하는 추세는 한국 정부 통계인 한국노동 연구원이 발표한 비정규직 노동자 비율의 추세와 매우 유사하다. 만약 OECD 분류가 고용 안정성이라는 기준에만 엄격하게 따진다 면 한국의 비정규직 모두가 포함되어야 하며, 한국의 임시직 비율은 칠레의 30%보다 훨씬 높은 수준이 되어 단연 '세계 1등'이 될 것이 다.(그림 42 참조)

비정규직 노동자의 입장에서 가장 핵심적인 관심사는 어쩌면 현 재의 임금과 고용 안정 차별이 아닐 수 있다. 2년 후 같은 직장에서 정규직으로 전환되거나 근무 경험이 바탕이 되어 다른 직장의 정규 직으로 재취업이 될 가능성만 높다면 당장의 차별도 감내할 것이다. 그런데도 비정규직 노동자의 정규직 전환율이나 정규직 직장으로의 이동에 대한 통합적인 통계가 없다. 사실 이 통계는 비정규직 정책에 서 핵심적인 것이다. 왜냐하면 현재의 비정규직이 정규직 이전을 위 한 징검다리 역할을 한다면 비정규직 정책의 지평이 전혀 달라지기 때문이다. 조사의 어려움 때문인지 아니면 정규직으로 전환되는 비 율이 너무 낮기 때문에 정부가 아예 그런 통계를 작성하지 않는 것인 지는 알 수 없다. 그 이유가 무엇이었든지 간에 한국 노동시장의 최 대 쟁점인 비정규직의 문제를 해결하는 데 필요한 핵심적인 통계가 존재하지 않는다는 것은 비정규직 문제를 해결하는 대안 마련을 어

26 임시직 노동자 비율은 OECD 회원국 중 네 번째로 높다!

〔그림 41〕 OECD 회원국의 임시직 노동자 비율

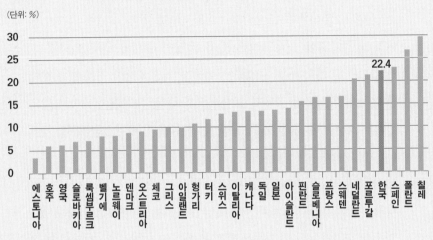

(단위: %)

자료 : OECD, 2013.

〔그림 42〕 비정규직과 임시직 노동자 비율 추이 : 2003~2014년

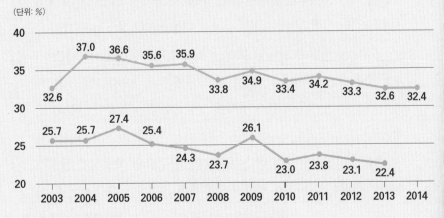

(단위: %)

● 비정규직 노동자 비율(한국노동연구원) ● 임시직 노동자 비율(OECD)

자료 : 한국노동사회연구원

렵게 할 뿐 아니라 정부의 해결 의지가 그만큼 없다는 것을 의미하는 것이다.

비정규직 중에서 얼마나 정규직으로 전환되는지를 추정해볼 수 있는 한 가지 방법은 OECD 보고서에 포함된 임시직 노동자가 영구직 노동자로 전환되는 비율에 관한 통계를 이용하는 것이다.[8] OECD 통계에서 임시직 노동자는 앞서 설명한 바와 같이 한국의 비정규직 노동자보다는 좁은 범위다. 2013년 OECD의 한국 임시직 노동자 수는 410만 명이고, 정부 통계의 비정규직 노동자 수는 590만 명이다. OECD는 비정규직 노동자 중에서 약 180만 명을 영구직으로 분류한 것이다. 이것은 비정규직 중에서도 무기 계약직의 경우처럼 고용계약 기간이 한정되어 있지만 계약 연장으로 고용이 지속되는 노동을 영구직으로 분류했기 때문이다.[9]

OECD 보고서의 임시직-영구직 분류에 따르면 임시직 노동자가 1년 후 영구직으로 전환된 비율은 11.1%이고, 3년 후의 비율은 22.4%이다. 임시직 노동자의 열 명 중 한 명만이 1년 후 영구직으로 전환되었고, 3년 후에도 두 명만이 영구직으로 전환된 것이다. 비정규직 보호법은 비정규직의 고용 기간이 2년을 넘으면 정규직 전환하도록 의무화하고 있지만, 이보다 긴 3년이 지난 후에도 임시직-비정규직 노동자 중에서 영구직으로 전환된 노동자는 열 명 중 두 명에 불과한 것이다. 그러나 이 두 명의 일부는 무기 계약직으로 전환된 것으로 봐야 하기 때문에 실제로 임시직-비정규직에서 정규직으로 전환된 노동자는 두 명 이하일 것이다. 더욱 심각한 것은 임시직 3년 후에도 계속해서 임시직인 노동자가 열 명 중 다섯 명이고, 나머지 세 명은 실업 상태가 되었다는 점이다.(그림 43 참조)

27 비정규직 열 명 중 두 명만 정규직이 된다!

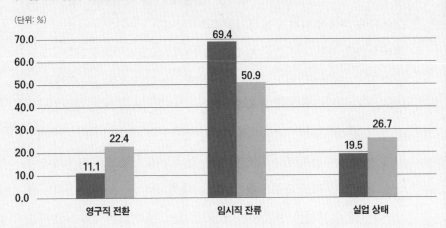

[그림 43] 임시직 노동자의 영구직 전환율

(단위: %)

● 1년 후 ● 3년 후

자료 : OECD, 〈Strengthening Social Cohesion in Korea〉, 2015.

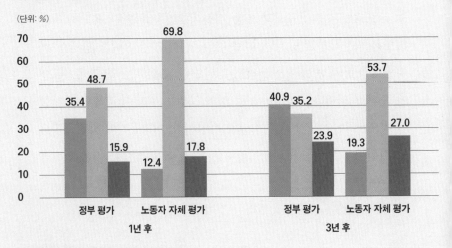

[그림 44] 비정규직 노동자의 정규직 전환율

(단위: %)

● 정규직 전환 ● 비정규직 잔류 ● 실업 상태

자료 : OECD, 〈Strengthening Social Cohesion in Korea〉, 2015.

OECD 보고서에는 한국의 비정규직-정규직 분류에 따라서 비정규직이 정규직으로 전환되는 비율에 대한 통계도 함께 제시하고 있다. 그런데 정부와 노동자 간 평가가 크게 엇갈리고 있다. 1년 후 비정규직이 정규직으로 전환되는 비율을 정부는 35.4%라고 제시하지만, 노동자 자체 평가는 12.4%에 불과하다. 또한 3년 후의 비율도 정부는 40.9%라고 하는 반면에 노동자 자체 평가는 19.3%에 불과하다.

정부와 노동자 자체 평가의 차이가 왜 발생하는지, 통계의 근거가 무엇인지에 대해서 OECD 보고서에는 설명이 없다. 전체 노동자 중에서 차지하는 비정규직 노동자 비율의 추이와 비교해볼 때 3년 후 비정규직 노동자의 40.9%가 정규직으로 전환되었다는 정부 통계는 신빙성이 없다. 비정규직 보호법이 시행된 2007년 비정규직 노동자의 비율은 35.9%이었고, 2014년 32.4%였다. 법이 시행된 지 7년이 지났지만 비정규직 노동자의 비율이 불과 3.5%포인트 감소에 그쳤다. 고용률이 지난 10년 이상 정체 상태에 있는 것을 감안할 때 정부 통계처럼 비정규직 노동자의 35%가 1년 후 그리고 40%가 3년 후 정규직으로 전환되었다면 전체 노동자 중에서 비정규직 노동자가 차지하는 비중이 현격하게 줄어들었어야 했다.[10]

비정규직이 정규직으로 전환되는 비율에 대한 노동자 자체 평가의 수치(1년 후 12.4%, 3년 후 19.3%)가 OECD의 임시직이 영구직으로 전환되는 비율(1년 후 11.1%, 3년 후 22.4%)과 근섭해 있는 것으로 보아서 정부 통계보다는 노동자 자체 평가 통계가 신빙성이 높은 것으로 판단된다. 결론적으로 한국의 경우 비정규직 노동자 열 명 중 1년 후 한 명만이 정규직으로 전환되고, 일곱 명은 여전히 비정규직으로 남

28 한국은 임시직의 영구직 전환율이 가장 낮은 나라다!

〔그림 45〕 OECD 회원국의 임시직 노동자의 영구직 전환율

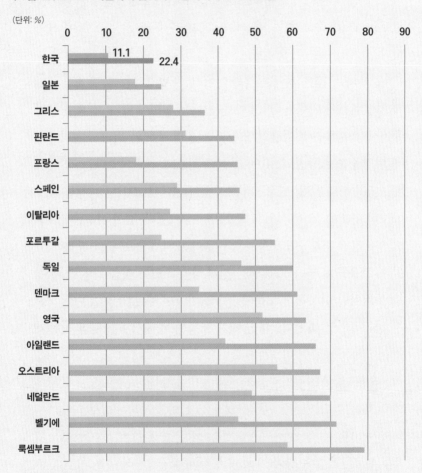

(단위: %)

● 1년 후 ● 3년 후

자료 : OECD, 〈Strengthening Social Cohesion in Korea〉, 2015.

아 있으며, 나머지 한두 명은 실업 상태가 된다. 3년 후에도 두 명만이 정규직으로 전환되고, 대여섯 명은 계속 비정규직으로 일하며, 두세 명은 실업 상태가 된다.(그림 44 참조)

한국의 비정규직 문제가 얼마나 심각한 상황인지를 다른 나라와 비교할 수 있는 통계가 없다. 그 이유는 앞서 설명한 바와 같이 다른 나라에서는 고용 형태를 정규직-비정규직으로 분류하지 않기 때문이다. 따라서 OECD의 임시직-영구직 분류를 근거로 다른 나라와 비교한 한국의 상황을 짐작해볼 뿐이다.

임시직에서 영구직으로 전환된 비율에 대한 통계가 제시된 OECD 회원국 간의 비교를 보면, 16개 조사 대상 국가 중에서 9개 국가에서는 3년 후 임시직 노동자의 절반 이상이 영구직으로 전환됐다. 그러나 한국은 1년 후 영구직으로 전환되는 비율과 3년 후 영구직으로 전환되는 비율 모두에서 16개 국가 중 가장 낮았다. 13개 국가에서는 임시직 노동자의 20% 이상이 1년 후 영구직으로 전환되지만 한국의 경우는 불과 11.1%만이, 3년이 지난 후에도 단 22.4%만이 영구직으로 전환될 뿐이다.(그림 45 참조)

결론적으로 한국은 임시직 노동자의 비율이 네 번째로 많을 뿐 아니라 임시직 노동자가 영구직으로 전환되는 비율도 가장 낮은 나라다. 이것은 한국의 임시직 또는 비정규직 노동자는 당장의 고용 불안정뿐 아니라 시간이 흐른 뒤에도 해소되지 않는 매우 불리한 상황에 놓여있다는 것을 의미한다.

29 한국은 근속 기간이 가장 짧은 나라다!

〔그림 46〕 근속 기간별 노동자 비율

(단위: %)

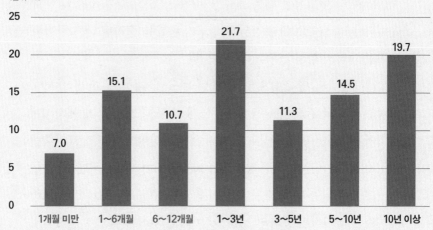

자료 : OECD, 2013.

〔그림 47〕 국가별 노동자 평균 근속 연수

(단위: 년)

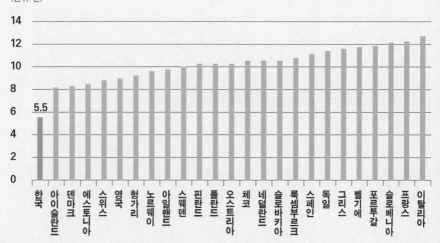

자료 : OECD, 2013.

| 노동자 회전율 |

한국 노동자의 평균 근속 연수는 통계가 제공된 OECD 회원국 중에서 가장 짧은 5년 반이다.[11] 또한 한국은 OECD 회원국 중에서 1년 미만 근무하는 노동자의 비율이 31개 국가 중에서 두 번째로 높고, 5년 이상 근무하는 노동자의 비율은 31개 국가 중에서 가장 낮다. 한마디로 한국은 고용 불안정이 가장 심한 나라인 것이다.

미국은 임금 불평등이 가장 심한 나라이면서 동시에 저임금노동자의 비율이 가장 높은 나라다. 한국은 임금 불평등에서 미국보다 조금 양호하고, 저임금노동자의 비율에서는 비슷하다. 그러나 미국은 1년 미만 근무하는 단기 노동자의 비율이 한국의 32.8%보다 크게 낮은 21.1%이고, 10년 이상 근무하는 장기 노동자의 비율은 한국의 19.7%보다 훨씬 더 높은 29.3%이다.[12] 이것은 미국의 경우 임금 불평등도 심하고 저임금노동자도 많지만 적어도 한국보다는 직장 안정성이 훨씬 낫다는 의미다. 한국의 노동자는 어느 것도 취하지 못하고 있는 셈이다.(그림 46, 47, 48, 49 참조)

노동자 세 명 중 한 명은 같은 직장에서 1년 미만 일한다는 것은 매년 구직 활동을 해야 한다는 의미다. 근속 연수가 3년 미만인 노동자 비율의 경우 OECD 평균은 33.8%인데, 한국은 54.5%로 절반이 넘은 노동자가 3년마다 직장을 찾는다는 것이다. 10년 이상 장기근속하는 노동사 비율의 경우도 OECD 평균은 34.3%로 세 명 중에서 한 명꼴이지만, 한국은 19.7%로 다섯 명 중에 한 명밖에 되지 않는다.(그림 50 참조)

앞서 설명한 바와 같이, 한국이 OECD 회원국 중에서 임시직

〔그림 48〕 국가별 근속 연수 1년 미만 노동자 비율

(단위: %)

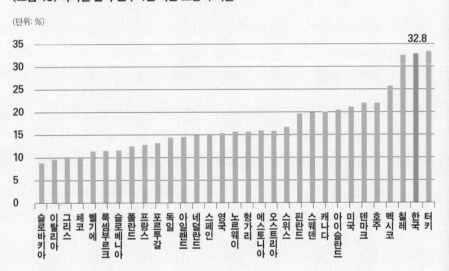

자료 : OECD

〔그림 49〕 국가별 근속 연수 10년 이상 노동자 비율

(단위: %)

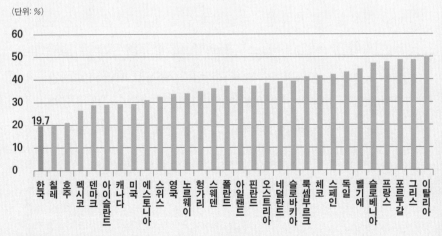

자료 : OECD

노동자의 비율이 높고(30개 국가 중 네 번째, 22.4%) 임시직에서 영구직으로 전환되는 비율이 가장 낮은 나라(16개 국가 중 꼴찌, 1년 후의 경우 11.1%)이기 때문에 평균 근속 연수 또한 가장 짧은 것은 당연한 결과다. 그러나 한국은 임금 불평등이 가장 심한 나라(33개국 중 네 번째)이면서 동시에 저임금노동자의 비율이 가장 높은 나라(23개국 중 2위)인데도 근속 연수가 가장 짧다는 것은 한국의 노동자는 다른 나라의 경우와 비교해서 임금과 고용 안정, 두 가지 모두에서 매우 불리한 여건에 처해 있다는 의미다.

한국의 노동시장에 대해서는 양극단의 평가가 있다. 언론에 흔히 등장하는 평가처럼 한국의 노동시장이 매우 경직되어 있으며, 특히 외국인 투자가가 한국에 투자하기를 꺼리는 가장 큰 걸림돌로 강성 노조가 있다는 것이다. 그러나 이러한 논조는 전체 노동자의 20% 비중을 차지하고 있는 대기업의 경우에만 적용될 수 있는 평가일 것이다. 대기업 노동자는 전투적인 강성 노조 때문에 고임금과 고용 안정성을 모두 확보하면서도 경영진에 대해서 충분한 협상력(bargaining power)을 지니고 있다. 반면에 80% 비중의 중소기업 노동자는 그러한 평가와 상당한 거리가 있으며, 특히 그중에서 비정규직 노동자의 처지는 거의 세계 최하 수준의 저임금과 극심한 고용 불안정에 시달리고 있다. 노동자의 절반 이상이 3년도 못 되어 새 직장을 찾아야 한다면 이런 상황은 노동시장 유연성이 아니라 차라리 유목민적(nomadic) 노동자라 해도 과언이 아닐 것이다.

한국의 고용 불안정은 '노동자 회전율(worker turnover)'이 높은 것에서도 극명하게 나타나고 있다. 노동자 회전율이란 전체 노동자 중에서 매년 일자리를 바꾸는 노동자의 비율을 말하며, 새로 일자리

〔그림 50〕 한국-미국-OECD의 평균 근속 연수별 노동자 비율

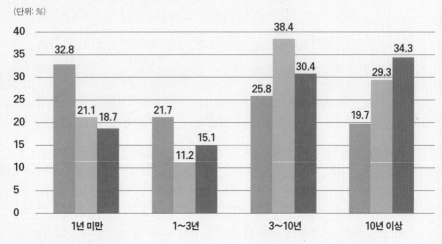

(단위: %)

● 한국　● 미국　● OECD 평균

자료 : OECD

30

한국은 노동자 회전율이 가장 높은 나라다!

〔그림 51〕 국가별 노동자 회전율

(단위: %)

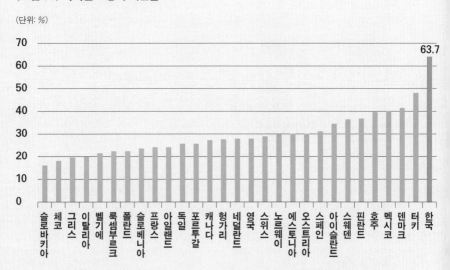

출처: OECD, 〈Strengthening Social Cohesion in Korea〉, 2013, Figure 3.5 Panel B, 117쪽.

를 갖게 된 신규 채용 노동자의 비율(hiring rate)과 기존 일자리를 그만둔 노동자의 비율(separation rate)의 합이기 때문에 '노동이동성'과 같은 의미다. 한국의 2013년 노동자 회전율은 63.7%이며, 통계가 제시된 OECD 29개 회원국 중에서 압도적으로 높은 1위다.[13] 또한 통계가 시작된 2000년 이후 지난 10년 이상 항시 1위이었다. 노동자 회전율이 63.7%라는 것은 전체 일자리 중에서 매년 노동자가 바뀌는 비율이 회전율의 절반인 32%에 해당한다는 것이다.[14] 한국의 전체 일자리 중 3분의 1이 매년 신규 노동자를 고용하는 것이며, 역으로 이야기하면 전체 노동자 중 3분의 1이 매년 새로운 일자리를 찾아야 한다는 것이다.(그림 51 참조)

정부는 노동시장 개혁을 말할 때마다 '노동시장 선진화'라는 구호를 외친다. 노동시장 선진화란 인적 자본이 적재적소에 배치되어 경제 전체의 효율성이 제고되는 것을 의미한다. 그러기 위해서 필요한 게 회사로서는 구인이 쉽고 필요에 따라서는 구조 조정에 비용이 절약되며, 노동자로서는 구직의 선택 폭이 넓게 되는 소위 '노동시장 유연화'가 바로 그것이다. 여기에는 여러 장치가 필요하다. 필요한 인력을 구할 수 있기 위해서는 훈련된 노동력이 있어야 하며, 이를 위해서는 노동자에 대한 교육과 훈련에 대한 투자가 필요하다. 선진국에서는 이러한 투자를 정부와 사용자 모두에게 제도적인 책무로 부과하고 있다. 또한 인력 구조 조정의 요건에 대해서 엄격하게 규정하고 있으며, 구인 기간에 발생할 수 있는 비용을 감내하기 위하여 실업수당을 포함한 다양한 사회 안전망이 제도화되어 있다.

이러한 제도와 정책의 뒷받침을 기반으로 소위 '구조 조정 유연성'이라는 사회적 합의를 노동자로부터 이끌어내고 있다. 따라서 노동시장이 선진화된 구조에서 노동이동성이 높다는 것은 이직이 쉽고, 또 새로운 직장을 구하기도 쉽다는 것이 된다. 또한 이것은 노동자가 새로운 직장을 폭넓게 선택할 수 있다는 것이고, 그 과정에서 발생하는 비용도 사회적으로 부담한다는 것을 의미한다. 노동이동성이 높아서 저임금에서 고임금 일자리로 또는 비정규직에서 정규직 일자리로 이동하여 보다 나은 일자리를 찾을 수 있다면 이것은 노동자에게도 좋은 것이다.

이렇게 구축된 노동시장은 사용자나 노동자 어느 한 편에 일방적으로 유리한 것도 아니고 희생을 강요한 것도 아니다. 진정한 유연성을 확보함으로써 모두가 상생하는 구조인 것이다. 여기에서 어느 한 편에 편향적이지 않다는 것은 노동자 내부에서도 마찬가지로 해당된다. 노동자 일부, 즉 5분의 1에 해당하는 대기업 정규직 노동자에게만 유리하고 나머지 5분의 4를 차지하는 중소기업 및 비정규직 노동자가 지극히 불안정한 여건에 처해 있다면 이것 또한 불평등이다.

노동이동성이 지극히 높다는 것은 결과적으로 보면 대단한 유연성을 가진 노동시장이라고 볼 수 있지만 이것을 믿는 사람은 아무도 없을 것이다. 오히려 정규직과 비정규직, 대기업과 중소기업, 원청기업과 하청기업 등의 다원적인 구조가 복합적으로 고용과 임금의 불평등을 만들어내고 가장 비정상적인 노동시장 구조를 가졌기 때문에 한국의 노동이동성이 비정상적으로 높게 나타났을 뿐이다. 애초에 비정규직이라는 고용 형태를 제도화해놓은 기형적이고 후진적이며 경직된 한국의 노동시장에서 노동이동성이 높게 나타난 것은 단지 고용 불안정성이 높다는 것을 의미할 뿐이다.

전체 일자리 중에서 매년 노동자 3분의 1이 바뀌는 이유란 선진 국처럼 노동자가 더 나은 일자리로 이동하는 긍정적인 노동이동성 때문이 아니라 비정규직 노동자가 정규직으로 전환되지 않고 해고 되는 경우가 많기 때문이며, 그로 인해 매년 대규모로 단기 고용 노 동자가 양산되기 때문이다. 한국의 높은 고용이동성은 노동자가 자 발적으로 선택한 결과가 아니라 사용자가 일방적으로 강요한 결과 로 만들어진 것이다.

누구를 위한
노동유연성인가?

| 해고 유연성 vs 고용 유연성 |

노동자 회전율이 높은 현상과 노동 유연성이 없다는 주장은 서로 모순이다. 노동 유연성이 없다는 주장은 일부 대기업 정규직에만 해당되는 '선택적 진실'이며, 대부분의 중소기업과 비정규직 노동자에게는 오히려 너무나 높고, 일방적이며, 왜곡된 유연성이 문제다. 앞서 설명한 바와 같이 한국의 노동자 회전율이 높은 이유가 노동자의 자발적 선택 때문이라기보다는 일부 정규직을 제외하고 고용 제도의 구조적 결함과 사용자의 자의적 편의에 의해 강요된 일방적 유연성 때문이라 해야 옳다. 한국에서 노동시장의 유연성이 각자의 입장에 따라 정반대로 해석되고 있는 것은 왜곡된 노동시장 구조와, 그로 인하여 발생한 고용 양극화 구조와 밀접하게 관련되어 있다.

노동 유연성에 대해 사용자의 입장에서는 회사의 필요에 따라서 쉽게 해고할 수 있는 해고 유연성이라는 해석에 더욱 무게를 둔다. 반면에 노동자의 입장에서는 직장을 구하기 쉬운, 즉 고용 유연성이나 또는 해고되었을 때 다시 쉽게 재취업이 되는 재고용 유연성이다. 만약 사용자 입장에서는 해고 유연성이 높지만 노동자 입장에서는 재고용 유연성이 낮다면, 이것은 노동 유연성이 아니라 단순한 해고 유연성이다. 재계와 보수적인 입장을 견지하는 언론들이 한국에서 노동시장의 유연성을 높여야 한다고 주장할 때 이를 해고 유연성과 동일한 것으로 간주한다. 비록 노동자 회전율이 높다고 해도 사용자가 자의적으로 노동자를 쉽게 해고할 수 없다면 사용자 입장에서는 노동 유연성이 없다고 주장할 수 있다. 실제로 재계의 주장처럼 한국은 해고 유연성이 없는 것인지는 아래에서 따져보기로 한다.

한국의 노동시장은 강력한 노동조합을 가진 소수의 대기업·공기업·금융기업을 한 축으로 그리고, 다른 한 축으로는 노동조합이 결성되어 있지 않거나 결성되었다 해도 노사 간의 갈등 자체가 무의미할 정도로 노사 모두가 생존 문제에 직면한 절대다수의 중소기업으로 양분화되어 있다. 뿐만 아니라 동일한 사업장에서도 정규직과 비정규직으로 양분화되어 있다. 따라서 강력한 교섭력을 가진 노동조합을 배경으로 고용이 보장된 대기업 정규직의 경우에서는 해고 유연성이 낮지만, 노동조합의 보호막이 없거나 무의미한 중소기업과 비정규직의 경우에서는 해고 유연성이 높을 수 있다. 노동시장이 이렇게 양극화되어 있는 한국은 다른 나라와 비교해서 정규직과 비정규직이라는 고용 형태에 따라 노동 유연성에 큰 차이가 있을 수밖에 없다. 한국은 노동자의 노조 참여율이 10%로 OECD 국가 중에서 최하위권이기 때문에 노동조합이 결성된 기업과 그렇지 않은 기업 사이에도 노동 유연성의 차이가 클 것이다.

노동시장이 최초 고용시장으로 편중되어 있는 구조도 노동 유연성이 경직적인 것과 관련이 있는 것으로 판단된다. 한국에서는 고등학교 또는 대학교 졸업 시 최초의 고용을 위한 노동시장은 활성화되어 있지만, 경력직 노동자의 노동시장은 매우 제한적으로만 존재한다. 또한 중소기업에서 대기업으로 또는 비정규직에서 정규직으로 직장을 이동하는 상향 고용 이동이 단절되어 있으며, 대기업 간에도 경쟁 관계에 있는 다른 대기업 출신의 노동자 채용을 꺼리고 있다. 때문에 대기업 경력 노동자도 직장을 옮기는 것이 쉽지 않다. 삼성에서 현대차로 또는 삼성에서 LG로 직장을 옮기는 사례가 매우 예외적일 정도로 재벌기업 간의 노동이동이 단절되어 있다. 이러한 편중화와 단절이 구조적으로 자리 잡은 노동시장에서는 재고용 유연성이 확보되지 않는다.

비정규직과 중소기업에 종사하는 절대다수의 노동자에게 거의 고용 보호의 장치가 없고 해고의 장치만 제도적으로 보장된 한국의 노동시장이 경직되었다는 것은 실상과 정면으로 배치되는 주장일 뿐이다. 설혹 대기업 노동자에 국한해서 노동시장이 경직되었다 하더라도 재고용 유연성이 없는 노동시장의 구조에서 노동자가 해고에 저항하는 것은 당연한 자기방어인 것이다. 따라서 대기업 노동자에 대해서도 노동 유연성을 높이자는 주장은 단순히 해고 유연성만을 의미하는 대기업 사용자 입장에서의 일방적인 견해인 것이다.

OECD는 영구직 노동자를 해고로부터 보호하기 위한 법적 규제 강도를 측정한 지표를 제공하고 있다.[15] 영구직 노동자란 고용계약 기간이 특정되지 않은 정규직 노동자와 비정규직 중 무기 계약직 노동자를 의미한다. 이 지표는 노동자 입장에서는 고용 보호 규제 강도를 의미하지만, 사용자 입장에서는 해고 규제의 경직성(strictness) 지표에 해당한다. 2012년 조사에서 한국은 OECD 34개 회원국 중에서 22위다. 한국의 고용 보호 규제 강도, 즉 해고 규제의 경직성은 OECD 평균보다 약간 낮다. 이 통계에 따르면 한국이 다른 나라와 비교해서 정규직과 같은 영구직 노동자에 대한 해고 유연성이 없다는 주장에 객관성이 부족하다는 것을 보여준다.

법적 규제가 얼마나 현실에서 집행되는지는 나라마다 차이가 있기 때문에 해고 규제의 경직성을 노동시장에서의 실제 상황과 비교해서 해석해볼 필요가 있다. 사업자가 자의적으로 해고하는 것에 대한 규제가 실제에서 엄격하게 집행될수록 노동자는 자발적 이직을 하는 경우를 제외하고는 같은 직장에서 계속해서 근무하는 경향이 높을 것이다. OECD 회원국가들의 전체 노동자 중에서 5년 이상 장기근속하는 노동자의 비율과, 영구직 노동자에 대한 해고 규제의 경직성을 대비해보자. 두 변수 사이의 상관계수는 0.6을 넘는데, 이것은 해고 규제가 경직적인 나라일수록 같은 직장에서 장기적으로 근무하는 노동자가 많다는 것을 의미한다.

그런데 OECD 회원국 중에서 매우 예외적인 나라가 바로 한국이다. 한국의 경우, 해고 규제의 경직성은 2.17로 OECD 평균인 2.29보다 약간 낮다. 5년 이상 장기근속 노동자의 비율은 19.7%로 OECD 평균인 36.2%보다 크게 낮으며, OECD 회원국 중에서 가장 낮다. 결국 한국은 해고 규제의 경직성이 높지 않은데도 불구하고 장기근속 노동자 비율이 매우 낮은 것이다. 한국과 대조적인 나라가

31 규제와는 별개로 해고의 유연성이 상당히 존재한다!

〔그림 52〕 국가별 영구직 노동자의 해고 규제 경직성

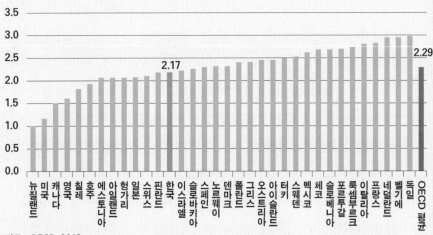

자료 : OECD, 2013.

〔그림 53〕 국가별 영구직 노동자의 해고 규제 경직성과 장기 근속 노동자 비율 지표

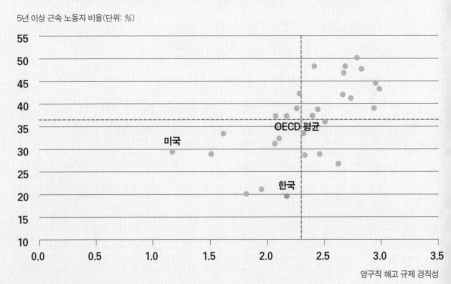

자료 : OECD, 2013.

미국이다. 미국은 해고 규제의 경직성이 1.17로 한국보다 크게 낮으며, OECD 회원국 중에서 영구직 해고 규제가 가장 약한 나라다. 그런데도 5년 이상 장기근속 노동자 비율은 33.5%로 한국보다 크게 높고, OECD 평균보다 약간 낮다.(그림 52 참조)

장기근속 노동자 비율이 가장 낮다는 것은 노동자가 빈번하게 이직을 한다는 의미다. 이직의 원인으로는 노동자의 자발적 선택 또는 사용자의 해고에 의한 두 가지가 있다. 재고용 노동시장이 발달되어 있지 않은 점을 감안하면 한국의 노동자가 다른 나라의 노동자보다 자발적으로 이직을 더 자주한다고 추정할 근거는 없다. 따라서 한국의 해고 규제가 다른 나라와 비교해서 경직성이 약간 낮은데도 불구하고 장기근속 노동자 비율이 크게 낮다는 것은, 규제와는 별개로 실제에서는 해고가 어렵다는 사용자들의 주장과 다르게 해고 유연성이 상당히 존재한다고 봐야 할 것이다. 한국에서 5년 이상 장기근속한 노동자의 비율이 19.7%라는 것은 사용자 입장에서 고용하고 있는 노동자의 평균 80%, 즉 다섯 명 중 네 명은 5년 이내에 바뀐다는 것을 의미한다. 사용자 입장에서는 노동자 신규 채용의 기회가 다른 나라와 비교해서 폭넓게 가지고 있다고 봐야 한다.(그림 53 참조)

| 개인 해고와 집단 해고 |

OECD가 발표하는 고용 보호 법규(employment protection legislation) 지표에서도 한국은 해고의 대상에 따라서 그 결과가 엇갈리게 나타나지

32 한국에서는 개인 해고보다 집단 해고가 쉽다!

[그림 54] 국가별 정규직 노동자의 개인 해고 규제 경직성

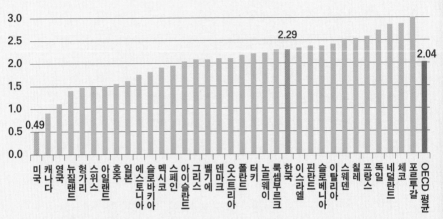

자료 : OECD, 〈Employment Outlook 2012〉, Chapter 2 Protecting jobs, enhancing flexibility:
A new look at employment protection legislation.

[그림 55] 국가별 정규직 노동자의 집단 해고 규제 경직성

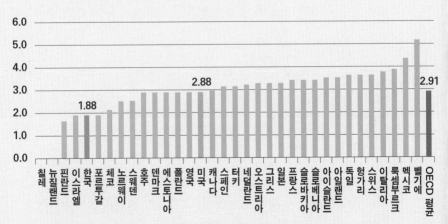

자료 : OECD 〈Employment Outlook 2012〉, Chapter 2 Protecting jobs, enhancing flexibility:
A new look at employment protection legislation.

만 해고의 경직성이 높은 나라가 아니다. OECD는 노동자를 개인 해고하는 경우와 집단 해고하는 경우로 구분해서 해고 규제의 경직성을 제시하고 있다. 정규직 노동자의 개인 해고에 대한 보호 규제의 경우 한국은 34개 회원국 중에서 12위이며, 규제 강도도 OECD 평균보다 조금 높다.[16] 사용자의 입장에서는 개인 노동자를 해고하는 법적 규제가 다른 나라와 비교해서 비교적 엄격한 편이다. 노동자의 입장에서는 개인적인 해고를 당하는 것으로부터 보호받는 편이다. 그러나 노동자의 집단 해고에 대한 보호 규제의 경우 한국은 34개 OECD 회원국 중에서 다섯 번째로, 다른 나라보다 매우 취약한 편이고 규제 강도도 OECD 평균보다 크게 낮다.[17](그림 54, 55 참조)

이 두 가지 지표를 종합하면, 한국의 경우 노동자 개인을 해고하는 것은 다른 나라보다 규제가 강하지만 노동자 집단을 해고하는 규제는 다른 나라보다 약한 편이다. 한국과 매우 대조적인 나라가 미국이다. 미국의 경우 한국보다 노동자 개인 해고에 대한 규제가 매우 약하며 OECD 국가 중에서도 개인 해고의 규제가 가장 약한 나라다. 그러나 집단 해고에서는 한국보다 규제가 강하며 규제 강도도 OECD 평균 정도에 해당한다.

앞서 논의한 바와 같이 한국에서 해고는 규제 요건만 보면 대략 경직하다고 할 수 있다. 하지만 이것은 일종의 착시 때문에 그렇게 보일 뿐이다. 개인 해고 요건이 비교적 까다롭게 규정되어 있기 때문에 나타난 현상이고, 정작 중요한 단체 해고 요건은 다른 나라와 비교할 때 상당히 느슨하게 되어 있다. 사용자가 특정 개인 노동자를 해고해야 하는 경우는 예외적일 것이며, 규제 때문에 해고하기 어려워 그대로 둔다 해도 그것이 회사 경영을 악화시키는 문제까지 야기

33 중소기업 노동자 100명 중 노조원은 단 두 명이다!

〔그림 56〕 국가별 노동조합 조직률

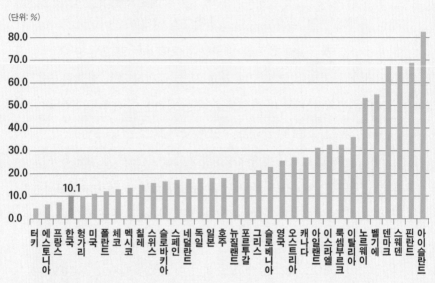

(단위: %)

자료 : OECD, 2012.

〔그림 57〕 노동조합 조직률 추이 : 1984~2013년

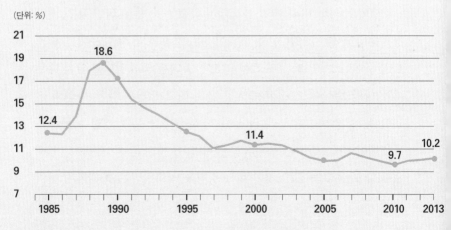

(단위: %)

자료 : 한국노동연구원

하지는 않을 것이다. 문제는 사용자의 자의적인 판단에 의해 회사 경영상의 이유를 들어 집단 해고가 가능하도록 상당히 유연한 규제 제도를 택하고 있다는 점이다. 따라서 한국이 적어도 법적 규제 측면에서 다른 나라보다 정규직 노동자를 해고하기 어려운 나라, 즉 사용자 입장에서 노동 유연성이 없는 나라라고 단정할 수 없다. 이렇게 집단 해고에 대한 보호 장치가 취약한 제도 때문에 한국의 노사 관계에서 일단 갈등이 점화되면 합리적 대화보다는 극단적인 대립 양상을 띠게 되는 것이다.

| 노동조합 조직률 |

노동 유연성은 반드시 규제 수준과 비례해서 나타나는 것이 아니며 나라마다 현실에서 적용하는 관행에 따라 상당한 차이가 있고, 규제의 경직성이 비슷한 나라들 간에도 실제 노동시장에서의 유연성 변화에 상당한 차이가 있다. 노동 경직성도 규제에 따라 결정되는 것보다는 노동자의 저항에 더 밀접하게 관련되어 있다. 노동자 입장에서도 고용 보호의 경직성은 해고에 저항할 수 있는 노동자의 단결된 교섭력일 것이다. 따라서 노동조합의 존재 여부가 규제와 별개로 현실에서 해고 유연성 또는 고용 보호 경직성을 가늠할 수 있는 하나의 지표가 될 수 있다.

한국은 OECD 국가 중에서 노동조합 조직률이 가장 낮은 나라 중 하나다. 한국 노동자의 노동조합 조직률은 2012년 10.1%이며, 이것은 34개 회원국 중에서 31위로 낮은 수준이다. 뿐만 아니라 노조

〔그림 58〕 한국의 기업 규모별 임금노동자 비율과 노동조합 조직률

(단위: %)

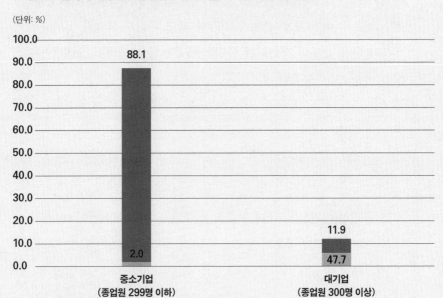

● 임금노동자 비중 ● 노동조합 조직률

자료 : 한국노동연구원

조직률이 가장 높았던 1989년 이후 지속적으로 감소하고 있다. 노사분규가 가장 많았던 해도 1987년으로 발생 건수가 3749건이었고, 이후 급속하게 감소해서 2013년 72건에 불과했다. 이러한 노동조합 조직률 수준이나 감소 추세를 다른 나라와 비교해볼 때 규제와 관계없이 한국이 실제로 노동 경직성이 높은 나라라고 판단할 만한 근거는 없다.(그림 56, 57 참조)

그럼에도 불구하고 한국에는 노사분규가 잦고 노동 유연성이 없다는 주장이 언론을 통해서 자주 제기되고, 일반 국민 사이에서도 그렇게 인식하는 경향을 보인다. 이유는 기업 간의 차이를 고려하지 않았기 때문인 것으로 추정한다. 한국의 노동조합 조직률이 10.1%이지만 대기업과 중소기업으로 구분할 경우 엄청난 차이가 있다. 중소기업의 노동조합 조직률은 불과 2%이다. 즉 중소기업 노동자 100명 중에서 노동조합의 보호막을 가지고 있는 노동자는 두 명에 불과하다는 얘기다. 대기업의 노동조합 조직률은 무려 47.7%로서 대기업 노동자는 두 명 중 한 명이 노동조합원이다. 그러나 절대다수의 노동자는 중소기업에 종사하고 있다. 임금노동자 중에서 대기업 노동자는 불과 11.9%이고, 중소기업 노동자는 88.1%이다.[18] 임금노동자 100명 중에서 88명이 중소기업에서 일하는데 이들 중에서 노동조합원은 두 명이 되지 않는 것이다. 중소기업중앙회의 조사에 의하면 제조업 중소기업 중에서 노동조합이 결성된 기업은 전체의 5.4%에 불과하고, 이중에서도 종업원 100명 미만 기업은 3.6%에 불과하다.[19](그림 58 참조)

이렇게 절대다수의 임금노동자가 중소기업에서 일하고, 그들의 거의 모두가 노동조합과 무관한데도 한국의 노동조합이 강력한 힘을 발휘해서 노동 유연성이 없는 것처럼 인식되고 있다. 이것은 노동조합이 임금노동자 중에서 소수에 불과한 대기업 노동자 중심으로 구성되어 있고, 대기업이기 때문에 노사분규가 있을 경우 언론의 집중적인 보도와 국민의 관심이 쏠리기 때문이 아닌가 싶다. 예컨대, 현대자동차와 같은 대기업에서 노사분규가 있을 경우 언론의 대대적인 보도가 있고 국민의 큰 관심을 끌었다. 그러나 보이지 않는 곳에 현대자동차의 노동자보다 훨씬 많은 현대자동차의 하청업체인 중소기업의 노동자가 있다. 그들은 노사분규는커녕 현대자동차의 노사분규로 발생한 손실까지 납품 단가 인하로 떠안는 불이익을 감수해야 했다.[20] 대부분이 중소기업인 현대자동차의 2차, 3차 하청업체의 경우 평균임금이 현대자동차의 3분의 1과 4분의 1에 불과할 뿐 아니라 노동조합도 없고 노사분규도 해보지 못한다. 그들 하청 중소기업에서도 노사 갈등이 없을 리 없지만 사용자나 노동자나 일단 생존 자체가 관건이기 때문이다. 결론적으로 중소기업이 전체 임금노동자의 88%를 고용하고 있는 사실을 감안하면 소수 대기업에 국한된 노동조합 문제를 확대해서 한국 노동시장에 고용 유연성이 없다고 주장하는 것은 전혀 현실과 거리가 멀고 침소봉대한 해석일 뿐이다.

제
3
장

———

부자 기업, 가난한 가계

국가 경제의 목적은
무엇인가?

| 기업의 이윤 극대화 |

경제학 교과서는 기업의 목적을 '이윤의 극대화'라고 가르친다. 이윤
이란 매출액, 즉 기업의 총수익 중에서 이해 당사자들에게 분배하고
최종적으로 남은 순이익을 말한다. 매출액은 기업이 제품이나 서비
스를 팔아서 벌어들인 돈, 즉 수익의 총액이다. 기업의 이해 당사자
는 제품과 서비스를 생산하는 데 기여한 노동자, 공급자, 채권자, 주
주, 정부 등이다.[1] 기업은 총수익을 이들 이해 당사자들에게 우선순
위에 따라서 차례로 분배한다. 생산에 필요한 노동을 제공한 노동자
에게 임금을 지급하고, 원자재 등을 공급한 공급자에게 대금을 지급
한다. 채권자에게 이자를 지급하고, 국가에 세금을 낸다. 이렇게 노
동자, 공급자, 채권자, 정부에게 지급하고 남은 순이익을 '이윤'이라

고 부른다.

이윤은 누가 가져가는가? 순이익은 기업의 '주인'이 갖는다. 협동조합 형태의 기업에서는 조합원이 주인이고, 그 이외의 기업에서는 자본을 제공한 사람이 주인이 된다.[2] 개인회사에서는 오너라고 불리는 사업주가 가져가고, 노동자협동조합에서는 조합원 노동자가 가져가고, 국가가 주인인 공기업에서는 정부가 가져가고, 주식회사에서는 주주가 가져간다. 기업이 이윤을 '극대화'하려면 노동자, 공급자, 채권자, 정부에 분배하는 몫을 '최소화'해야 한다. 따라서 경제학 교과서가 기업의 목적을 주인이 가져가는 '이윤의 극대화'로 가르치는 것은, 주인을 제외한 다른 이해 당사자들에 대한 '분배의 최소화'라고 가르치는 것과 같다.

기업의 목적을 '이윤의 극대화'라고 한다면 경제학을 배우지 않은 보통 사람들도 큰 저항감을 갖지 않고 받아들인다. 반면에 기업의 목적을 '분배의 최소화'라고 한다면 선뜻 납득하지 않을 것이다. '이윤의 극대화'와 '분배의 최소화'는 동전의 양면과 같지만, 그 주체나 주체 간의 이해 갈등을 감추는 데에는 매우 효과적인 서술 방법이다. 하지만 속을 들여다보면, '이윤의 극대화'는 기업이 주인인 오너 또는 주주만을 위해서 존재한다는 것이고, '분배의 최소화'는 기업이 사회 구성원의 절대다수인 노동자에게 나누어주는 몫을 줄인다는 의미다. 이러한 기업의 목적이 정당한 것인지 질문이 자연스럽게 제기될 것이다. 또한 사회는 구성원 절대다수의 희생으로 소수의 주인만을 위하는 기업을 허용하고 보호해줘야 하는지 의문이 이어질 것이다. 이에 대한 답을 구하기 위해서는 국가 경제와 기업의 관계를 이해해야 한다.

국가 경제를 발전시키고 성장시키는 목적은 국민이 잘살기 위한 것이며, 여기서 국민은 개인(가계)이다. 기업과 정부는 국가 경제 운영의 주체이지 '목적의 대상'이 아니다. 정부는 국민이 잘살도록 도와주거나 만드는 수단일 뿐이지 정부가 잘살려는 것이 아니라는 말은 금방 이해할 것이다. 기업을 두고 말하면 약간의 혼동이 오기 시작한다. 기업 역시 국민이 잘살게 하는 수단일 뿐이지 기업이 잘살려는 것이 아니다. 왜냐하면 '제도'(institution)로서 기업은 수익과 이윤을 궁극적으로 구성원이자 이해 당사자인 각각의 국민에게 분배하여 잘살게 하는 것이기 때문이다. 기업은 다만 각 구성원 간에 이윤이 분배되기까지의 중간 단계일 뿐이다. 이 때문에 밀턴 프리드먼(Milton Friedman) 같은 경제학자는 기업을 경제활동의 중간 과정상 필요한 일종의 도관체(conduit)로만 간주하고 있다.[3] 경제 주체인 개인, 기업, 정부의 모든 경제활동은 궁극적으로 국민이 잘살기 위한 것이라는 것은 누구도 부정할 수 없는 대명제이다. 그러나 기업이 '분배의 최소화'를 통한 '이윤의 극대화'를 목적으로 하는 것은 이 대명제와 어긋난다.

개인이 잘살기 위해서는 소득이 필요하다. 극소수의 기업 주인인 사업주나 대주주를 제외한 절대다수의 개인들은 노동의 대가로 받는 임금이 소득의 대부분이다. 노동자 가구 소득의 90% 이상이 노동소득이며, 그 임금은 기업이 총수익 중에서 노동자에게 분배하는 몫이다. 그렇기 때문에 기업이 이윤을 극대화하기 위해서 노동자에게 분배하는 임금을 '최소화'한다면, 기업이 성장하고 경제가 성장한다고 해도 개인이 잘살 수 있는 방법이 없다. 역의 관계도 상정할 수 있다. 노동자에게 분배하는 몫을 '최대화'해서 기업이 이윤을 남기지 못한다면 기업 활동이 위축되어 생존할 수 없을 것이고, 다시 개인은 잘살 수 없게 된다. '이윤의 극대화'나 '임금의 최대화'가 각자의 입장에서 '합리적'일 수 있지만 '국가 경제'의 입장에서는 '합목적적'이지 않다는 점이다. 따라서 개별 기업의 미시적인 목적과 국가 경제의 거시적인 목적이 서로 불일치하는 '구성의 모순'이 발생한다.

| 국가의 분배 극대화 |

개별 기업의 목적이 우선인가, 아니면 국가 경제의 목적이 우선인가를 국민이 선택한다면 당연히 기업의 주인이 부자 되는 것보다 국민이 잘사는 것을 선택할 것이다. 그렇다면 국가 경제와 개별 기업의 구성의 모순은 어떻게 해결해야 하는가? 국민도 잘살고, 기업도 잘되는 방안은 없는 것인가? 이윤의 극대화가 반드시 분배의 최소화로 이루어져야 하는 것인가?

경제는 순환이다. 기업이 성장하려면 매출이 늘어야 하고, 매출이 늘려면 개인의 소비가 늘어나야 한다. 소비가 늘어나려면 개인의 소득이 늘어나야 하고, 소득이 늘어나려면 기업이 노동자의 임금과 공급자의 대금을 늘려야 한다. 이것은 기업이 분배를 극대화해서 이윤의 극대화를 달성할 수 있다는 말이 된다. 이러한 경제순환의 논리는 경제에서 수요 측면을 강조한 것으로, 일찍이 고전 경제학에서 주장한 '공급이 수요를 창출한다'라는 세이의 법칙(Say's Law)에 반하여 소비와 투자로 이루어지는 유효수요의 크기에 따라 소득수준과 고용수준이 결정된다고 주장한 케인스(J. M. Keynes) '유효수요의 이론

(the principle of effective demand)'과 같은 맥락이다. 역의 논리도 주장할 수 있다. 즉 이윤 극대화 또는 분배 최소화를 통해서 기업이 성장해야 고용을 증대시킬 수 있고 소득과 소비를 늘릴 수 있다는 논리이다. 이것은 1980년대 선진국에서 소위 신자유주의가 기승을 부릴 때 유행했던 '공급 측면의 경제학(supply-side economics)'의 기본 전제이며, 그 유명한 '낙수 효과(trickle-down effect)'를 강조한 입장이다.

　두 가지 이론이 주장하는 바는 사실 닭이 먼저냐, 달걀이 먼저냐 하는 식이지만 역사적으로 증명된 결과는 판이하게 다르다. 먼저 어느 나라에서도 공급 측면의 경제학이 주장하는 낙수 효과가 실현되었다는 뚜렷한 증거가 없다. 노조 약화나 기업 감세 등을 통한 정책들은 기업 성장과 이윤 극대화의 목적을 달성했지만 국민을 잘살게 하지는 못했다. 기업이 성장하면 노동자의 소득도 늘 것이라는 연결 고리를 당연시했지만 현실에서는 기업만 배불리고 말았다. 반면 수요 측면의 정책들은 여러 차례 그 효과가 증명된 바 있다. 수요가 부족하면 재정지출을 통해서라도 인위적으로 수요를 진작시켜 경기를 부양한다는 것은 그 유명한 케인지언(Keynesian) 정책의 대전제이다. 제2차 세계 대전 이후 선진국의 '황금기(The Golden Age)'에 톡톡히 효과를 보았던 정책이다. 또한 우리가 흔히 경험하고 있는 정부의 경기 부양책도 이러한 수요 중심의 정책이다.

　수요 측면의 정책은 주로 거시적 차원에서 추진되지만 미시적 차원, 즉 개별 기업 차원에서 추진한 사례도 드물지 않게 찾아볼 수 있다. 가장 유명한 사례가 미국의 포드자동차의 경우이다. 창업자 헨리 포드는 1914년 'the Five-Dollar Workday'라는 표어를 내세우고 최저임금을 하루 5달러(현재 가치로 약 120달러)로 책정하여 사람들을 깜짝 놀라게 했는데, 당시 대기업의 평균임금이 2달러인 것에 비하면 파격적인 수준이었다.[4] 포드자동차는 초창기부터 직원에게 파격적인 임금수준을 보장하고 작업환경의 개선을 위한 노력을 기울였다. 생산성이 제고되고, 매출량이 증가하고, 이윤이 늘어나면 임금도 다시 비례적으로 인상했다. 또한 하루 8시간 근로시간을 도입한 최초의 회사였다. 생산성이 오르고 회사의 수익이 늘어나자 'the Five Working Day a Week', 즉 주5일 근무제를 도입한 최초의 회사이기도 했다. 이렇게 노동자에게 더 많은 임금을 지급해서 이익 공유(profit sharing)하는 것은 그들이 회사가 만드는 자동차를 살 수 있게 되어 회사에 도움이 될 뿐 아니라 가장 능력이 뛰어난 노동자를 고용할 수 있고 경제에도 도움이 된다고 포드는 생각한 것이다. 미시적 기업의 목적과 거시적 국가 경제의 목적 간의 구성의 모순을 분배의 극대화로 해결한 사례다.

포드자동차의 사례를 모든 기업에게 적용해서 일반화하기는 어렵다. 분명한 것은 개별 기업이 모두 이윤 극대화의 목적으로 이해당사자들에 대한 분배를 최소화하는 것은 결과적으로 기업의 이윤을 극대화하지도 못하고, 국가 경제도 성장하지 못하며, 더 중요하게는 국민이 잘살지도 못하게 한다는 것이다.

경제는 기업의 생산과 개인의 소비가 가장 근본적인 구성 요소이다. 개인은 일해서 소득을 만들고, 그 소득으로 기업이 생산한 제품을 소비한다. 따라서 기업이 성장하려면 개인이 더 많은 소비를 해야 하며, 더 많은 소비를 하기 위해서는 더 많은 소득이 있어야 한다. 개인의 소득은 기업의 분배로 이루어진다. 기업이 노동자에게 지급하는 임금, 채권자에게 지급하는 이자, 주주에게 지급하는 배당금은 곧바로 개인의 소득으로 이어진다. 공급자에게 지급하는 대금은 다시 공급회사의 이해 당사자들에게 분배되고, 정부에 납부하는 세금은 재정지출로 다시 분배되어 궁극적으로 모두 개인의 소득으로 이어진다.

실제로 기업이 벌어들인 총수익 중에서 거의 대부분이 이해 당사자들에게 분배된다. 한국 기업은 2013년 총수익인 매출액 중 93.9%를 주주를 제외한 나머지 이해 당사자에게 분배했다. 주주에게는 배당금으로 0.4%를 분배했고, 나머지 5.7%를 사내에 보유했다.[5] 기업이 생산과 영업으로 벌어들인 돈의 94.3%를 노동자, 공급자, 채권자, 주주 그리고 정부에 분배하고 있다는 것은 기업이 담당하고 있는 분배 역할의 비중이 얼마나 크고 중요한지를 단적으로 말해주고 있는 것이다.

국가 경제가 성장한 것은 기업이 성장한 결과다. 지난 20여 년 동안 가계소득이 경제가 성장한 만큼 늘어나지 않고, 소득 불평등이 갈수록 심해지고 있는 원인의 일부는 정부의 재분배 정책의 실패한 까닭이다. 그러나 재분배 이전에 원천적 분배가 잘못되어 불평등이 심해진 것이라면, 근본적인 원인을 원천적인 분배를 담당하고 있는 기업의 분배 구조에서 찾아야 한다.

기업이 원천적
분배를 한다

| 이해 당사자 분배 |

국민소득분배에서 가계의 비중이 줄어든 것은 가계소득의 거의 대부분을 차지하는 노동소득, 즉 임금이 줄었기 때문이다. 경제가 성장한 만큼 임금이 늘어나지 않았다는 것은 노동자에게 분배되지 않은 성장의 과실을 누군가가 가져간 것이다. 그렇다면 경제활동으로 만들어낸 소득은 누가, 어떻게 분배하는 것인가? 앞서 논의한 바와 같이 기업이 한다. 기업이 총수익을 이해 당사자들에게 분배하며, 각 이해 당사자들에겐 분배받은 수익이 곧 소득이 된다.

이해 당사자란 기업이 생산과 영업 활동을 통해서 수익을 만들어내는 데 기여한 주체들로서 노동자, 공급자, 소비자, 주주, 채권자 그리고 사회 또는 국가를 말한다. 이들 중에서 소비자를 제외한 이해 당사자들이 기업으로부터 수익을 분배받는다. 노동자는 노동을 제공한 대가로 임금을, 공급자는 원자재와 서비스를 공급한 대가로 대금을 분배받는다. 자본을 공급한 대가로 채권자는 이자를, 주주는 배당을 분배받는다. 그리고 체제 유지의 역할을 하는 정부는 세금을 분배받는다. 이해 당사자들에게 분배하지 않은 수익 또는 분배하고 남은 이익은 기업 내부에 잔류하게 된다.

기업의 총수익인 매출액을 이해 당사자들의 우선순위에 따라서 분배하는 과정을 정리한 것이 손익계산서이다. 매출액에서 노동자 임금, 공급자 대금, 채권자 이자, 정부 세금 등을 모두 지급하고 남은 금액인 순이익 중에서 일부를 주주에게 배당하고 나머지를 유보 이익으로 회사가 보유한다. 손익계산서에는 감가상각비와 재고품의 증감 등과 같은 회계상 비용이지만 실제로 현금을 지급하지 않은 '비현금 비용(non-cash expense)'이 있다. 유보이익과 비현금 비용이 기업 내부에 잔류하는 수익이다.

기업의 수익 분배는 손익계산서와 제조 원가 명세서 등의 재무 제표를 통해서 알 수 있다. 한국은행이 발표하는 〈기업경영분석〉은 국세청에 법인세를 신고하는 모든 기업을 대상으로 한 손익계산서와 제조 원가 명세서를 담고 있다. 따라서 이 자료를 이용해서 한국 기업이 총수익 중에서 얼마만큼을 노동자, 공급자, 채권자, 주주 그리고 정부에 분배하고, 얼마만큼을 보유하는지를 추정할 수 있다.[6]

먼저 제조업을 포함한 전산업의 경우를 보자. 매출액 중에서 94.3%가 이해 당사자들에게 분배되고, 5.7%가 기업 내부에 남았다. 이해 당사자 중에서 가장 많은 몫을 분배받는 자는 공급자로서 78.6%를 분배받았다. 공급자는 이렇게 분배받은 몫으로 다시 공급

34 기업은 매출액 중 5% 이상을 현금으로 쌓아두고 있다!

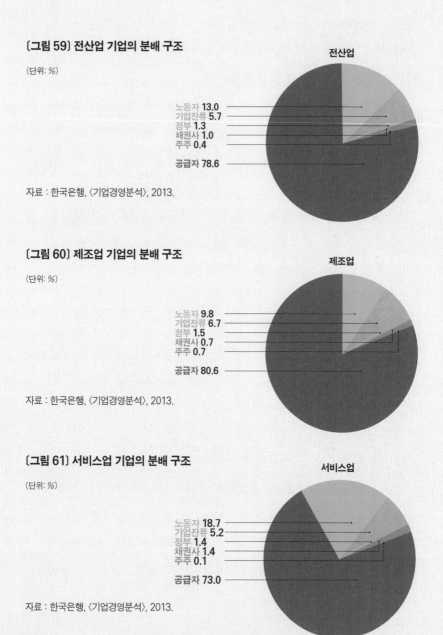

〔그림 59〕 전산업 기업의 분배 구조

(단위: %)

전산업

노동자 **13.0**
기업잔류 **5.7**
정부 **1.3**
채권사 **1.0**
주주 **0.4**

공급자 **78.6**

자료 : 한국은행, 〈기업경영분석〉, 2013.

〔그림 60〕 제조업 기업의 분배 구조

(단위: %)

제조업

노동자 **9.8**
기업잔류 **6.7**
정부 **1.5**
채권사 **0.7**
주주 **0.7**

공급자 **80.6**

자료 : 한국은행, 〈기업경영분석〉, 2013.

〔그림 61〕 서비스업 기업의 분배 구조

(단위: %)

서비스업

노동자 **18.7**
기업잔류 **5.2**
정부 **1.4**
채권사 **1.4**
주주 **0.1**

공급자 **73.0**

자료 : 한국은행, 〈기업경영분석〉, 2013.

회사의 노동자, 공급자, 채권자, 주주에게 분배하고 정부에 세금을 낸다. 두 번째로 많은 몫을 분배받은 자는 노동자로서 13.0%를 분배받았다. 나머지 이해 당사자인 정부, 채권자, 주주가 분배받는 몫은 각각 총수익의 1.3%, 1.0%, 0.4%이다. 총수익 중에서 기업 내부에 잔류한 5.7%는 유보이익과 비현금 비용으로 모두 현금이다.[7] 산업에 따라서 인건비와 재료비의 비중이 다르고, 수익성의 차이가 크기 때문에 이해 당사자 분배를 보다 정확하게 이해하기 위해서 제조업과 비제조업으로 구분해서 분배 비율을 구했다.(그림 59 참조)

제조업과 서비스업의 이해 당사자 분배 비율은 상당히 다르다. 총수익 중 이해 당사자들에게 분배되는 비중이 제조업의 경우 93.3%이고, 서비스업의 경우 94.8%이다. 따라서 기업 내부에 잔류하는 수익이 제조업의 경우 6.7%, 서비스업의 경우 5.2%이다. 이해 당사자 분배 중 노동자 몫의 비율이 제조업의 경우 9.8%인데, 서비스업의 경우 18.7%이다. 공급자 몫의 비율은 제조업의 경우 80.6%이고, 서비스업의 경우 73.0%이다. 서비스업보다 제조업에서 노동자분배 비중이 크게 낮고, 반면에 공급자 분배 비중은 크게 높다. 분배 비율이 크게 다른 이유는 각 산업이 가지고 있는 생산 과정의 특성때문인데, 제조업은 생산 장비율이 높고 서비스업은 직접노동이 결부된 상품과 서비스의 비중이 높기 때문이다.(그림 60, 61 참조)

채권자·주주·정부에 분배되는 비중은 노동자·공급자에게 분배되는 비중과는 비교할 수 없을 만큼 작고, 제조업과 서비스업 사이에 차이도 크지 않다. 정부 몫의 비율은 제조업과 서비스업의 경우 각각 1.5%와 1.4%이다. 채권자 몫의 비율은 제조업의 경우 0.7%이고, 서비스업의 경우 1.4%다. 서비스업의 경우 부채로 인한 금융 비

35

제조업의 순이익 비중은 노동자 분배의 두 배다!

[그림 62] 기업 매출액의 산업별 비중

매출액

(단위: %)

기타산업 14.0 —————

서비스업 36.5 ——————

제조업 49.4 ————————

자료 : 한국은행, 〈기업경영분석〉, 2013.

[그림 63] 기업 순이익의 산업별 비중

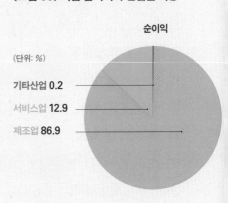

순이익

(단위: %)

기타산업 0.2 —————

서비스업 12.9 ——————

제조업 86.9 ——————

자료 : 한국은행, 〈기업경영분석〉, 2013.

[그림 64] 기업의 노동자 분배 산업별 비중

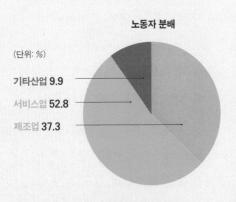

노동자 분배

(단위: %)

기타산업 9.9 —————

서비스업 52.8 ——————

제조업 37.3 ——————

자료 : 한국은행, 〈기업경영분석〉, 2013.

[그림 65] 기업 내부 잔류 현금의 산업별 비중

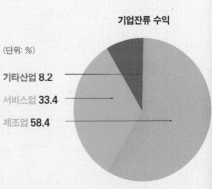

기업잔류 수익

(단위: %)

기타산업 8.2 —————

서비스업 33.4 ——————

제조업 58.4 ——————

자료 : 한국은행, 〈기업경영분석〉, 2013.

용 부담이 다소 높다. 마지막으로 주주 몫의 비율은 제조업의 경우 0.7%, 서비스업의 경우 0.1%다. 이것은 대기업 상장 기업 중에 제조업이 많은 까닭이다.

| 제조업 대기업의 분배 구조 |

제조업 기업은 서비스업 등 다른 산업에 속하는 기업과의 분배 구조 만이 아니라 수익 구조에서도 뚜렷한 차이가 있다.[8] 한국 전체 기업 의 2013년 총매출액에서 제조업 기업의 매출액이 차지하는 비율은 약 절반인 49.4%이다. 총순이익에서 제조업 기업의 순이익이 차지하 는 비율은 86.9%으로 압도적이다. 반면에 서비스업 기업의 매출액 비중은 36.5%이지만, 순이익 비중은 12.9%로 매우 낮다. 또한 건설 업, 농업, 어업 등 기타 산업에 속하는 기업의 매출액 비중은 14.0%이 지만 순이익 비중은 0.2%에 불과하다.(그림 62, 63 참조)

제조업의 경우 순이익 비중은 매출액 비중의 두 배에 가깝다. 서 비스업의 경우 순이익 비중이 매출액 비중의 3분의 1 수준이고, 기 타 산업의 경우에는 수익성이 의미가 없을 정도로 극히 낮다. 따라서 한국 기업의 순이익 대부분을 제조업 기업이 만들고 있다고 해도 과 언이 아닐 것이다. 한편 노동자 임금이나 유보이익의 비중은 이와는 사뭇 다른 양상을 보이고 있다. 제조업의 경우 노동자 임금 비중은 37.3%이며, 유보이익 비중은 58.4%를 차지한다.(그림 64, 65 참조)

전체 기업에서 제조업 기업이 차지하는 비중을 정리하면 다음과 같다. 매출액 비중은 49.4%이며, 순이익의 비중은 86.9%로 매출액

〔그림 66〕 기업 고용의 산업별 비중

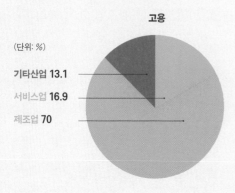

고용

(단위: %)

기타산업 13.1

서비스업 16.9

제조업 70

자료 : 한국은행, 〈기업경영분석〉, 2013.

그림으로 읽는 한국 경제

36

제조업은 다른 모든 산업보다 이익률에서 가장 높다!

〔그림 67〕 제조업과 비제조업의 이익률

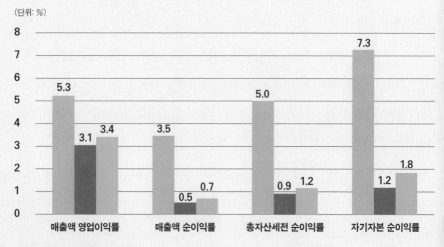

(단위: %)

매출액 영업이익률	매출액 순이익률	총자산세전 순이익률	자기자본 순이익률
5.3 / 3.1 / 3.4	3.5 / 0.5 / 0.7	5.0 / 0.9 / 1.2	7.3 / 1.2 / 1.8

● 제조업 ● 비제조업 ● 서비스업

자료 : 한국은행, 〈기업경영분석〉, 2013.

비중보다 매우 높고, 노동자 임금 비중은 37.3%로 매출액 비중보다 크게 낮다. 내부 잔류 이익 비중은 58.4%로 매출액 비중보다 높다. 또한 전체 노동자 중에서 제조업 고용 비중은 다른 모든 지표보다 크게 높은 70%이다.(그림 66 참조)

제조업은 다른 모든 산업보다 이익률에서 가장 높으며, 그 격차도 매우 크다. 2013년 기준 제조업의 매출액 대비 영업이익률은 5.3%로 비제조업의 3.1%, 서비스업의 3.4%보다 높다. 매출액 대비 순이익률은 3.5%로서 비제조업의 0.5%, 서비스업의 0.7%보다 크게 높다. 또한 5%의 자산이익률과 7%의 자본수익률을 기록한 제조업은 다른 산업들이 1% 내외의 낮은 이익률을 기록한 것과는 큰 차이가 있다. 제조업을 제외한 다른 산업들의 수익률이 낮다는 것은 추가적인 분배 여력이 크지 않다는 것을 의미한다. 반면 수익률도 월등히 높고, 전산업에서 차지하는 수익 비중도 압도적으로 크며, 기업 내 잔류 이익 비중도 매우 높은 제조업은 그만큼 분배 여력도 상당히 있다는 것을 의미한다. 또한 이러한 제조업에서 만약 여타 이해 당사자들에게 분배율을 조금이라도 높인다면 소득 불평등을 해소하는 데 그 영향력과 파급효과도 클 것이다.(그림 67 참조)

한편 주의 깊게 보아야 할 또 하나의 관건은 제조업의 분배 여력이 있다고 해도 모든 제조업을 의미하는 것이 아니라는 점이다. 제조업 내에서도 기업 간 격차가 커서 모든 지표에서 대기업의 비중이 절대적으로 높다. 2013년 제조업 대기업은 제조업 전체 매출액의 73%를 차지하고 있으며, 제조업 전체 공급자 분배의 74%를 차지하고 있다. 또한 제조업 대기업은 제조업 전체 순이익의 78%, 기업 잔류 이익의 77%를 차지하고 있다. 한국의 제조업은 대부분의 경영지표

37

모든 지표에서 제조업 대기업의 비중이 절대적으로 높다!

〔그림 68〕 제조업 대기업이 한국 모든 기업에서 차지하는 비중

(단위: %)

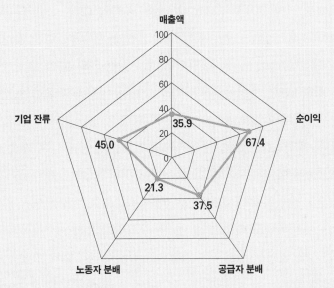

자료 : 한국은행, 〈기업경영분석〉, 2013.

에서 4분의 3을 차지하는 대기업이 주도하고 있다. 그럼에도 불구하고 제조업 기업의 전체 노동자 분배 중에서 제조업 대기업이 차지하는 비중은 다른 지표보다 크게 낮은 58% 수준에 지나지 않는다. 제조업 대기업은 다른 산업의 기업보다 이익률이 월등하게 높은데도 불구하고[9] 가계 살림과 직결된 노동자 분배에서는 제몫을 하지 않고 있는 것이다. 이러한 제조업 대기업의 경영지표와 분배지표의 불균형이 분배 불평등의 가장 주된 구조적 원인일 것으로 추정된다.

다시 분석의 초점을 제조업 대기업에 맞추어 전산업 기업과 비교해보자. 제조업 대기업만 따져도 한국 모든 기업의 매출액에서 35.9%를 차지하는 반면 총순이익의 67.4%를 차지하고 있다. 제조업 대기업은 한국 모든 기업이 노동자에게 분배한 총액의 21.3%만을 담당하고, 공급자에 대한 분배에서는 매출액 비중과 비슷한 37.5%를 담당한다. 그러한 결과로 한국의 모든 기업이 분배하지 않고 현금 형태로 기업 내부에 보유하는 이익의 45.0%가 제조업 대기업의 몫이다.(그림 68 참조)

요약하면 제조업 대기업의 경우 총수익, 즉 매출액에서는 한국 모든 기업의 3분의 1 정도에 해당하지만 순이익에서는 매출액 비중의 두 배에 가까운 3분의 2를 차지하고, 노동자에 대한 분배는 매출액 비중보다 낮은 4분의 1 정도만을 차지한다. 이러한 결과와 제조업 기업이 다른 산업의 기업보다 이익률이 월등하게 높은 사실을 함께 고려하면, 분배의 불평등도 대부분이 제조업 대기업에 의해서 주도된 것으로 추정할 수 있다.

누가 분배 불평등을
야기하는가?

| 내부유보금 |

2013년 제조업 대기업과 중소기업의 분배 구조를 살펴보자. 제조
업 대기업은 총수익, 즉 총매출의 82.1%를 공급자에게 분배했고 노
동자에게 7.7%를 분배했다. 정부가 분배받은 몫이 1.6%이고, 주주
가 분배받은 몫이 0.9% 그리고 채권자가 0.5%를 분배받았다. 총수
익 중에서 이해 당사자들에게 분배되지 않고 기업 내부에 잔류한 수
익은 7.1%로 거의 노동자에게 분배한 비율에 육박하고 있다. 제조업
중소기업의 분배 구조는 대기업과는 상당한 차이가 있는데, 무엇보
다도 노동자 분배의 몫이 15.0%로 대기업의 두 배에 해당한다. 그리
고 기업 잔류 이익의 몫이 5.7%, 공급자 분배 몫은 76.6%로 대기업
보다 낮다. 이러한 제조업 대기업의 분배 구조에는 일반적인 인식과

는 상당히 다른 몇 가지 주목할 만한 점이 있다.(그림 69, 70 참조)

첫째, 주주에 대한 분배 비율이 매우 낮다. 주식회사의 분배 구조에 대한 평론들을 보면, 주주들이 이익을 너무 많이 가져가기 때문에 노동자에 대한 분배가 줄어든 것이라고 단정하는 주장들을 드물지 않게 접하게 된다. 그러나 한국의 제조업 대기업에서 주주가 분배받는 몫은 노동자 분배 몫의 13% 수준이고, 중소기업의 경우에는 2% 수준이다. 이렇게 주주에게 분배되는 몫이 매우 낮은 이유는 순이익의 일부만을 배당으로 지급하기 때문이다. 순이익 중에서 배당금으로 지급되는 비율은 대기업의 경우 25.1%이고, 중소기업의 경우 11.3%이다. 배당금으로 지급되지 않은 순이익은 전액 기업 내부에 현금으로 잔류하게 된다.[10]

둘째, 채권자에 대한 분배 비율도 매우 낮다. 제조업 대기업은 총수익의 0.5%를, 중소기업은 1.2%를 채권자에게 분배한다. 채권자에 대한 분배 비율이 낮은 것은 기업이 과거와는 달리 부채를 많이 사용하지 않는 것과 이자율이 사상 최저 수준으로 낮기 때문이다. 제조업 대기업의 2013년 부채 비율은 78%로 1990년 273%, 2000년 225%와 비교해서 3분의 1 수준으로 낮아졌다. 또한 이자율도 과거보다 크게 낮다. 회사채 이자율은 1990년 16.5%, 2000년 9.4%이었으나 2013년 3.2%이다. 기업이 부채로 자본을 조달하는 비율이 줄어들고, 거기에 이자율까지 낮아져서 기업의 금융 비용 부담이 과거보다 크게 줄어든 것이다.

대기업의 부채 비율이 낮다는 사실은 일면 재무적 안정성이 높지만 개별 기업 차원이나 국민경제 차원에서 자본의 효율성이 낮아지는 부정적 효과도 있다. 개별 기업 차원에서 투자가 필요할 때 부

38

제조업 대기업의 내부유보 비율은
노동자 분배와 비슷하다!

〔그림 69〕 제조업 대기업의 분배 구조

(단위: %)

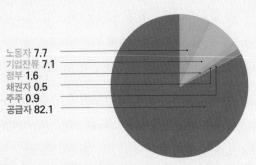

노동자 7.7
기업잔류 7.1
정부 1.6
채권자 0.5
주주 0.9
공급자 82.1

자료 : 한국은행, 〈기업경영분석〉, 2013.

〔그림 70〕 제조업 중소기업의 분배 구조

(단위: %)

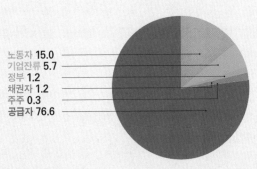

노동자 15.0
기업잔류 5.7
정부 1.2
채권자 1.2
주주 0.3
공급자 76.6

자료 : 한국은행, 〈기업경영분석〉, 2013.

채를 쓰지 않는다는 것은 내부유보금이나 주식발행으로 자금을 조달한다는 것을 의미한다. 그러나 한국의 상위 대기업 상당수가 지난 15년 동안 유상증자, 즉 신주 발행으로 자금 조달을 하지 않고 내부유보금을 사용했다. 내부유보금은 부채보다도 기회비용이 훨씬 더 높은 자금이며, 내부유보금을 사용하는 것은 특히 이자율이 사상 최저 수준인 지금의 상황에서 이자율보다 기회비용이 높은 자본을 쓰는 것과 마찬가지다.

때문에 밀턴 프리드먼은 이미 50년 전에 내부유보금의 비효율성을 강조한 바 있다. 먼저 거시적으로는 기업이 능력이 있는데도 차입을 하지 않고 내부유보금만 쓴다면 자본시장을 위축시킨다. 자본시장 위축은 경제 전반에 걸쳐 자본의 비효율성을 초래하는 가장 큰 원인 중 하나다. 다음으로 배당을 하면 소득과 소비가 증대함은 물론 소득세와 소비세가 납부되어 좀 더 공평한 분배가 이루어진다. 그런데 차입 없는 투자와 성장으로 주식 가치가 올라도 기업은 법인세만 납부할 뿐이고, 주주는 미실현 자본소득에 대한 세금을 내지 않기 때문에 이것은 심히 구조적 불공평의 요인이라고 지적했다. 더구나 한국의 대기업과 같이 투자도 늘리지 않으면서 마냥 내부에 유보하기만 한다면 이로 인한 비효율과 불공평은 말할 것도 없다.

셋째, 노동자에 대한 분배 비율 역시 매우 낮다. 대기업 분배 구조에서 가장 중요하게 주목할 만한 사실이다. 제조업 대기업의 평균 임금이 중소기업은 물론 서비스업보다 매우 높은데도 불구하고 노동자에게 분배한 비율이 낮은, 일면 모순된 현상은 기업 간의 관계와 노동자 간의 관계 때문에 발생하고 있다. 또한 노동자에게 분배된 비율의 경우 대기업이 중소기업보다 현저하게 낮은데, 동시에 기업 내부에 잔류한 수익의 경우에는 대기업이 중소기업보다 높다. 제조업 대기업 노동자의 평균임금이 중소기업 노동자보다 두 배 가깝게 높은 것과 비교하면 일관성이 없어 보인다. 2013년 제조업 중소기업의 월평균 임금은 280만 원이며, 제조업 대기업의 경우는 521만 원이다.[11]

따라서 대기업의 분배 구조는, 노동자에게 분배를 적게 했기 때문에 임금소득이 늘지 않았고 그 결과로 소득 불평등이 심해진 한국 경제의 일반적인 분배 구조와는 모순된 것이다. 예를 들어, 삼성전자의 2014년 총수익 중에서 인건비로 분배한 비율이 7.3%이다. 이것은 제조업 대기업의 평균과 비슷한 수준이지만, 제조업 전체의 평균 9.8%나 전산업 전체의 평균 13.0%보다 낮은 수준이다. 그렇다고 해서 삼성전자의 노동분배율을 높인다면 이것은 전혀 엉뚱한 결과를 초래할 것이다. 삼성전자 노동자의 계약직을 포함한 평균 연봉은 1억 104만 원이다.[12] 월평균 임금으로는 842만 원이며, 이것은 제조업 중소기업의 세 배에 달하는 것으로 한국에서 가장 높은 수준이다. 따라서 삼성전자의 노동자에 대한 분배 비율을 더 높인다면 오히려 중소기업 노동자와의 임금격차는 더욱 커질 것이고, 소득 불평등은 더욱 심해질 것이다.

그렇다면 일관성이 없어 보이는 통계는 무엇이 문제인가. 그 답은 하청 구조로 수직 관계에 있는 한국의 대기업과 중소기업의 분배 구조에서 찾아야 한다. 제조업 대기업이 총수익 중에서 82.1%를 공급자에게 분배하는데, 공급자 분배는 생산과 영업에 필요한 원자재와 서비스를 공급한 납품업체 또는 하청업체에게 지급한 다양한 형태의 대금이다. 따라서 이것은 제조-영업 원가의 개념으로 볼 수 있다.[13] 한국에서 하청기업인 중소기업의 공급 대금을 원청기업인 대기업이 '후려치기'하거나, 심지어는 하청기업의 장부를 감사해서 일방적으로 납품가격을 정하는 사례들이 흔하다.[14] 이러한 대기업과 중소기업 간의 불공정 거래는 대기업의 '갑질'로 잘 알려져 있다. 이 상황에서 불평등을 해소하기 위해서 올려야 할 것은 대기업 내부의 노동분배율이 아니라 공급자, 즉 하청업체에 대한 분배 비율을 올려야 하는 것이다.

| 제조업 대기업의 공급자 분배 |

제조업 중소기업에 비하여 대기업의 경우 노동자에 대한 분배 비율이 낮은데도 평균임금은 중소기업의 두 배에 해당한다. 또한 공급자 분배 비율이 높은데도 불구하고 기업 내부에 잔류한 수익이 더 높다. 이것은 대기업의 공급자 분배 비율이 중소기업보다는 높지만 중소기업이 노동자에게 적정한 임금을 지급할 수 있는 수준으로 공급 대금을 지급하지 않는다는 것을 의미한다. 대기업과 중소기업의 임금 불평등을 해소하려면 대기업이 중소기업에 대한 공급자 분배의 몫을 늘려야 하며, 그 방법으로 두 가지를 생각할 수 있다. 첫째, 이미 대기업의 주주에 대한 배당 비율은 턱없이 낮기 때문에 더 줄일 여유가 없으며, 따라서 주주에게 배당하지 않고 대기업 내부에 잔류시킨 순이익인 사내보유금을 줄이는 방안이 있다. 둘째, 대기업 노동자의 임금이 이미 상당히 높은 수준이기 때문에 대기업 노동자 분배 몫을 줄이는 방안을 고려해볼 수 있다.

제조업 대기업의 기업 잔류 수익 비중을 7.1%에서 6.5%로 0.6%
포인트 낮추어서 이를 공급자 분배 몫을 늘리는 데 사용하고, 중소
기업이 늘어난 공급자 분배 몫을 중소기업 노동자 분배에 사용한다
면 중소기업 노동자 임금이 약 10.6% 상승하는 효과가 있다.[15] 제조
업 대기업의 기업 잔류 수익 비중 7.1% 중 2.8%포인트는 순이익을
유보한 것이고, 나머지 4.3%포인트가 감가상각비 등의 비현금 비용
이다. 따라서 제조업 대기업이 공급자 분배의 비중을 0.6%포인트 정
도 늘릴 수 있는 여지는 충분히 있는 것으로 판단된다.

가장 간단한 방법은 감가상각비 등으로 충당하는 현금을 그대
로 두고, 단지 내부유보 수익의 비중을 2.8%에서 2.2%로 0.6%포인
트를 낮추는 것이다. 내부유보금을 주주 배당으로 쓰는 경우도 생각
해볼 수 있지만, 하청기업에 대한 분배를 늘리는 것이 여러모로 파급
효과가 훨씬 클 것이다. 기업의 사내유보율과 기업 저축이 지속적으
로 증가한 것이 대기업에 의해서 주도되었다는 사실에 비추어보면
이익률이 가장 높고 현금 여유가 가장 많은 제조업 대기업이 사내유
보를 줄이고 공급자 분배를 늘려서 중소기업 노동자 분배에 사용하
도록 하는 것은 매우 현실적이고 직접적이며 파급효과도 큰 불평등
해소의 방안이 될 것이다.

또 다른 방안은 제조업 대기업의 임금 일부를 중소기업 노동자
분배의 몫으로 분배하는 것이다. 제조업 대기업의 노동자 분배 비율
은 7.7%로 중소기업보다 낮지만, 제조업 대기업의 노동자 월평균 임
금이 중소기업의 노동자보다 86%가 높아 거의 두 배에 달한다. 제
조업 대기업이 노동자 분배 금액의 5%를 중소기업에 대한 공급 대
금 분배로 이전한다면 중소기업의 노동자 임금이 6.8% 상승하게 된

다.[16] 대기업 노동자 분배 금액의 5%는 전체 총수익의 0.4% 정도이다. 따라서 대기업 총수익 중에서 노동자의 분배 비중이 7.7%에서 7.3%로 줄어든다. 이것은 대기업과 중소기업 노동자 간의 연대와, 특히 대기업 노동자의 양보가 전제되어야 할 만큼 당장의 임금 문제이기 때문에 현실성이 떨어지는 방법일 것이다. 하지만 몇 년을 두고 대기업 노동자의 임금 인상분 일부를 중소기업 노동자에게 이전하는 방식으로 중소기업과의 임금격차를 줄이는 것은 노동계 전체가 심각하게 고민해볼 만한 방안이다.

제조업 대기업이 앞서 설명한 두 가지 방법을 한꺼번에 시행하면 어떻게 될까. 내부유보한 순이익의 비중을 2.8%에서 2.2%로 0.6%포인트 낮추고, 노동자 분배의 몫을 7.7%에서 7.3%로 0.4%포인트 낮추어서 이를 모두 공급자 분배의 몫으로 이전하고, 증가된 공급자 분배의 몫을 전부 중소기업 노동자 분배에 전용하도록 한다. 이렇게 되면 중소기업 노동자의 평균임금은 17.4% 증가하게 된다. 물론 이러한 가정은, 제조업 대기업의 분배 구조를 바꿔 하청 중소기업에 대한 분배율을 높이면 소득 불평등을 일부 해소하는 것이 현실적으로 가능하다는 것을 보여주기 위한 산술적 추정이다.

제조업 대기업과 중소기업이 함께 분배 구조를 바꾸는 방법도 있다. 대기업이 내부유보한 순이익의 비중을 2.8%에서 1.8%로 1.0% 포인트 줄이고, 이를 공급자 기업의 노동자 분배에 사용한다면 이것만으로도 중소기업 노동자 임금이 17.6% 상승하게 된다. 또한 중소기업도 내부유보한 순이익의 비중이 2.5%인데, 이를 대기업과 같은 1.8%로 줄여서 0.7%포인트를 노동자 분배에 사용한다면 중소기업 노동자 임금이 4.7% 상승하게 된다. 제조업 대기업과 중소기업이 동시에 총매출액 중에서 내부유보한 순이익 비중을 1.8%로 낮춘다면 중소기업 노동자 임금은 22.2%가 증가하게 되는 것이다.

기업마다 비용 구조가 다르기 때문에 평균치를 이용해서 추정한 것을 현실에 적용하기 위해서는 보다 정교한 계산과 실행 방안이 전제되어야 할 것이다. 다만 이러한 추산을 통해서 보여주고자 한 것은 소득 불평등의 가장 주된 원인이 임금 불평등이고, 임금 불평등의 가장 주된 근원이 제조업 대기업과 중소기업의 임금격차이기 때문에 한국 기업 중 '갑'으로서 수익성이 가장 높은 제조업 대기업의 분배 구조를 바꾸는 것이 소득 불평등을 해소하기 위해서 가장 먼저 선결되어야 할 과제라는 것이다.

가계가 살아야
기업이 산다

현금을 쌓아두는 이유

사내유보율이란 당기순이익, 전해로부터 이월된 이익잉여금과 새로 이입된 적립금을 합한 금액 중에서 배당금 등으로 기업 외부에 지급하지 않고 기업 내부에 보유한 금액의 비율이다. 한국 기업의 사내유보율은 1990년 이후 지속적으로 증가했다. 제조업의 경우 1990년 사내유보율은 83.3%이었고, 외환 위기를 겪은 이후 1999년부터 2004년까지 정체 상태를 유지했으나 다시 증가세를 이어가서 2013년 93.7%이다. 2013년에는 1990년과 비교해서 처분 가능한 이익잉여금 중에서 10.4%포인트 더 많이 회사 내부에 보유한 것이다. 2002년부터 통계가 작성된 전산업의 경우에도 제조업의 증가 추세와 마찬가지다. 2002년부터 2013년까지 전산업의 사내유보율은 5.3%포

39 기업은 현금을 쌓아두면서 투자를 늘리지 않았다!

〔그림 71〕 기업의 사내유보율 추이 : 1990~2013년

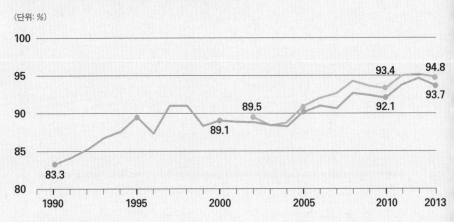

(단위: %)

● 전산업 ● 제조업

자료 : 한국은행, 〈기업경영분석〉.

〔그림 72〕 국민총생산 중 투자 비중 추이 : 1980~2014년

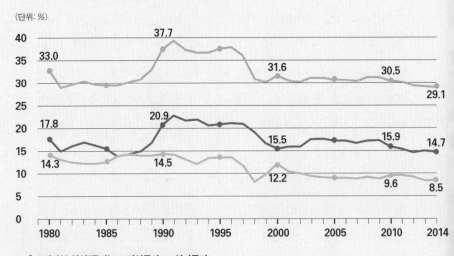

(단위: %)

● 총고정자본 형성(투자) ● 건설투자 ● 설비투자

자료 : 한국은행

인트, 제조업의 경우는 4.8%포인트가 증가했다.(그림 71 참조)

사내유보율은 매년 처분 가능한 이익잉여금 중에서 기업이 보유한 비율이기 때문에 흐름(flow) 개념이며, 축적(stock) 개념이 아니다. 그런데 성장하는 기업의 사내유보율이 매년 지속적으로 증가했다는 것은 기업 내부에 사용 가능한 '현금의 축적'이 점점 더 늘어났다는 것을 의미한다. 기업이 더 많은 현금을 보유할 때에는 미래의 투자 자본으로 사용하기 위한 것으로 기대하는 것이 당연하다. 그러나 기대와는 달리 국내총생산에서 투자가 차지하는 비중은 외환 위기 이후로 전혀 늘어나지 않았고, 최근에는 오히려 감소했다.

국내총생산 중에서의 투자 비중과, 투자 중에서의 건설투자와 설비투자 비중의 변화를 살펴보자. 1990년 초반에는 투자 비중이 GDP의 37%를 넘는 사상 최고치였다. 그러나 외환 위기로 인하여 투자 비중은 30%까지 축소되었고 이후 2000년대에는 30~31%를 유지했다. 그리고 2008년 금융 위기 이후에는 투자 비중이 30% 이하로 하락했다. 특히 주목할 점은 생산과 가장 직접적으로 관련된 설비투자가 2000년 12.2%이었으나 2014년 8.5%로 크게 감소한 것이다.(그림 72 참조)

기업 투자가 국내총생산에서 차지하는 비중은 외환 위기를 전후하여 급격한 상승과 하락을 경험한 이후 비교적 큰 변화 없이 20%대를 유지하고 있다가 최근 들어 하락 추세를 보이고 있다. 하지만 중요한 사실은 기업 투자가 큰 변화가 없는 기간 동안에 기업 저축은 크게 늘어난 것이다. GDP 대비 기업 저축은 2000년 이후에 지속적으로 늘어나서 2014년에는 사상 최고치를 기록했다. 2000부터 2013년까지 GDP 대비 기업 투자는 1.6%포인트 감소했는데, 기업

40 기업 저축은 늘고, 기업 투자는 늘지 않았다!

〔그림 73〕 국내총생산 대비 기업의 저축과 투자 비율 추이 : 1980~2014년

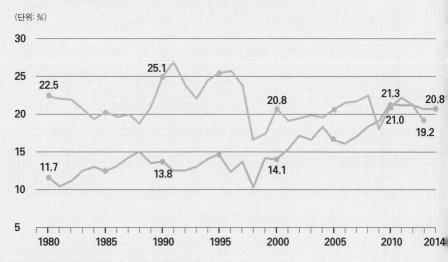

(단위: %)

● 기업 저축/국내총생산 ● 기업 투자/국내총생산

자료 : 한국은행

저축은 14.1%에서 20.8%로 6.7%포인트가 증가한 것이다. 뿐만 아니라 2009년 이후 오히려 기업 저축이 기업 투자를 앞지르는 역전 현상까지 보이고 있다. 기업은 가계와 달리 소비를 하지 않기 때문에 기업이 순이익으로 남긴 소득과 현금은 투자와 저축에만 사용된다. 따라서 기업의 현금 보유가 늘어났지만 투자가 늘어나지 않았다면 이것이 기업의 저축 증가로 이어지는 것은 너무도 당연하다.(그림 73 참조)

이 분석에서 주장하고자 하는 바는, 한국의 기업이 투자 여력이 있음에도 불구하고 투자가 부족하다거나 투자 책임을 이행하지 않고 있다는 것이 아니다. 오히려 한국은 여전히 OECD 국가 중에서 투자율이 가장 높은 나라 중 하나다.[17] 결국 한국은 기업 저축률, 즉 기업 내에 쌓아두는 현금 비율이 지난 20년 가까이 지속적으로 증가했는데도 투자율이 늘지도 않았고 이미 투자율도 높다는 점을 확인한 것이다. 더불어 기업이 투자 자금으로 사용하지 않을 것이라면 현금을 사내에 쌓아둘 이유가 없는 것이며, 기업은 명분도 없고 쓸 곳도 없는 현금을 분배해야 하며 분배할 여력도 충분히 갖고 있다는 것이다.

| 기업 저축, 가계 부채의 시대 |

기업 저축이 급격하게 늘어난 것은 기업 총저축률과 가계 총저축률에서 뚜렷하게 나타난다. 기업 총저축률과 가계 총저축률은 국민총가처분소득, 즉 처분 가능한 국민총소득 대비 각각의 저축 비율이

41

가계 부채, 기업 저축의 시대로 바뀌었다!

〔그림 74〕 가계 총저축률과 기업 저축률 추이 : 1980~2014년

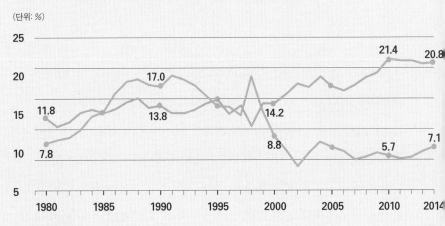

(단위: %)

● 가계 총저축률 ● 기업 저축률

자료 : 한국은행

〔그림 75〕 기업과 가계의 부채율 추이 : 1980~2013년

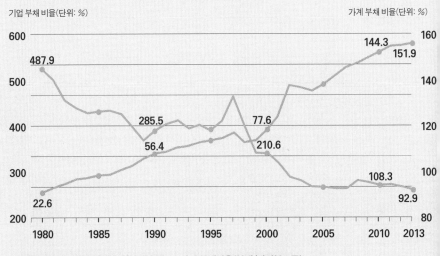

기업 부채 비율(단위: %)

가계 부채 비율(단위: %)

● 기업(제조업) 부채비율(부채/자기자본) ● 가계 부채비율(부채/가처분소득)

자료 : 한국은행

다. 국민총가처분소득(Gross National Disposable Income)이란 '국가 경제 전체가 소비나 저축으로 자유로이 처분할 수 있는 소득'이며, 저축률과 투자율은 처분 가능한 소득 중에서 저축과 투자로 이어진 소득의 비율이다.[18] 기업 저축률과 가계 저축률은 외환 위기 이후 극명하게 엇갈린다. 가계 저축률은 지속적으로 하락 추세를 보이는 반면 기업 저축률은 지속적으로 상승 추세를 보이고 있다. 외환 위기 이후에는 기업 저축률이 가계 저축률을 크게 앞지르면서 양자 간의 격차 폭은 지속적으로 커졌다.(그림 74 참조)

그 결과 한국에서는 가계와 기업의 역할이 경제학 원론에서 가르치는 것과 정반대가 되었다. 경제학은 가계가 소득 중에서 소비하지 않고 저축한 돈이 기업에 공급되어 투자가 이루어진다고 가르친다. 1990년대 후반까지는 가계 저축이 기업 저축보다 많아서 가계의 여유 자금이 기업으로 흘러갔다. 그러나 지금은 기업이 가계보다 저축을 세 배나 많이 한다.[19] 가계 저축 시대에서 기업 저축 시대로 바뀐 것이다. 기업은 궁극적인 소비 주체인 개인(가계)에게 소득이 분배되기까지 이를 잠정적으로 보관하는 일종의 도관체(conduit)일 뿐이다. 그런 기업이 분배하지도 않고 투자하지도 않고 자금을 저축으로 보관만 하고 있다면 이것은 어떤 경제학 이론으로도 설명할 수 없는 현상이다.

기업 저축이 늘어나고, 가계 저축은 줄어들면서 나타난 또 하나의 현상이 기업 부채가 줄어들고 가계 부채가 늘어난 것이다. 이것은 경제성장의 성과를 분배하는 과정에서 기업소득은 경제성장보다 더 많이 늘어나고, 가계소득은 경제성장에 못 미치는 현상과도 관련된 것이다. 기업의 부채 비율은 주식 발행으로 조달한 자기자본에 대비

하여 회사채를 발행한 차입금이나 은행 대출과 같은 부채로 조달한 자금의 비율이다. 기업의 부채 비율은 1980년 초에는 400%를 넘었고, 1990년대에도 여전히 300%를 넘는 매우 높은 수준이었다. 외환 위기 이후에 부채 비율이 200%대로 급격하게 감소했는데 이것은 당시 위기 극복 과정에서 정부 정책으로 부채 비율 200% 유지를 강제했기 때문이다. 2004년 이후에 부채 비율이 100% 수준으로 줄어든 것은 기업의 자발적 선택이었다. 그런데 기업 부채가 줄어든 시기와 기업 저축이 증가한 시기가 일치한다는 점에 주목할 필요가 있다.(그림 75 참조)

기업의 부채 비율이 축소된 배경에는 새로운 주식 발행을 통해서 주식자본을 늘린 것도 일부 있으며, 다른 한편으로는 안정적인 성장 과정에서 급격하게 늘어난 기업소득으로 부채를 상환한 것도 있다. 기업의 부채 비율이 100% 수준으로 줄어든 2004년 이후는 기업의 사내유보율이 급격하게 증가한 시기다. 이것은 기업이 부채를 줄이고도 저축을 늘릴 만큼 현금 여유가 있었다는 것을 의미한다. 결과적으로 기업은 이해 당사자들에 대한 분배를 줄이고 사내유보를 늘렸고, 이를 투자에 사용하기보다는 저축을 늘려간 것이다.

이 기간 동안에 그 그늘은 가계 부채의 급격한 증가로 나타났다. 가계의 부채 비율은 가계의 가처분소득 대비 부채의 비율이다. 가계의 소득은 성장률보다 훨씬 더디게 증가하는데 부채 비율이 급격하게 늘어났다는 것은, 벌어들이는 소득으로 부채를 상환할 수 있는 능력이 줄어든다는 것을 의미한다. 가계 부채가 늘어난 가장 주된 이유는 주택 구입이나 전세 자금 마련을 위해서 은행 대출을 받았기 때문이다. 이러한 가계 부채의 증가는 중산층에게 집중된 것으로 추정되며, 중산층 소득은 절대적으로 임금으로 받는 노동소득에 의존하고 있다. 때문에 분배 구조가 개혁되지 않으면 중산층 실종 문제에 대한 근본적인 해결 방법이 없다. 한편 저소득층은 대출금을 상환할 수 있을 만큼의 소득수준도 되지 못하기 때문에 주택 구입을 위한 은행 대출조차 받지 못한다. 반면에 고소득층은 이미 주택을 보유한 가구의 비중이 높고, 은행 대출로 주택을 구입해도 상환 능력이 충분한 편이다. 따라서 가계 부채의 증가가 문제가 되는 것은 주택 담보 대출에 대한 상환 압력에 항시적으로 시달리는 중산층이다.

2014년 가계금융·복지조사에 의하면 소득 계층 최하위 20%의 가구들 중에서 담보대출이 있는 가구의 비율은 15.2%로 매우 낮다. 중산층인 40~60%의 가구들의 경우는 43.9%이다. 최상위 20%의 가구들의 경우는 53.4%이다. 그러나 최상위 20% 가구들의 이자와 원금 상환액이 경상소득의 15.8% 수준인 반면에 중산층인 40~60%의 가구들의 경우 이 비율이 20.0%에 달한다. 중산층의 상환액이 비율로만 보아서도 상당한 비중이지만 문제는 소득수준이다. 최상위 20%의 가구들의 경우 연평균 소득이 1억 원을 넘기 때문에 이자와 원금 상환액을 차감해도 생활비를 충당할 수 있는 이상의 소득이 남는다. 반면에 중산층인 40~60%의 가구들의 경우 남는 연 소득이 3043만 원이어서 당장의 생활비에 막대한 영향을 받는다.[20]

가계 부채의 급격한 증가는 당장 중산층 가구의 생활에 엄청난 부담이지만, 더욱 심각한 문제는 이것이 경제 전체에 상당히 실현 가능성이 높은 시한폭탄과 같은 것이라는 점이다. 현재는 이자율이 사상 최저 수준이지만, 이것은 문자 그대로 한국 금융사상 가장 낮은 이자율이기 때문에 앞으로 상승할 가능성은 거의 확실하다. 이자율

42 기업은 살고, 가계는 죽어가고 있다!

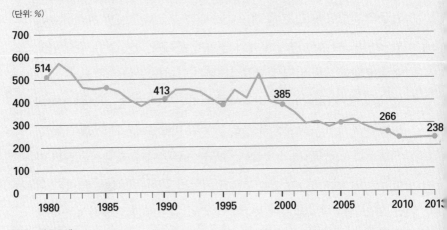

〔그림 76〕 기업소득 대비 가계소득 비율 추이 : 1980~2013년

(단위: %)

자료 : 한국은행

이 상승할 때 소득이 함께 증가하지 않는 한 주택 담보대출 중에서 부실 대출이 증가할 위험이 상당히 크며, 2015년 1400조 원을 돌파한 가계 부채의 관리 위기는 경제 전체의 시스템 위기로 확산될 가능성도 배제하기 어렵다. 1997년 외환 위기는 기업 부채의 부실로 인해서 생긴 것이었다. 2003년에는 신용카드 대출의 부실로 인해서 금융경색이 있었는데, 신용카드 대출이 저소득층에 집중되었기 때문에 시스템 위기로 치닫지는 않았다. 지금 중산층의 주택 담보대출로 인한 가계 부채의 급격한 증가는, 소득이 정체된 상황에서 이자율 상승과 주택 가격 정체 또는 하락이 동반하여 나타날 경우 시스템 위기는 아닐지 몰라도 금융 위기로 치달을 가능성은 거의 확실하다.

| 기업의 존재 이유 |

지금까지 한국의 분배 구조를 기업의 분배와 국민총소득의 분배, 두 가지 방향에서 접근해 살펴보았다. 기업의 분배는 원천적 분배로서 분배의 시작이고, 국민총소득의 분배는 국가의 최종적인 분배다. 경제활동으로 만들어진 국가의 총소득, 즉 국민총소득은 경제 주체인 개인(가계), 기업, 정부에게 귀속되며 최종적으로는 개인(가계)에 귀속된다.

　기업으로부터 분배받은 노동자, 채권자, 주주는 그 소득을 소비와 저축 또는 투자에 사용함으로써 다시 분배되는 순환과정을 거친다. 공급자는 공급 대금을 자기 회사의 노동자, 공급자 등의 이해 당사자에게 분배한다. 정부는 세금을 재정지출에 사용함으로써 다시 분배하는 과정을 거친다. 기업도 내부유보금을 투자에 사용하거나 계속 보유한다. 기업의 분배를 받는 이해 당사자들은 개인(가계), 기업, 정부로 분류되며, 이해 당사자들이 각자 분배받은 몫으로 수행한 경제행위의 결과로 다시 개인(가계), 기업, 정부에 얼마 만큼씩 최종적으로 분배되었는가를 정리한 것이 국민총소득의 분배다.

1980년 이후 지난 30여 년 동안 국민총소득 중에서 기업소득 대비 가계소득의 상대적 크기가 지속적으로 줄어들었다. 1980년대와 1990년대에는 가계소득이 기업소득의 네 배 이상이었다. 그러나 2000년대 들어서 세 배 수준으로 줄었고, 다시 금융 위기 이후에는 세 배 이하로 줄어서 2013년에는 2.4배다. 1980년부터 2013년까지 기업소득 대비 가계소득의 상대적 크기가 거의 절반으로 줄어든 것이다. 또한 앞서 계층별 소득 구조에서 논의한 바와 같이 외환 위기 이후에는 소득 증가율이 고소득층일수록 높고, 저소득층일수록 낮았다. 결과적으로 가계소득의 상대적 위축은 중산층과 저소득층에게 보다 불리한 결과로 나타났고, 이것이 가계 부채가 지속적으로 증가한 원인이 되었다.(그림 76 참조)

국민총소득 중에서 기업소득 대비 가계소득이 지속적으로 줄어든 것은 원천적 분배인 기업의 분배에 그 원인이 있는 것이다. 가계소득의 상대적 비중이 줄어든 현상은 일시적인 것이 아니라 30년 이상 장기적으로 진행되어 온 구조적인 것이다. 원천적인 분배를 담당하는 기업이 수익 중에서 자신이 보유하는 부분보다 이해 당사자들에게 분배하는 몫을 늘리도록 분배 구조를 바꾸지 않는 한 해결할 수 없다. 기업이 존재하는 근본적인 이유는 주주의 이윤만을 위한 조직이 아니라 모든 국민이 보다 나은 삶을 영위하기 위한 노동을 실현하는 조직이기 때문이다. 한국에서 노동자 가구의 소득은 기업이 분배하는 임금에 전적으로 의존한다. 또한 절대다수의 소규모 자영업자의 소득은 노동자 가계의 소비에 의존한다. 경제가 성장하는 동안에 기업소득과 기업 저축은 늘어났지만 가계소득은 늘지 않았고 가계 저축도 줄어든 결과는 기업의 존재 이유인 국민이 잘살기 위한 것과는 배치되는 것이다. 한국의 불평등 구조를 개선하고, 경제가 성장하는 만큼 국민도 잘살게 되는 너무도 평범한 경제 논리가 작동하도록 하기 위해서는 기업이 임금 분배를 통해 가계에 대한 분배를 크게 늘려야 한다.

제
4
장

———

소득 불평등과 재산 불평등

가진 것 때문인가,
버는 것 때문인가?

| 자본축적과 자본 재생산 |

자본주의에서 축적(蓄積) 과정이란 기업의 이윤을 자본에 더하여 생산의 규모를 늘리거나 가계의 소득에서 소비를 억제하고 저축을 함으로써 자본을 형성하는 것이다. 축적된 자본은 생산을 증가시키고 재생산의 규모를 확대시키면서 또 다시 자본을 쌓게 한다. '자본이 자본을 만들어내는 순환 구조'가 형성되는 것이다. 따라서 자본주의에서 불평등의 기원은 당연히 '자본'이다. 이것은 자본주의에서 시장이 작동하는 한 자본이 자본을 만들어 불평등을 지속적으로 확대재생산하는 것이 구조화되어 있다는 것을 의미한다. 그렇기 때문에 마르크스(Karl Marx) 이래 모든 마르크스주의자들은 자본 자체를 자본주의의 근원적 모순으로 보았다. 그러나 이렇게 자본이 '주도권'을

행사하는 데에는 몇 가지 전제 조건이 충족되어야 한다.

먼저 역사성이다. 처음부터 자본이 저절로 존재했던 것은 아니며, 자본주의 맹아가 어떤 경로로 시작되었든지 간에 자본이 자본을 생성하는 수준으로 축적되기까지는 충분한 시간이 경과되어야 한다. 한국은 자본주의 형성의 경로와 자본축적 과정이 남다를 뿐만 아니라 가장 큰 차이점은 '시간'이다. 1인당 GDP가 1만 달러를 넘어선 것이 1994년으로 불과 20년 전이며, 산업화가 본격적으로 시작된 1960년대 초부터만 따져도 이제 겨우 반세기 정도의 시간만이 경과했을 뿐이다. 길게는 300년, 짧아도 150년 이상의 역사를 가진 여타 선진 자본주의 국가와는 비교하기도 어려울 정도로 짧은 시간이다. 지난 반세기 동안에 고도성장으로 경제 규모도 커졌고 세계적인 기업도 나왔고 자본축적도 상당히 되었지만 아직 자본의 재생산구조가 선진 자본주의 국가의 수준에 도달했다고 보기는 어렵다.

한국에서 자본축적이 '성숙'되었는지는 예단하기 어렵다. 하지만 한국 자본주의를 상징하는 몇 가지 특징들을 미루어보면 잠정적인 추론을 할 수 있다. 예를 들어 관치경제, 친소주의, 퇴행적 시장 질서와 규범, 소수 재벌들의 시장 지배 등의 특징들이 한국 자본주의를 지배하고 있다는 것은 아직 자본이 주도하는 자본주의의 '본원적' 질서라고 볼 수가 없다. 즉 한국의 자본들은 아직 '자본 외적' 권력이나 질서에 '기생'하고 있다는 것이다.[1] 자본주의는 경제 외적 질서나 권력보다도 자본이 지배하는 자본 자체의 '정당성'에 근거하여 작동하고 있다. 자본이 지배하는 것이 정당한가라는 관점은 체제의 정당성에 관한 이념적이고 철학적인 문제다. 하지만 이러한 자본주의의 역사적 정당성에 대한 논의를 일단 뒤로 미루고 본다면,[2] 한국은 아직 자본이 자본을 확대재생산하는 단계가 지배적이지 않다고 보는 것이 타당할 것이다. 이 말의 의미는 한국 자본주의가 아직은 극소수의 재벌 가족들을 제외하고는 선진국에서와 같은 '자본가 계층'의 형성이 뚜렷하지 않다는 것이다. 따라서 한국 사회에서 불평등의 근원도 부의 불평등, 즉 재산 불평등보다는 다른 조건이나 환경에서 찾아야 한다는 점이다.

그럼에도 불구하고 한국은 지난 반세기 동안의 산업화 과정에서 자본축적이 매우 빠른 속도로 진행되었다. 이번 장에서 지루할 정도로 상세히 논의하겠지만 '가진 것'의 불평등, 즉 재산 불평등이 '버는 것'의 불평등, 즉 소득 불평등보다 훨씬 심화되었고 빠른 속도로 진행되고 있다는 점을 확인할 수 있다. 하지만 자본이 상당히 축적되었다 할지라도 자본이 자본을 재생산할 수 있는 단계에 이르러야지만 불평등의 원인을 자본, 즉 재산 불평등으로 지목할 수 있을 것이다.

흔히 부자라 하면 돈을 많이 갖고 있다는 것을 의미하고, 돈이 많으면 돈을 많이 벌고 있는 것으로 간주한다. 그러나 정확하게 정의하자면 돈을 '많이 가진 것'과 '많이 버는 것'은 전혀 다른 의미다. 돈이 많다는 것은 축적된 자산(stock)을 의미하는 것이고, 돈을 많이 번다는 것은 소득(flow)을 의미한다. 성숙된 자본주의에서는 재산, 즉 자본이 많으면 소득도 높은 것이 일반적이다. 하지만 그러한 관계가 성립되기 위해서는 재산이 돈을 더 많이 버는 수단이 되어야 한다. 돈이 돈을 벌지 못한다면, 즉 자본이 자본을 창출하는 수단이 되지 못한다면 재산을 가진 정도에 따라 빈부 차이 정도는 가릴 수 있지만 그것만으로는 재산이 불평등의 원인이라 할 수 없다. 뒤에서 통계를 이용해서 구체적으로 논의하겠지만 한국에서는 재산이 많은 계층 중에서도 상당수가 저소득층에 속하고, 반대로 재산이 적은 계층 중에서도 상당수가 고소득층에 속하는 구조를 가지고 있다. 따라서 재산의 많고 적음, 즉 재산 불평등이 곧바로 불평등의 주된 원인이라고 직접 연관하여 말할 수 없다.

| 한국 자본주의의 왜곡성 |

현재 한국에서도 선진 자본주의 국가를 능가할 정도로 계층별 재산 불평등이 심화되었으며, 이것은 상당한 정도로 자본축적이 진행되었다는 점을 시사한다. 하지만 이러한 현상은 '비율적'으로 그렇다는 말이다. 재산별 하위층에 비하여 상위층이 가지고 있는 재산의 비율이 훨씬 높다는 것만으로 재산이 소득 불평등의 주요 원인이라고 단정 짓기에는 이르다. 왜냐하면 재산이 돈을 더 많이 버는 수단, 즉 재산이 소득을 창출하는 본원적 수단이 되었다고 보기에는 더 많은 다른 경로들이 작동하고 있기 때문이다. 위에서 언급한 한국 자본주의의 왜곡된 측면들이 이를 간접적으로 증명하고 있다.

재벌 기업과 총수 가족들은 한국 경제에서 차지하는 그들의 압도적인 지배력을 바탕으로 사업 영역과 부를 확장해가고 있다. 단순하게 결과만 보고 말한다면 돈이 돈을 버는 구조라고 할 수 있겠으나 자본이 자본을 확대재생산하는 자본주의의 본원적 질서에 따른 것이 아니라고 보는 것이 더 정확할 것이다. 재벌이 불평등을 심화시킨다면 이것은 재벌 자본의 생산적 활동을 통해서 초래된 불평등이라기보다는 하청기업에 대한 불공정 거래나 친인척에게 일감 몰아주기, 불법 편법을 통한 상속, 퇴행적인 기업 지배 구조, 정경 유착 등에 기초한 경제 외적 힘의 일방적 행사에 의해 가능하기 때문이다. 다시 말하면, 자본이 시장 논리가 아니라 시장 외적인 힘을 이용하여 확대 재생산을 하는 것이다.

개별적 차원에서 불평등이 심화되는 원인은 재벌과 같은 구조적 측면의 작동 기제와는 다르지만 돈이 돈을 버는 것이 아니라는 유사성을 발견할 수 있다. 재벌은 돈이 많기 때문에 돈을 버는 것이 아니라 그 돈을 앞세운 경제적 지배력으로 돈을 벌고 있다. 하지만 개인 차원에서 돈을 많이 가진 자산가 계층이라 하더라도 재벌과 같은 광범위한 힘을 행사할 수 없다면 돈이 돈을 버는 확대재생산을 담보할 수 없다. 한국의 자산가 계층은 혁신을 통하기보다는 부동산 투기나 중견 기업만 되어도 재벌 흉내를 내는 이유가 바로 이 때문이다. 앞서 언급한 바와 같이 한국에서 재산 불평등은 최근에 상당한 정도로 심화되었다. 하지만 이를 보고 재산을 많이 가지고 있다고 해서 소득이 높은 '원인'이라고 단정할 수는 없는 것이다. 물론 여러 자료를 통하여 재산이 많을수록 소득도 높다는 상관관계는 확인할 수 있다. 하지만 이러한 '현상'이 상호 간 인과관계를 증명하는 것은 아니다. 오히려 역으로 소득이 많기 때문에 재산이 많다는 점을 시사하는 바가 더 크다.

뒤에서 자세히 논의하겠지만, 한국 가구가 축적한 자산 중에서 최상위 계층을 제외하고는 실제로 소득을 창출할 수 있는 재산의 비중은 극히 일부분이다. 즉 대부분의 가구들은 어느 정도 재산을 모았다 하더라도 돈이 돈을 벌 수 있는 수준의 재산은 가지고 있지 못한 단계라는 말이다. 그 이유의 대부분은 바로 집 때문이다. 한국인에게 집이란 평생 모아도 갖기 어려울 정도로 전 재산의 큰 몫을 차지하고 있다. 집을 소유하고 있는 가구라면 상당한 정도의 재산을 모았다고 할 수 있을 것이다. 하지만 집이란 주거의 편리함을 주지만 소득을 창출하는 수단이 아니며, 오히려 소득의 가장 큰 부분을 쏟아 부어야 가질 수 있는 재산이다.

집이라는 거대한 부담은 거의 대부분의 한국인이 평생 피해가기 어려운 삶의 고단함과 불평등의 원인이다. 하지만 집 문제를 제외하고서 불평등의 원인을 따져보면 불평등을 해소할 수 있다는 일말의 희망도 발견할 수 있다. 그것은 아직 한국이 자본주의의 본원적 불평등 구조에 편입되기 이전이라는 일면 모순적 분석에 근거한 것이다. 즉 돈이 돈을 버는 구조가 아니라, 일해서 버는 돈의 격차가 불평등의 주요 원인라면 아직 불평등을 교정할 수 있는 여지는 비교적 충분하다. 선진 자본주의 국가와 같이 자본이 자본을 버는 재생산구조가 고착화된다면 기껏해야 '재분배 정책'으로만 불평등 해소 문제에 접근할 수밖에 없다. 이미 고착화된 불평등한 상황을 사후 처리 방식인 재분배 정책으로 바로잡기보다 소득, 특히 임금소득의 격차를 줄임으로써 불평등의 원천적 원인을 직접 교정하는 것이 근본적인 처방이다. 이 말은 한국에서 불평등 정도가 양호하다든지 불평등 해소 문제가 용이하다는 것은 결코 아니다. 오히려 그 반대다. 하지만 자본주의적 정당성도 없으며 왜곡된 구조와 잘못된 제도 때문에 최근에야 급격하게 벌어지는 임금격차는 사회적 합의와 정치적 의지에 따라 교정이 아직 가능하다는 의미다.

앞선 장들에서 한국의 소득 불평등 상황을 살펴봤다면, 이번 장에서는 재산 불평등 상황을 살펴본 후 한국도 선진국에서와 같이 재산 불평등이 불평등의 주요한 원인이 되고 있는가를 다룬다. 흔히 부유와 가난의 원인을 '가진 것'의 차이로 생각하는 경향이 있지만 가진 것의 차이는 원초적으로 '버는 것'의 차이에서 출발하며, 버는 것의 차이가 축적이 되어 가진 것의 차이로 귀결된다. 그런 의미에서 현재 한국의 불평등한 상황을 바로잡기 위해서는 불평등이 무엇으로부터 연유된 것인지 규명해야 한다. 결론부터 정리하면, 만약 재산 불평등이 한국에서 불평등을 심화시키는 주요 원인이 '아직' 아니라면 소득 불평등 그리고 그것의 절대 부분을 차지하고 있는 임금 불평등을 교정하는 것이 급선무라는 목적과 의도에서 접근했다. 그것을 증명하기 위해서 다양한 자료에 근거하고 매우 기술적인 분석을 동원하였다. 용어 정의의 혼란과 각종 지표의 어지러운 제시를 피하기 어려웠다는 점을 고백하며, 다만 이번 장의 의미만은 꼭 이해해주었으면 하는 것이 필자의 바람이다.

고소득층과
부유층은 다르다

| 소득과 재산 |

개인의 경제 수준이나 형편을 판단하는 지표는 소득과 재산 두 가지가 있다. 소득은 노동이나 재산을 통해서 현재 버는 돈이고, 재산은 과거에 번 소득 중에서 소비하지 않고 남겨서 모은 것이거나 물려받은 것이다. 재산은 부(wealth) 또는 자산(asset)이라고도 부른다. 소득은 경제활동을 통해서 지속적으로 벌어들이는 돈의 흐름(flow)이며, 재산은 돈을 축적한 자산(stock)이다. 일반적으로 개인의 경제 상황을 이야기할 때 소득과 재산을 엄밀하게 구분하지 않는 경우가 많다. 예를 들어, '부자'라고 할 때 대개는 재산이 많은 사람을 생각한다. '가난한 사람'이라고 할 때는 재산이 없는 사람을 의미하기도 하지만 소득이 낮은 사람을 말하는 경우도 있다. 그러나 재산과 소득은 상호 밀접한 관계가 있지만 반드시 일치하는 것은 아니다.

먼저 소득에 대해 알아보자. 소득을 만들어내는 경제활동에 따라서 크게 노동소득(근로소득), 재산소득(자산소득 또는 투자소득), 사업소득의 세 가지로 구분한다. 노동소득은 노동자가 일하는 대가로 받는 임금이다. 재산소득은 재산으로 버는 소득으로, 은행예금으로부터 받는 이자, 주식 투자로부터 받는 배당금, 부동산 임대로 버는 임대 수입 등이 여기에 해당한다. 또한 주식이나 부동산과 같은 재산의 가치가 올라서 차익을 얻게 되는 것도 재산소득이다. 재산소득은 일하지 않고서 버는 불로(不勞)소득이다. 사업소득은 자영업자가 영업을 해서 벌어들인 이익이거나 노동자가 부업으로 버는 소득이다. 그러나 소규모 자영업자나 노동자 부업의 경우, 사업소득의 상당 부분이나 거의 전부가 자신의 노동에 대한 대가인 임금소득에 해당하므로 노동소득으로 간주해도 무방할 것이다.[3]

재산은 다양한 형태로 보유하는데, 크게 금융자산과 실물자산 등 두 가지로 구분할 수 있다. 금융자산은 화폐와 예금, 채권, 주식, 보험 등의 환금성이 높은 형태다. 실물자산은 주택·건물·토지와 같은 부동산, 자동차, 귀금속, 미술품 등으로 환금성이 낮은 실제 물건의 형태다. 금융자산을 통하여 얻게 되는 재산소득 중에서 예금과 채권에 지급되는 이자는 금액이 확실하게 정해져 있고 지급이 약속되기 때문에 안정적이다. 주식에 지급되는 배당은 기업이 지급을 약속하지 않고, 금액도 미리 정해져 있지 않기 때문에 불안정적이다. 또한 주식가격이 올라서 매도할 경우 매입 가격과의 차이가 재산소득이지만 주식가격이 하락해서 매도할 경우에는 재산 손실이 발생한다.

실물자산은 금융자산과는 달리 지속적으로 소득을 만들어내지 않으며, 매각할 때만 이익 또는 손실이 발생한다. 많은 사람들이 가장 일반적으로 보유하고 있는 실물자산인 자동차의 경우 생활의 편의를 위한 것이기 때문에 소득이 발생하지 않으며, 오래 사용할수록 가치가 하락하여 매각하면 오히려 재산 손실이 발생한다. 주택의 경우도 대부분의 사람들처럼 주거를 위한 것이라면 소득이 발생하지 않고, 임대 목적으로 보유한 경우에만 임대 수입이 발생하며 주택을 매입 가격과 다르게 팔 경우 그 차이만큼 재산소득 또는 재산 손실이 발생한다.

| 고소득층과 부유층 |

소득이 높으면 소비하고 남는 것이 모이기 때문에 재산이 많아지는 것은 당연하다. 또한 재산이 많아서 예금, 주식, 부동산 등을 보유하고 이자, 배당, 임대 수입과 같은 재산소득이 생겨나기 때문에 소득이 더욱 늘어나는 것도 당연하다. 따라서 소득과 재산은 장기적으로 서로 밀접한 관계가 있다. 유럽 국가들이나 미국은 250년이라는 오랜 자본주의 시장경제의 역사 속에서 자본을 축적해 왔다. 선진 자본주의 국가에서는 재산에 따라 소득이 결정되는 상관관계가 상대적으로 높고, 불평등의 원천도 재산에 의해 상당히 좌우된다고 할 수 있다. 하지만 한국과 같이 자본주의 시장경제의 역사가 매우 짧고 자본축적이 충분하지 않은 경우에는 사정이 다르다. 한국은 1960년대 초부터서야 경제개발을 본격적으로 시작했고 지난 50년 동안 눈부신 성장을 이룩하였지만 서구 자본주의와 같은 수준의 자본축적은 아직 요원한 상황이다. 그나마 이 기간의 대부분은 정부가 가격 결정과 자원 분배를 결정한 계획경제에 기반하고 있었으며, 시장경제라고 할 수 있는 기간은 불과 최근 20여 년 밖에 되지 않는다.[4] 따라서 한국은 여타 선진국들과 달리 개인 또는 가계의 소득수준이 재산수준과 반드시 일치하지 않을 수 있다는 사실에 주목할 필요가 있다.

고소득층은 소득이 높은 계층을, 부유층은 재산이 많은 계층을 지칭하는데 한국에서는 고소득층과 부유층이 항시 일치하는 것은 아니다. 은퇴 후를 위한 투자나 연금을 미리 준비하지 못한 노년이 있다고 치자. 그가 유일하게 보유한 재산은 현재 살고 있는 주택뿐이다. 비록 소유한 주택이 상당한 가치에 달해도 주거용이기 때문에 재산소득을 창출하지 못하며, 일을 하지 않기 때문에 노동소득도 없다. 이렇게 보면 앞의 노년은 부유층이지만 저소득층에 속한다. 반면 주택 이외의 많은 금융자산을 가진 사람들은 재산소득을 얻기 때문에 고소득층에 속한다. 어느 청년의 경우도 높은 노동소득을 받아 고소득층지만, 아직 주택이나 금융자산과 같은 재산을 마련하지 못했거나 상속받지 못했다면 부유층이라 할 수 없다. 이처럼 소득과 재산은 서로 다르기 때문에 소득 불평등과 재산 불평등을 구분해서 보는 것이 현재의 경제적 불평등 상황이나 원인을 정확하게 파악할 수 있다.

43 상위 20%의 순자산이 하위 20%보다 64배 많다!

〔그림 77〕 자산 계층별 순자산액

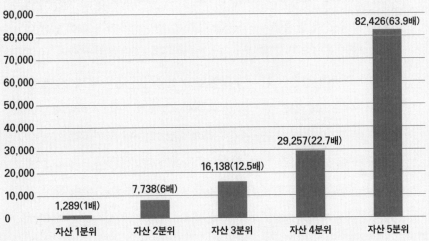

순자산(단위: 만 원)

자료 : 통계청, 가계금융·복지조사, 2014.

소득 불평등이 심하면
재산 불평등도 심하다

| 재산격차와 재산 분포 |

재산과 소득의 관계를 살펴보기 전에 먼저 한국의 재산 불평등 정도
를 알아보자. 재산 불평등도 소득 불평등과 마찬가지로 지니계수,
하위 계층 대비 상위 계층의 재산 비율 그리고 상위 계층의 재산이
총재산에서 차지하는 비중 등으로 측정할 수 있다. 그러나 개인이나
가계의 재산 분포의 경우 소득 분포만큼 다양한 통계가 존재하지 않
기 때문에 재산 불평등을 직접적으로 소득 불평등에 대비하여 비교
분석하는 것이 어렵다. 재산 불평등을 판단할 수 있는 통계로는 가
계금융·복지조사가 거의 유일하고 신뢰할 만한 자료다. 그러나 이
조사는 자산에 대한 계층 분류를 최하위 20% 계층부터 최상위 20%
계층까지 20% 간격으로 5분위, 즉 다섯 계층으로만 나누는 한계가

부유층 내에서 재산 불평등이 더 심하다!

〔그림 78〕 자산 계층별 순자산의 평균값/중위값 비율

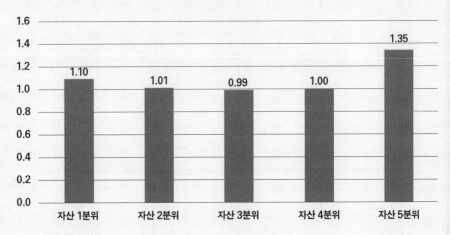

자료 : 통계청, 가계금융·복지조사, 2014.

있다. 소득이 상위 1% 또는 10%의 최상위 계층에 집중되어 있다는 것은 주지의 사실이다. 최상위 계층에 대한 집중도는 재산의 경우가 소득보다 훨씬 더 심하다. 따라서 5분위 계층만으로 재산 불평등을 논의하는 것은 불평등의 실상을 실제보다 과소평가하게 된다. 그럼에도 불구하고 이 자료에 근거해서 논의하기로 한다.

2014년 5분위로 나눈 각 계층별 총자산에서 부채를 뺀 평균 순자산액을 비교해보자. 자산 최하위 20% 계층(자산 1분위)의 평균 순자산은 1289만 원이고, 최상위 20% 계층(자산 5분위)은 8억 2426만 원이다. 자산 최상위 20% 계층은 최하위 20% 계층보다 평균 재산이 63.9배나 많다. 소득의 경우 소득 최상위 20%의 시장소득이 최하위 20%보다 25배 많은 것과 비교하면 재산 불평등이 소득 불평등보다 훨씬 더 심한 것을 알 수 있다.[5](그림 77 참조)

이러한 결과는 재산이 소득보다 최상위 계층에 대한 집중도가 높다는 말이다. 이를 확인할 수 있는 지표가 재산 계층별로 순자산 평균(mean)을 순자산 중위값(median)으로 나눈 비율이다. 만약 이 비율이 1.0이면 평균값과 중위값이 같은 것이며, 순자산이 평균보다 많은 가구수와 평균보다 적은 가구 수가 동일한 것을 의미한다. 이 비율이 1.0보다 크면 순자산이 평균보다 적은 재산을 가진 가구 수가 더 많다는 것이며, 평균보다 많은 재산을 가진 가구에 재산이 집중되어 있다는 것을 의미한다.

중산층이라 할 수 있는 자산 2분위, 자산 3분위, 자산 4분위 계층은 비율이 1.0에 매우 가깝다. 이 계층들에 속한 가구들의 재산 분포는 평균 이상 또는 이하로 집중되지 않았다는 것이다. 반면에 자산 5분위 계층은 이 비율이 1.35로 1.0보다 훨씬 더 크다. 최상위

45 상위 20%의 시장소득이 하위 20%보다 25배 많다!

〔그림 79〕 1분위 대비 분위별 시장소득과 순자산의 비율

(단위: %)

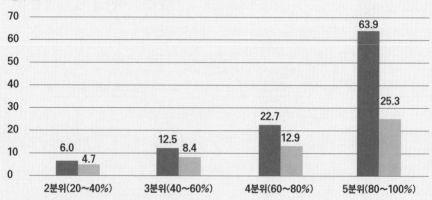

- ● 재산 계층(순자산) ● 소득 계층(시장소득)

자료 : 통계청, 가계금융·복지조사, 2014.

〔그림 80〕 재산과 소득 계층 최상위 1%와 10%의 비중

(단위: %)

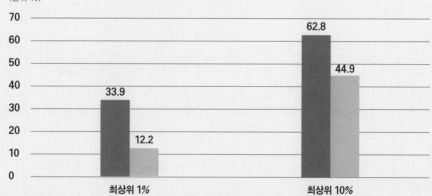

- ● 재산 점유율 ● 소득 점유율

소득 점유율 자료 : The World Top Incomes Database, 2012.
재산 점유율 자료 : 크레디트 스위스(Credit Suisse), 〈Global Wealth Databook〉, 2014.

20% 계층에 속하는 가구들 사이에서도 평균 이상의 재산을 가진 가구들에게 재산이 집중되어 있다는 것을 의미한다. 또한 자산 1분위 계층도 이 비율이 1.10이다. 따라서 자산 5분위와 자산 1분위 계층의 이 비율이 모두 1.0보다 큰 결과를 종합하면, 자산 구간을 10%로 10분위했을 때 최하위 10%와 최상위 10% 계층의 재산격차는 5분위인 경우의 64배보다 훨씬 더 클 것으로 추정할 수 있다.(그림 78 참조)

| 재산 불평등 |

일반적으로 소득 불평등 정도는 겉으로 쉽게 드러나지 않지만 재산 불평등을 쉽게 판단할 수 있는 기준들이 있다. 겉모양만 보고서 그 사람의 소득이 얼마인지 짐작하기는 어렵지만 얼마만큼의 재산을 가지고 있는지는 대략 짐작할 수 있다. 예를 들어, 가장 대표적인 재산인 주택의 경우 그 사람이 사는 지역만 알아도 대충의 재산 가치를 짐작할 수 있다. 지역에 따라서 주택 가격이 다르고, 그에 대한 정보도 잘 알려져 있기 때문에 주택 재산의 불평등은 쉽게 드러난다. 서울과 지방 간의 주택 가격의 차이나 서울에서도 강남과 강북으로 구분한 주택 가격의 차이가 크다. 그래서인지 사람들은 주거 지역을 일종의 재산 계층 상징으로 받아들인다. 자동차의 경우도 주택보다 가치는 매우 작지만 계층을 상징하는 자산으로 인식하곤 한다. 이렇게 재산은 소득보다 쉽게 드러나기 때문에 일반적으로 사람들은 재산 불평등을 소득 불평등보다 더 잘 인식하고 따라서 훨씬 더 심각한 것으로 생각하는 경향이 있다.

46 초부유층의 재산 집중도에서 불평등이 심하다!

〔그림 81〕 OECD 회원국 중 자산 상위 1%가 총자산에서 차지하는 비율

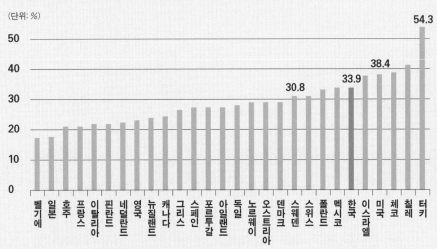

자료 : 크레디트 스위스(Credit Suisse), 〈Global Wealth Databook〉, 2014.

〔그림 82〕 OECD 회원국 중 자산 상위 10%가 총자산에서 차지하는 비율

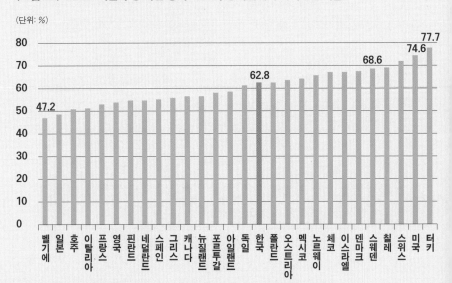

자료 : 크레디트 스위스(Credit Suisse), 〈Global Wealth Databook〉, 2014.

가계소득 중에서 정부의 보조금이나 친지로부터 도움을 받은 소득인 이전소득을 제외한 가구원이 직접 벌어들인 소득인 시장소득이 가구 총소득의 94%이며, 상용 근로자 가구의 경우에는 이보다 더 높은 98%이다.[6] 시장소득 중에서 재산소득의 비중은 시장소득의 0.3%~3% 수준으로 매우 낮다.[7] 따라서 평균적인 가계의 소득은 대부분 자신이 일해서 버는 돈이다. 재산은 소득 중에서 소비하지 않고 모은 것뿐만 아니라 부모의 재산을 상속이나 증여로 갖게 되기도 한다. 또한 보유한 부동산의 가격이 올라가면 특별한 노력을 하지 않고도 재산이 늘어난다. 따라서 사람들은 재산 불평등을 소득 불평등보다 더 정의롭지 못한 것으로 생각한다.(그림 79, 80 참조)

소득이 높은 직업이라도 극히 예외적인 경우 말고는 자식에게 대물림을 할 수 없다. 재산은 자식에게 물려줄 수 있다. 상당히 높은 상속세와 증여세를 부과하는 근거도 상속자의 노력과 무관한 부이기 때문이다. 최고 세율이 50%이어도 재산의 절반 이상은 대물림을 할 수 있다. 따라서 재산 불평등이 소득 불평등보다 구조적이고 장기적인 불평등의 원인임에는 틀림없다.

앞서 설명한 바와 같이 가계의 재산 불평등이 소득 불평등보다 훨씬 더 심하다. 최상위 계층과 최하위 계층의 재산격차가 소득격차의 2.5배다. 그러나 5분위 계층으로 구분한 통계로는 최상위 1%나 10%의 초고소득층이나 초부유층으로 집중된 소득과 재산의 현상을 제대로 파악하기 어렵다. 이에 관한 일부 자료는 국제 통계에서 찾을 수 있다. 〈The World Top Income Database〉[8]에 수록된 소득 최상위 1%와 10%의 소득 집중도와 〈Global Wealth Databook〉[9]에 수록된 재산 최상위 1%와 10%의 재산 집중도를 비교해보자.

한국은 소득과 재산 분배 모두가 불평등한 나라다!

〔그림 83〕 OECD 회원국의 소득 불평등과 재산 불평등 지표

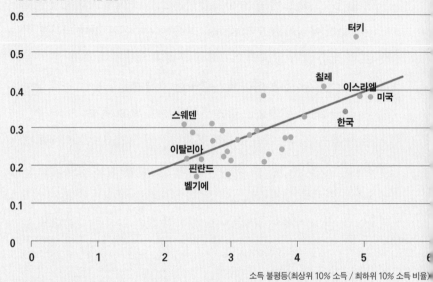

재산 불평등(최상위 1% 재산 집중도)

소득 불평등(최상위 10% 소득 / 최하위 10% 소득 비율)

소득 불평등 자료 : OECD
재산 불평등 자료 : 크레디트 스위스(Credit Suisse), 〈Global Wealth Databook〉, 2014.

소득 최상위 1% 계층은 총소득의 12.9%를 차지하고, 재산 최상위 1% 계층은 총재산의 33.9%를 차지한다. 또한 소득 최상위 10% 계층은 총소득의 44.9%를 차지하고, 재산 최상위 10% 계층은 총재산의 62.8%를 차지한다. 물론 소득 계층과 재산 계층은 서로 다른 가구이며, 이 두 가지 국제 통계들은 가계금융·복지조사와 상이한 조사방법과 추정 방식을 채택하고 있기 때문에 서로 직접 비교할 수는 없다. 하지만 분석 가능한 모든 통계들은 최상위 계층에 대한 재산 집중도가 소득 집중도보다 높다는 것, 즉 재산 불평등이 소득 불평등보다 훨씬 더 심한 것을 확인해주고 있다.(그림 81, 82, 83 참조)

| 소득과 재산의 상관계수 |

국가 간 재산 불평등을 비교할 수 있는 통계로는 앞서 인용한 〈Global Wealth Report〉가 있다. 이 자료를 보면 한국은 최상위 1% 계층의 재산이 전체 가구 총재산에서 차지하는 비중이 33.9%이며, 이것은 OECD 회원국 중 통계가 제공된 28개국 중에서 여섯 번째로 높은 수준이다.[10] 최상위 10% 계층의 재산이 전체 가구 총재산에서 차지하는 비중은 62.8%로 13번째이다. 한국은 다른 나라와 비교한 최상위 1% 계층의 재산 집중도에서는 불평등이 심한 나라에 속하고, 최상위 10% 계층의 재산 집중도에서는 중간 정도이다.(그림 81, 82 참조)

여기에서 소득과 재산 불평등 간의 관계를 보면 한국은 임금소득 불평등에서 OECD 회원국 중에서 네 번째로 불평등이 심한 나

— 48 한국은 재산 불평등이 가장 빠른 속도로 악화되었다!

〔그림 84〕OECD 회원국의 자산 최상위 1%의 재산 집중도 변화폭(%point) : 2000~2014년

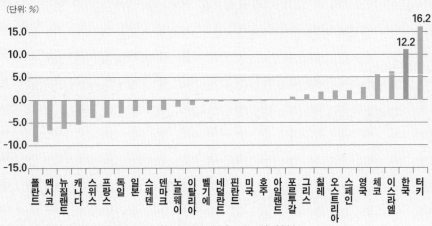

(단위: %)

자료 : 크레디트 스위스(Credit Suisse), 〈Global Wealth Databook〉, 2014.

〔그림 85〕주요 4개국의 자산 최상위 1%의 재산 집중도 추이 : 2000~2014년

(단위: %)

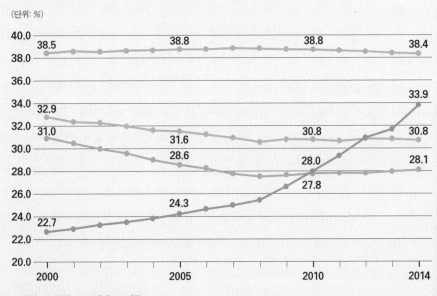

● 한국 ● 독일 ● 스웨덴 ● 미국

자료 : 크레디트 스위스(Credit Suisse), 〈Global Wealth Databook〉, 2014.

라여서[11] 소득 불평등과 재산 불평등이 모두 심한 나라 중 하나다. OECD 국가 중에서 소득 불평등이 가장 심한 나라인 미국은 재산 불평등도 매우 심하다. 재산 최상위 1% 계층의 재산 집중도는 네 번째로 높고, 최상위 10% 계층의 재산 집중도는 두 번째로 높아 소득과 재산 모두 가장 불평등한 나라다. 한 가지 주목할 결과는 OECD 국가 중에서 소득 불평등이 가장 심하지 않은 나라인,[12] 다시 말하면 소득분배가 가장 평등한 나라인 스웨덴이 재산 불평등은 심한 나라 중 하나인 것이다. 스웨덴이 경우 최상위 1% 계층이 차지하는 재산 비중은 열 번째이며, 상위 10% 계층이 차지하는 재산 비중은 다섯 번째로 높다.

국가별 재산 불평등과 소득 불평등은 서로 연관되어 있다. 재산 최상위 1%와 10% 계층의 재산 집중도 모두에서 가장 낮은 비율을 기록한 벨기에는 소득 불평등도 OECD 국가 중에서 30번째로 낮은 나라 중 하나다. 반면에 두 가지 지표 모두에서 재산 불평등이 가장 심한 나라인 터키는 소득 불평등도 세 번째로 높은 나라다. 소득 불평등이 심한 나라는 대체로 재산 불평등도 심한 경향이 있음을 확인할 수 있다.

OECD 34개 회원국 중에서 소득 불평등 지표와 재산 불평등 지표가 모두 존재하는 27개 국가들을 비교해보자. 소득 불평등은 임금을 기준으로 최상위 10% 계층의 임금이 최하위 10% 임금의 몇 배에 해당하는가의 비율로 측정하고, 재산 불평등은 최상위 1%의 재산이 총재산 중에서 차지하는 비중을 조사한다. 그 결과 소득 불평등이 심한 나라가 재산 불평등도 심한 경향을 보인다.[13] 한국은 미국·터키·이스라엘·칠레와 함께 소득분배와 재산분배 모두 가장 불

평등한 나라이고, 벨기에·핀란드·이태리는 소득분배와 재산분배 모두 가장 평등한 나라다.(그림 83 참조)

다른 나라와 비교한 한국 지표의 가장 두드러진 특징은, 재산 불평등이 심할 뿐만 아니라 불평등이 지난 10년 동안 가장 빠르게 증가했다는 것이다. 한국의 최상위 1% 계층의 재산 집중도는 2000년 22.7%로 통계가 제공된 OECD 27개 회원국 중에서 23위로 재산 불평등이 상당히 양호한 나라이었다. 그러나 2014년 33.9%로 증가해서 재산 불평등이 여섯 번째로 심한 나라로 그 순위가 급격히 상승했다. 한국은 2000년부터 2014년까지 상위 1%의 재산이 전체 재산 중에서 차지하는 비중은 11.2%포인트가 증가했는데, 이것은 OECD 회원국 중에서 두 번째로 급격히 증가한 것이다.(그림 84, 85 참조)

스웨덴의 경우 재산 불평등은 완화되는 추세다. 미국의 경우 지난 10여 년 동안 소득 불평등은 악화되었지만 재산 불평등은 악화되지 않고 큰 변화가 없었다. 27개 국가 중 17개 국가에서는 2000년부터 2014년까지 재산 불평등이 완화되거나 변함이 없었다. 10개 국가만이 악화되었는데, 한국은 터키 다음으로 재산 불평등 악화의 정도가 심화된 나라인 것이다.

소득수준과 재산수준은
관련이 없다

| 소득과 재산의 인과관계 |

경제적 불평등은 소득의 차이에 따른 불평등과 재산의 차이에 따른 불평등 두 가지로 나누어볼 수 있다. 그 둘을 비교하면 재산 불평등이 소득 불평등보다 훨씬 더 심한 양상을 보이는 것이 일반적이다. 그 이유는 재산, 즉 부는 소득 중에서 소비하지 않고 남은 여유분을 축적한 것이기에 당연히 소득이 많은 사람이 더 많은 재산을 축적할 수 있기 때문이다. 더욱 중요하게는 재산이 축적되면 재산으로부터 소득이 생기기 때문에 소득과 재산의 격차는 이중으로 커진다. 재산이 없는 사람에게는 노동소득이 소득의 전부이지만, 재산이 있는 사람은 노동소득과 재산소득을 함께 얻기 때문에 재산이 더욱 더 커지는 순환 과정을 반복하게 된다.

이와 같은 것이 일반적일 것이나, 한국의 평균적인 가계의 경우에는 재산의 대부분이 주택이기 때문에 재산이 많다고 해서 반드시 소득이 높은 것은 아닌 특이한 현상을 보인다. 집을 소유한다는 것은 상당한 재산을 가지고 있음을 의미하지만, 그 집이 주거의 목적인 이상 아무리 비싼 집이더라도 소득을 창출하는 것은 아니다. 더욱 중요한 문제는 보통 사람의 삶을 꾸리는 것은 소득이지 재산이 아니라는 점이다. 금융자산이나 실물자산을 보유한 초부유층의 경우에는 재산을 처분해서 생활을 꾸려갈 수 있지만 거주용 주택이 실물자산의 거의 대부분인 대다수 가계의 경우에 집을 팔아서 살림을 꾸리는 것은 최후의 선택이다. 물론 집조차 소유하지 못한 계층은 두말할 필요도 없을 것이다. 따라서 재산 불평등이 소득 불평등보다 훨씬 더 심하다고 해도 재산 불평등이 소득 불평등을 만드는 주요한 원인이 아니라면 보통 사람에게는 소득 불평등이 현실적으로 더 시급한 문제다.

재산이 많다고 반드시 소득도 높은 것은 아니라고 했는데, 역으로 소득이 높으면 재산도 많을 것인지도 살펴보자. 가구의 소득 계층을 5분위로 구분해 살펴보면 소득이 높은 계층일수록 자산도 더 많이 소유하는 것을 알 수 있다. 즉 소득 불평등과 재산 불평등이 서로 연관되는 것을 알 수 있다. 그런데 양자가 서로 상관관계가 있다는 것보다 더욱 중요한 점은 양자 간의 인과관계이다. 소득 불평등이 재산 불평등을 초래하는지, 아니면 역으로 재산 불평등이 소득 불평등의 원인인지를 밝히는 것이 불평등을 해소하기 위한 단초를 제공해줄 수 있을 것이다. 이를 가늠할 수 있는 단초로써 소득 계층별로 보유하는 자산 형태별 비중을 살펴보자.(그림 86 참조)

먼저, 가구가 보유하는 자산 중에서 가장 중요한 부분인 거주 주택 관련 자산과 저축-투자 금융자산이 차지하는 비중을 소득 계층별로 살펴보자.[14] 소득 최하위 20%(소득 1분위) 계층의 경우 총자산 중에서 거주 주택 관련 자산이 58.1%로 절반 이상을 차지하지만, 최상위 20%(소득 5분위) 계층의 비중은 37.5%이다. 반면에 소득 1분위 계층의 경우 총자산 중에서 저축-투자 금융자산이 차지하는 비율은 13.0%에 불과하지만 소득 5분위 계층의 비중은 21.7%이다. 이 자료가 보여주는 의미는 저소득층일수록 소득과 관련이 없는 거주 주택 관련 자산의 비중이 높고, 반면에 고소득층일수록 재산소득이 발생하는 저축-투자 금융자산의 비중이 높다는 점이다.(그림 87 참조)

재산과 소득의 인과관계에 대한 잠정적인 결론은 재산이 많아져도 그 재산이 주택에 집중되는 한 소득에 별로 도움이 되지 않는 반면, 일단 집을 소유하고 나서 소득도 높아지면 소득을 창출하는 재산, 즉 금융자산의 비중도 높아진다는 점이다. 그렇다면 주거에 들어가는 비용이 감내되는 소득수준에 이르기 전까지는 소득 창출의 기회가 노동소득밖에는 없는 셈이며, 그 이상을 넘으면 노동소득과 함께 금융소득이 부가적 소득을 창출하는 기회를 갖게 된다는 것이다. 인과관계가 물고 물리는 구조이나 소득격차를 만들어내는 일차적 요인은 집 소유에 대한 부담 여부라고 할 수 있으며, 집이라는 큰 재산을 갖게 되더라도 노동소득이 없으면 부가적인 소득의 기회도 없다는 것이다.

49 저소득층은 주택 비중이, 고소득층은 금융 비중이 높다!

〔그림 86〕 소득 계층별 가구당 평균 자산액

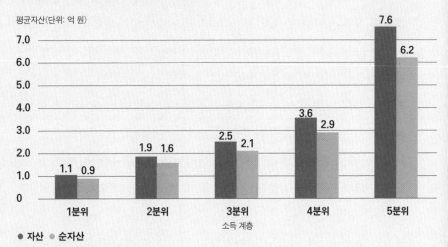

평균자산(단위: 억 원)

● 자산 ● 순자산

자료 : 통계청, 가계금융 · 복지조사, 2014.

〔그림 87〕 소득 계층별 총자산 중 거주 주택 관련 자산과 저축-투자 금융자산의 비중

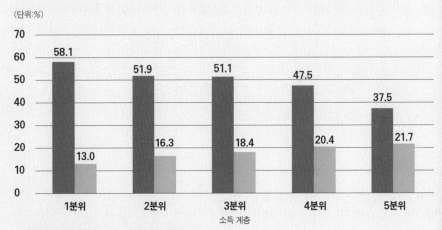

(단위:%)

● 거주주택관련 실물자산 ● 저축-투자 금융자산

자료 : 통계청, 가계금융 · 복지조사, 2014.

| 소득 계층별 순자산 계층의 분포 |

재산과 소득의 관계를 보면 자본축적의 초기에는 소득이 재산을 형성시키고, 자본축적이 일정 수준에 이르면 그 재산이 다시 소득과 재산을 높이는 인과관계를 갖는다. 논의를 과감하게 단순화시킨다면, 한국의 상황은 재산이 다시 소득을 만드는 것이 아니라 소득이 재산을 이루는 자본축적의 초기에 해당한다고 할 수 있다. 자본축적의 역사가 오래되면 재산이 소득을 재생산하는 구조를 만들게 될 것이다. 앞서 소득 계층별로 보유하는 자산 형태별 비중을 통해 저소득층일수록 소득과 관련이 없는 거주 주택 관련 자산의 비중이 높고, 반면 고소득층일수록 재산소득이 발생하는 금융자산의 비중이 높다는 결과를 얻었다. 이것만으로 소득 불평등과 재산 불평등의 정확한 인과관계를 판단하기에는 부족하기 때문에 소득 계층별로 자산 계층의 분포를 알아보자.[15]

소득 계층과 자산 계층을 각각 5분위로 구분한 후, 각 소득 계층에 속하는 가구가 어느 자산 계층에 속하는가를 비율로 따져 살펴보자. 소득이 높은 계층일수록 재산이 많은 계층에 속하는 가구들의 비중도 높고, 재산이 적은 계층에 속하는 비중이 낮다. 반면에 소득이 낮은 계층일수록 재산이 적은 계층에 속하는 가구들의 비중도 높고, 재산이 많은 계층에 속하는 비중이 낮다. 그러나 소득이 높지만 재산은 적거나, 소득이 낮지만 재산은 많은 가구들의 비중도 무시할 수 없는 수준이다.

먼저 소득 최상위 20%(소득 5분위) 계층에 속하는 가구들을 살펴보자. 이들 중에서 재산 최상위 20%(순자산 5분위) 계층에 속하는 가

50

소득이 높다고 해서 반드시 재산도 많은 것은 아니다!

〔그림 88〕 소득 계층별 순자산 계층의 비율

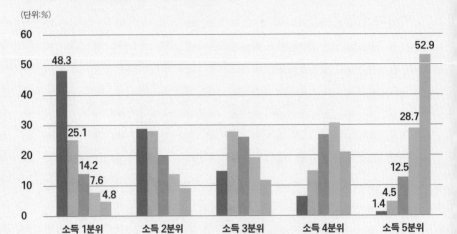

(단위:%)

● 순자산 1분위 ● 순자산 2분위 ● 순자산 3분위 ● 순자산 4분위 ● 순자산 5분위

자료 : 통계청, 가계금융·복지조사, 2014.

〔그림 89〕 소득 계층 대비 재산 계층의 동일성 비율

(단위: %)

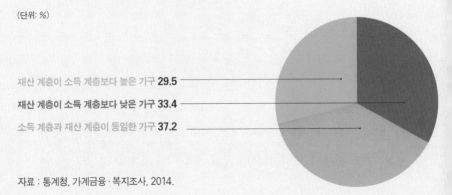

재산 계층이 소득 계층보다 높은 가구 **29.5**

재산 계층이 소득 계층보다 낮은 가구 **33.4**

소득 계층과 재산 계층이 동일한 가구 **37.2**

자료 : 통계청, 가계금융·복지조사, 2014.

구의 비율이 52.9%이다. 이것은 소득과 재산 모두에서 최상위 20% 계층에 속하는 가구는 전체 가구의 10.6%이라는 것이다.[16] 또한 이들 중에서 재산 최하위 20%(순자산 1분위) 계층에 속하는 가구의 비율은 1.4%이다. 따라서 소득이 최상위이지만 재산이 최하위 계층인 가구는 전체 가구의 0.3%이다. 이들 중에서 재산 중위 40~60%(순자산 3분위) 계층에 속하는 가구의 비율은 12.5%이며, 이것은 전체 가구 중에서 2.5%에 해당한다.(그림 88 참조)

소득 최하위 20%(소득 1분위) 계층에 속하는 가구들 중에서 순자산 1분위 계층에 속하는 가구의 비율이 48.3%이다. 이것은 소득과 자산 모두에서 최하위 20% 계층에 속하는 가구가 전체 가구의 약 9.7%라는 것이다. 또한 이들 중에서 순자산 5분위 계층에 속하는 가구가 4.8%이다. 따라서 소득은 최하위이지만 재산은 최상위 계층인 가구는 전체 가구의 1.0%로 상정할 수 있다.

소득이 중간 계층에 속하는 40~60%(소득 3분위) 계층에 속하는 가구들 중에서 순자산 3분위 계층에 속하는 가구는 26.1%이다. 이것은 전체 가구의 5.2%에 해당한다. 소득은 중간 계층이지만 순자산 5분위 계층에 속하는 가구는 12.0%이며, 이것은 전체 가구의 2.4% 이다. 또한 소득은 중간 계층에 속하는 가구들 중에서 순자산 1분위 계층에 속하는 가구는 15.1%이며, 이것은 전체 가구의 3.0%이다. 이러한 결과는 소득 계층과 재산 계층이 서로 연관되어 있지만 소득이 재산을 완전히 결정하는 것은 아니라는 것을 보여준다.

소득 계층과 재산 계층이 동일한 가구는 전체 가구의 37.2%이며, 소득 계층보다 낮은 재산 계층에 속하는 가구는 33.4%이다. 소득 계층보다 높은 재산 계층에 속하는 가구는 29.5%이다. 결론적으

51 재산이 많다고 해서 반드시 소득도 높은 것은 아니다!

〔그림 90〕 재산 계층 내 소득 계층의 소득금액

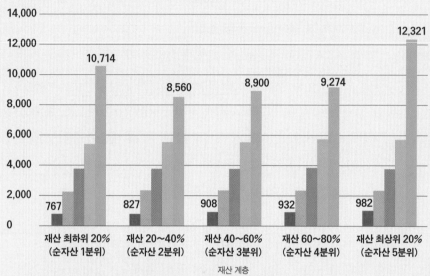

연소득(단위: 만 원)

소득 1분위　●소득 2분위　●소득 3분위　●소득 4분위　●소득 5분위

자료 : 통계청, 가계금융·복지조사, 2014.

로 소득이 높다고 해서 반드시 재산도 많은 것은 아니라는 것을 보여주는 것이다.(그림 89 참조)

| 재산 계층별 소득 계층의 분포 |

소득이 높을수록 재산도 많아지는 것은 평균적인 현상이며, 소득이 낮다고 해서 반드시 재산이 적거나 반대로 소득이 높다고 해서 반드시 재산이 많은 것은 아님을 살펴보았다. 이번에는 동일한 재산 계층에 속하는 가구들 간의 소득격차에 대해서 알아보자. 재산 계층을 재산 20% 구간으로 5분위한 후, 같은 재산 계층에 속하는 가구들을 소득 20% 구간으로 다시 5분위하면 각 재산 계층 내의 소득 계층별 소득을 알 수 있다.

재산 최하위 20%(순자산 1분위) 계층에 속하는 가구들 중에서 소득 최하위 20%(소득 1분위) 계층에 속하는 가구들의 평균 연소득은 767만 원이다. 그러나 같은 순자산 1분위 계층에 속하지만 소득 최상위 20%(소득 5분위) 계층에 속하는 가구들의 평균 연소득은 1억 714만 원이다. 같은 순자산 1분위 계층에 속하는 가구들 사이에서도 소득격차가 매우 큰 것을 알 수 있다. 최상위 재산 계층 내에서도 마찬가지 현상을 보이고 있다. 재산 최상위 20%(순자산 5분위) 계층에 속하는 가구들 중에서 소득 1분위 계층에 속하는 가구들의 평균 연소득은 982만 원이다. 그러나 같은 순자산 5분위 계층에 속하는 가구들 중에서 소득 5분위 계층에 속하는 가구들의 평균 연소득은 1억 2321만 원이다. 이렇듯 동일한 재산 계층 내에서도 소득격차가 매우

큰 것은 다른 재산 계층에서도 마찬가지다.(그림 90 참조)

한 가지 두드러진 현상은, 순자산 1분위 계층에 속하는 소득 5분위 계층의 가구 평균 연소득(1억 714만 원)이 순자산 5분위 계층에 속하는 소득 5분위 계층의 평균 연소득(1억 2321만 원)과의 격차가 크지 않다는 것이다. 뿐만 아니라 이들의 소득이 재산 차상위인 60~80%(순자산 4분위) 계층에 속하는 소득 5분위 가구의 평균 연소득(9274만 원)보다 높다는 것이다. 또한 순자산 5분위 계층에 속하는 소득 1분위 계층의 가구 평균 연소득(982만 원)과 순자산 1분위 계층에 속하는 소득 1분위 계층의 가구 평균 연소득(767만 원)도 큰 차이가 없다. 이러한 현상은 재산격차가 곧바로 소득격차로 이어지지 않는다는 것을 다시 확인해준다. 재산 중에 재산소득을 만들어내지 못하는 거주용 주택이 주요한 비중을 차지하기 때문에, 소득수준이 재산수준과 직접적인 연관 없이 독립적으로 결정된다고 볼 수 있다는 것을 의미한다.

가계 재산,
얼마나 가졌는가?

| 국민대차대조표와 가계금융 · 복지조사 |

한국의 경우, 소득에 대한 통계는 비교적 다양하게 있지만 가계의 재산 보유에 대한 통계는 매우 제한적이다. 가계의 재산 보유에 대한 대표적인 통계는 한국은행이 작성하는 '국민대차대조표'와 통계청이 발표하는 '가계금융 · 복지조사'가 있다. 한국은행의 국민대차대조표는 국가 전체의 자산과 부채(asset) 등 국부(national wealth)의 총량을 집계한 통계로서 이것은 한국 경제의 재산 상태를 보여주는 것이다.[17] 따라서 이 통계를 이용하는 경우 국가 또는 가계의 재산 총액만을 알 수 있으며, 개인들 사이에 재산이 어떻게 분배되는가를 알 수는 없다.

통계청의 가계금융 · 복지조사는 2만 가구로 구성된 표본조사를 통해서 가계의 소득 · 자산과 부채 상황에 관한 통계를 작성하며, 소득

52 가계보다는 기업이 더 부자가 되었다!

[그림 91] 경제 주체별 국가 자산의 보유 비율

(단위: %)

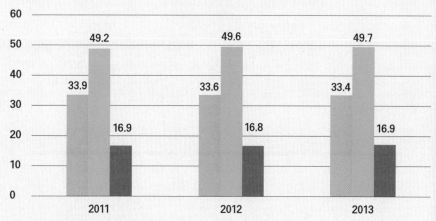

● 가계 자산 ● 기업 자산 ● 정부 자산

자료 : 한국은행, 국민대차대조표, 2014.

계층별·자산 계층별 분포도 보여주고 있다. 그러나 이 통계는 소득 또는 자산 계층을 20% 구간의 다섯 계층으로만 구분해서 발표되기 때문에 최상위 1% 또는 10% 계층에 집중되어 있는 재산과 소득의 분배 상황을 정확하게 보여주지 못하는 한계가 있다. 한국은행의 국민대차대조표는 2011년부터 작성되었으며, 통계청의 가계금융·복지조사는 2012년부터 작성되었기 때문에 두 통계 모두 최근의 상황만을 알 수 있고, 오랜 기간 동안의 변화를 보여주지 못하는 한계도 있다.

| 가계의 자산 구성 |

국가의 총자산을 경제의 3주체인 가계, 기업, 정부가 소유한다. 2013년 기준 한국의 총자산 중에서 가계가 보유한 자산 비중은 33.4%이고, 기업이 보유한 자산은 49.7%이며, 정부가 보유한 자산은 16.9%이다.[18] 국민대차대조표 통계가 2011년부터 존재하기 때문에 장기적인 보유 비중의 변화 추세를 알 수 없다. 그러나 짧은 기간이지만 가계 보유 자산의 비중은 계속 감소했고, 기업 보유 자산의 비중은 계속 증가했다. 2011년 비교해서 가계 보유 자산의 비중이 2013년에 0.5%포인트 감소했고, 기업 보유 자산의 비중은 0.5%포인트 증가했다. 가계의 감소분이 기업의 증가분으로 이전되어 가계보다는 기업이 더 부자가 되었다.(그림 91 참조)

가계, 기업, 정부 각각에 대해서 자산과 부채의 구성 항목별 비중을 살펴보자. 자산을 실물자산인 비금융자산과 금융자산으로 구분하는데, 2013년 기준 한국의 총자산은 비금융자산 48.8%, 금융자산

53 경제 3주체는 실물자산을 금융자산보다 많이 소유했다!

〔그림 92〕 국가, 기업, 가계, 정부의 자산별 구성 비율

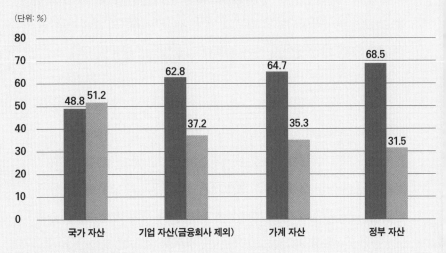

(단위: %)

● 비금융자산 ● 금융자산

자료 : 한국은행, 국민대차대조표, 2014.

51.2%으로 대략 반반의 비율로 구성되어 있다. 비금융자산은 부동산·기계 설비 등 실물자산이 97.5%를 차지하고 있고 나머지는 지식재산과 같은 실물자산이 아닌 자산이 포함되어 있지만, 그 비중이 극히 낮기 때문에 편의상 비금융자산을 실물자산이라고 부른다.[19] 은행 등 금융회사를 제외한 일반 기업의 자산 구성 비율은 62.8%가 생산수단인 기계·건물 등 실물자산이며, 37.2%가 금융자산이다. 가계의 자산 구성 비율은 주택 등 실물자산이 64.7%이며, 금융자산이 35.3%이다. 정부의 자산 구성 비율은 실물자산이 68.5%이고, 금융자산이 31.5%이다. 여기서 우리의 관심사는 가계의 자산 구성이다.(그림 92 참조)

2013년을 기준하면 가계가 보유한 자산의 3분의 2가 실물자산이고, 3분의 1이 금융자산이다. 그러나 가계는 금융자산과 함께 금융부채를 가지고 있기 때문에 금융자산에서 금융부채를 제외한 순금융자산을 계산할 수 있다. 이를 다시 가계 총자산에서 금융부채를 제외한 순자산, 즉 빚을 제외한 자산만으로 따지자면 순금융자산의 비중은 22.8%이다. 따라서 대부분 부동산과 같은 실물자산은 가계 순자산의 77.2%로 절대적인 비중을 차지한다. 대략 계산하면 가계 순자산의 5분의 1이 금융자산이고, 5분의 4가 실물자산으로 구성되어 있다. 다시 가계가 소유한 실물자산 중에서 부동산 자산의 비중은 88.5%에 달한다. 특히 실물자산의 60.2%가 주거용 주택과 토지로 주거용 부동산이 가장 많은 비중을 차지하며, 비주거용 건물과 토지는 11.7%이며, 농경지가 16.7%이다.(그림 93, 94 참조)

가계가 보유한 금융자산의 구성 비율은 현금과 예금이 42.5%, 보험과 연금이 30.4%, 주식과 출자 자산이 20.5%, 기타 금융자산이

54 가계의 비금융자산 대부분은 부동산이다!

〔그림 93〕 가계의 순자산 구성 비율

(단위: %)

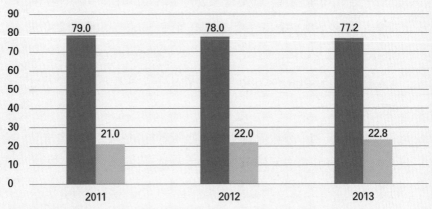

● 비금융자산 ● 금융순자산

자료 : 한국은행, 국민대차대조표, 2014.

〔그림 94〕 가계의 비금융자산 구성 비율

(단위: %)

기타자산 **11.5**

농경지 **16.7**

비거주용 건물과 토지 **11.7**

주거용 건물과 토지 **60.2**

자료 : 한국은행, 국민대차대조표, 2014.

6.6%이다. 금융자산 중에서 상대적으로 안전하고 수익성이 낮은 현금과 예금의 비중이 가장 크고, 안전한 자산이지만 당장 현금화하기 어려운 보험과 연금이 그 다음으로 많다. 다른 금융자산보다 수익성이 높지만 위험도 큰 주식에 대한 투자 비중은 20%로 낮은 편이다. 가계의 총자산에 대한 비중으로 보면 주거용 주택과 토지가 39.0%로 가장 높고, 현금과 예금이 15.0%로 두 번째로 높은 비중을 차지한다. 그 다음으로는 부동산인 농경지가 10.8%, 금융자산인 보험과 연금이 10.7%를 차지한다. 수익성이 높은 주식은 전체 가계 자산의 7.2%로 낮은 비중이다.(그림 95, 96 참조)

| 주거용 자산 |

국민대차대조표는 한국 전체 가계의 총액을 기준으로 한 자산 구성이며 가계별 및 계층별 통계를 제시하지 않고 있다. 한편 표본조사이기는 하지만 가계금융·복지조사는 평균적인 가계의 자산 보유 상황과 자산 계층별 보유 상황에 대한 통계를 집계하고 있다.[20] 가계금융·복지조사에 따르면 2014년 가계 평균 자산 보유액은 3억 3364만 원이며, 이 중에서 실물자산이 73.2%를, 금융자산이 26.8%를 차지한다.[21] 가계 자산 총액을 기준으로 한 한국은행의 국민대차대조표에서는 구성 비율이 실물자산 64.7%이고, 금융자산 35.3%이었다. 양 통계를 직접 비교하는 데 한계가 있지만, 평균 가계 자산과 가계 자산 총액의 자산별 비중을 비교해보면 한 가지 의미있는 해석을 유추할 수 있다. 금융자산 비중의 경우 총액 통계가 평균 통계보

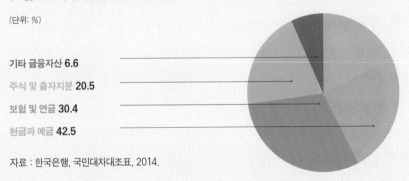

[그림 95] 가계의 금융자산 구성 비율

(단위: %)

기타 금융자산 6.6

주식 및 출자지분 20.5

보험 및 연금 30.4

현금과 예금 42.5

자료 : 한국은행, 국민대차대조표, 2014.

[그림 96] 가계의 자산 구성 비율

(단위: %)

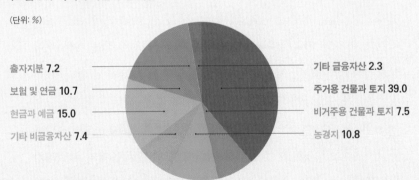

출자지분 7.2

보험 및 연금 10.7

현금과 예금 15.0

기타 비금융자산 7.4

기타 금융자산 2.3

주거용 건물과 토지 39.0

비거주용 건물과 토지 7.5

농경지 10.8

자료 : 한국은행, 국민대차대조표, 2014.

다 훨씬 높고, 실물자산 비중의 경우 총액 통계가 평균 통계보다 훨씬 낮다. 이것은 금융자산이 실물자산보다 재산 상위 계층에 편중되어 있기 때문에 나타난 현상이다. 즉 실물자산보다는 금융자산의 재산 불평등이 더 심하다는 것을 의미한다.(그림 97 참조)

가계가 보유한 실물자산은 대부분이 부동산이다. 2014년에 실물자산의 50.6%가 거주 주택이며, 42.1%는 거주 주택 구매를 위한 계약금과 중도금 그리고 토지이다. 따라서 실물자산의 92.7%가 주택 관련 부동산이며, 7.3%만이 부동산이 아닌 기타 실물자산이다. 기타 실물자산은 자동차, 자영업자의 영업 설비, 예술품 등이다. 즉 평균적인 가계가 가지고 있는 실물자산의 거의 대부분은 살기 위한 주거용 자산이며 소득 창출과는 무관한 것이다.(그림 98 참조)

가계금융·복지조사에서는 가계가 보유한 금융자산을 적립식 저축과 예치식 저축으로 분류하여 통계를 발표하였는데, 그 비율은 각각 40.9%와 27.3%였다. '적립식 저축'이란 예금, 적립식 펀드, 저축성 보험 등을 말한다. '예치식 저축'은 펀드, 주식, 채권 등을 말한다. 여기에서 '적립식 저축'은 대체로 수익성이 낮은 자산으로 봐도 무방할 것이다.[22] 한편 나머지 금융자산 중에서 전월세 보증금의 비중이 26.1%로 전체 금융자산의 4분의 1을 차지한다. 전월세 보증금은 원금을 돌려받지만 이자 수익이 발생하지 않는 비수익자산이다. 따라서 수익성이 낮은 적립식 저축과 수익이 없는 전월세 보증금을 합한 금융자산의 비중은 전체 금융자산의 3분의 2에 해당하는 67%이다. 이것은 가계가 금융자산을 갖고 있다고 해도 소득을 창출하지 못하거나 매우 낮은 수준의 소득만을 만들어내는 자산이 전체 금융자산의 70%에 육박한다는 것을 의미한다.(그림 99 참조)

55

가계 자산은 소득을 창출하지 못한다!

[그림 97] 가계의 총자산 구성 비율

(단위: %)

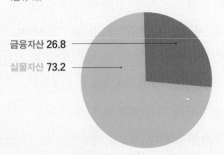

금융자산 26.8

실물자산 73.2

자료 : 통계청, 가계금융·복지조사, 2014.

[그림 98] 가계의 실물자산 구성 비율

(단위: %)

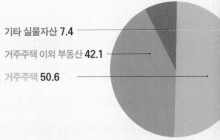

기타 실물자산 7.4

거주주택 이외 부동산 42.1

거주주택 50.6

자료 : 통계청, 가계금융·복지조사, 2014.

[그림 99] 가계의 금융자산 구성 비율

(단위: %)

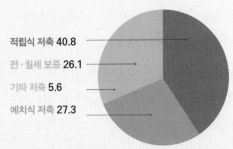

적립식 저축 40.8

전·월세 보증 26.1

기타 저축 5.6

예치식 저축 27.3

자료 : 통계청, 가계금융·복지조사, 2014.

가계 소득,
얼마나 버는가?

| 가계동향조사와 가계금융·복지조사 |

가계소득 중에서 가계 구성원이 직접 벌어들이는 소득을 시장소득
이라고 하며, 다른 곳으로부터 지원받은 소득을 이전소득이라고 한
다. 시장소득은 일해서 버는 임금인 노동소득, 이자와 배당 그리고
임대 수입과 같이 재산으로 버는 재산소득 그리고 자영업자로서 버
는 소득이나 임금노동자가 부업으로 버는 소득인 사업소득 세 가지
로 구성된다. 이전소득은 친지나 친구가 지원해주는 사적 이전소득
과 공적연금, 기초노령연금과 같은 정부 보조금 등을 합한 공적 이
전소득으로 구성된다.[23] 한국의 소득 불평등 상황을 알아보기 위해
서는 시장소득을 먼저 논의해야 한다. 그리고 난 다음에야 정부의
소득 재분배 정책이 불평등을 완화하는 효과가 얼마나 있는지를 보

56 소득이 증가했지만, 재산소득의 비중은 감소했다!

〔그림 100〕 근로자 가구의 시장소득 구성 비율

(단위: %)

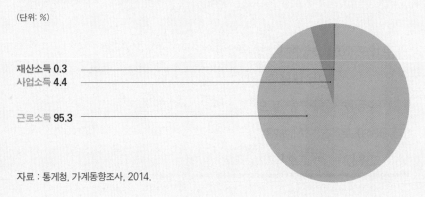

재산소득 0.3
사업소득 4.4

근로소득 95.3

자료 : 통계청, 가계동향조사, 2014.

〔그림 101〕 근로자 가구의 시장소득 중 노동소득 비율

(단위: %)

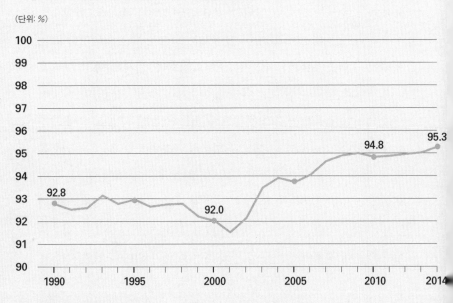

자료 : 통계청, 가계동향조사.

기 위해서 시장소득에 이전소득을 합한 경상소득을 논하는 것이 의미가 있을 것이다.

가계의 소득 구조를 알아볼 수 있는 통계로는 두 가지가 있다. 하나는 통계청이 매년 조사하는 가계동향조사이며, 또 하나는 2010년 이후부터 조사하는 가계금융·복지조사이다.[24] 가계동향조사의 경우 조사기간이 길기 때문에 과거부터의 변화를 볼 수 있다. 하지만 조사 대상 표본이 여러 차례 변경되었기 때문에 이 중에서 2인 이상 도시 근로자 가구 기준으로 일관된 통계를 제시한 1990년부터 시계열을 기준으로 살펴본다. 한편 가계금융·복지조사는 고정된 표본 가구를 대상으로 연속적으로 조사하는 패널 조사이다. 2010년부터 조사가 시작되었으나 현재의 표본 가구가 2012년에 고정된 것이기 때문에 최근의 상황만을 알 수 있다는 단점이 있다. 하지만 가계동향조사는 고소득층의 소득과 금융소득이 조사 대상에서 누락되었기 때문에 비록 시계열이 짧기는 하지만 가계금융·복지조사가 가계 소득 상황을 보다 정확하게 판단할 수 있는 통계라고 판단된다.

| 가계의 소득 구조 |

가계동향조사는 노동자가 가구주인 '근로자 가구'와 그렇지 않은 '근로자 외 가구'로 구분해서 각 가구의 소득 통계를 보여준다. 먼저 근로자 가구의 2014년 소득 구조를 살펴보면 시장소득 중에서 95.3%가 임금으로 번 노동소득이 차지한다. 사업소득은 4.4%이며, 재산소득은 0.3%에 불과하다.[25] 노동소득이 압도적인 비중을 차지

〔그림 102〕 근로자 가구의 시장소득 중 사업소득과 재산소득의 비율

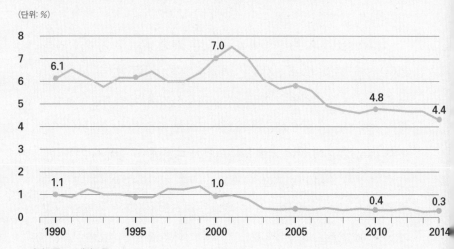

(단위: %)

● 사업소득 ● 재산소득

자료 : 통계청, 가계동향조사.

모든 근로자 가구는 재산소득의 비중이 매우 낮다!

〔그림 103〕 상용근로자 가구의 시장소득 구성 비율

상용근로자(연 5833만 원)

(단위: %)

재산소득 2.7
사업소득 3.5
노동소득 93.8

자료 : 통계청, 가계금융·복지조사, 2014.

〔그림 104〕 임시·일용 근로자 가구의 시장소득 구성 비율

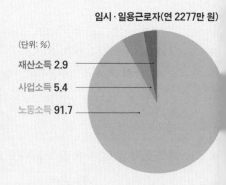

임시·일용근로자(연 2277만 원)

(단위: %)

재산소득 2.9
사업소득 5.4
노동소득 91.7

자료 : 통계청, 가계금융·복지조사, 2014.

하고, 사업소득이란 극히 일부분을 차지하며, 재산소득은 소득으로서의 실질적인 의미가 없는 수준이다.(그림 100 참조)

근로자 가구의 가계 살림이 전적으로 임금에 의존하고 있는 이러한 구조는 지난 20여 년 동안 큰 변화가 없었고, 최근에 임금소득에 대한 의존도가 오히려 소폭 증가했다.[26] 1990년부터 2014년까지 약 25년간 한국 경제는 실질 가치로 3.5배 성장했고, 경상가격 1인당 GDP는 6505달러에서 2만 8180달러로 네 배 이상 증가했다. 소득 지표로만 보면 한국은 20여 년 전보다 훨씬 더 잘살게 되었고 소득도 크게 증가했다. 따라서 소득이 증가한 만큼 재산도 늘었을 것이고, 잘살게 될수록 가구 소득 중에서 노동소득보다는 재산소득의 비중이 늘어나는 것이 정상일 것이다. 그러나 가구 소득 중에서 재산소득의 비중은 늘어나지 않았고, 오히려 소폭으로 감소했다.[27](그림 101, 102 참조)

실질 가치로 환산한 근로자 가구의 시장소득은 같은 기간 동안에 두 배로 늘어난 반면에 재산소득은 40%가 감소했다.[28] 더 잘살게 되었는데도 불구하고 재산소득의 비중이 오히려 감소한 것은 앞서 가계의 자산 구성에서 살펴본 바와 같이 가계 자산의 4분의 3이 거주 주택과 같은 소득을 만들어 내지 않는 부동산 실물자산이기 때문으로 추정된다. 과거에는 비록 소득이 낮았지만 주택 보유나 전월세 비용도 상대적으로 낮았으며, 그만큼 상대적인 금융자산의 비중도 높아 적은 액수이기는 하지만 이자 등의 재산소득이 발생했을 것이다. 하지만 주택 비용이 소득 증가 속도보다 훨씬 빠른 속도로 상승하자 증가한 소득 이상을 주택 비용으로 사용하게 되면서 재산소득은 오히려 줄어들게 된 것으로 추정된다.[29] 주택에 더 많은 자금을

58 모든 계층에서 노동소득에 의존하는 정도가 매우 높다!

[그림 105] 소득 계층별 근로소득 비중

(단위: %)

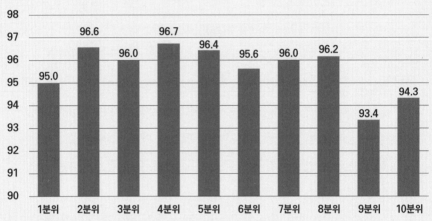

자료 : 통계청, 가계동향조사, 2014.

[그림 106] 소득 계층별 재산소득 비중

(단위: %)

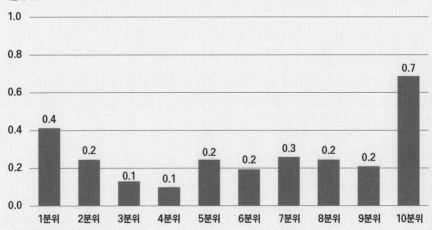

자료 : 통계청, 가계동향조사, 2014.

쓰면서 비록 재산은 늘었지만 그것은 평가 가치의 상승일 뿐 소득의 증가에는 아무런 도움도 주지 못하는 모순적 상황이 발생한 것이다.

가계금융·복지조사는 전체 가구를 상용 근로자 가구, 임시·일용 노동자 가구, 자영업자 가구로 구분해서 가구 소득 자료를 작성하고 있다.[30] 이 조사에서도 가계동향조사와 마찬가지로 근로자 가구의 가계소득 중에서 노동소득이 절대적인 비중을 차지하고, 재산소득의 비중은 매우 낮다. 2014년 상용 근로자 가구의 시장소득 중에서 근로소득이 차지하는 비중은 93.8%이며, 사업소득은 3.5%, 재산소득은 2.7%이다. 임시·일용 노동자 가구의 경우에는 시장소득의 91.7%가 노동소득이며, 사업소득은 5.4%, 재산소득은 2.9%이다.[31] 상용 근로자 가구와 임시·일용 노동자 가구의 소득 규모는 두 배 이상의 차이가 있음에도 불구하고 소득 구성에서 차이가 없고, 노동소득이 차지하는 비중이 90%를 넘고, 재산소득의 비중은 3% 미만인 공통적인 특성을 보여주고 있다.(그림 103, 104 참조)

가계금융·복지조사의 근로자 가구의 소득 구성에서 가계동향조사와 가장 두드러진 차이점은 재산소득의 비중이다. 재산소득의 비중이 가계동향조사에서는 0.3%로 극히 적었지만 가계금융·복지조사에서는 상용 근로자 가구 2.7%, 임시·일용 노동자 가구 2.9%이다. 이러한 차이는 가계동향조사가 고소득자와 금융소득이 누락되는 문제로 인한 것으로 추정하는데,[32] 비록 차이가 있다고 해도 재산소득의 비중은 여전히 매우 낮다.

59

고소득층도 노동소득의 비중이 증가하고 있다!

〔그림 107〕 근로자 가구의 소득 계층별 노동소득 비중 추이

(단위: %)

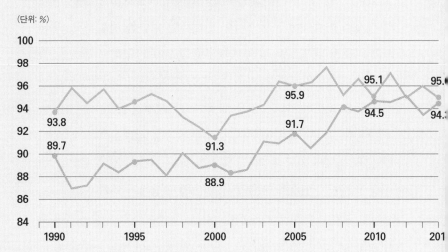

93.8

89.7

91.3

88.9

95.9

91.7

95.1

94.5

95.●

94.●

● 최하위 10% ● 최상위 10%

자료 : 통계청, 가계동향조사.

〔그림 108〕 근로자 가구의 소득 계층별 재산소득 비중 추이

(단위: %)

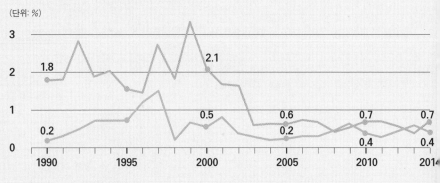

1.8

0.2

0.5

2.1

0.6

0.2

0.7

0.4

0.7

0.4

● 최하위 10% ● 최상위 10%

자료 : 통계청, 가계동향조사.

| 노동소득의 비중 |

소득 계층별로 가계소득의 구성을 살펴보자. 2014년 시장소득 중
에서 노동소득이 차지하는 비중이 소득 최하위 10% 계층의 경우
95.0%, 40~50% 계층이 96.4%, 50~60% 계층은 95.6%, 최상위 10%
계층이 94.3%로 나타나서 최상위층·중간층·최하위층 모두 임금
으로 벌어들이는 노동소득이 근로자 가구의 시장소득의 거의 대부
분을 차지하는 현상이 공통적으로 나타났다. 소득 최상위 10% 계층
의 경우에는 재산소득의 비중이 0.7%로 다른 계층보다 상대적으로
높지만 절대적인 비중에서는 1%도 되지 않을 정도로 낮다. 모든 계
층에서 시장소득 대비 노동소득이 차지하는 비중이 95% 내외로 절
대적이며, 재산소득은 1% 미만의 낮은 비중인 것은 오랜 자본주의
과정에서 자본을 축적한 선진국과는 달리 한국은 가계의 재산 축적
이 의미있는 재산소득을 발생시킬 만큼의 수준에 아직 이르지 못했
다는 것을 의미한다.(그림 105, 106 참조)

　고소득층은 저소득층보다 소득만이 아니라 재산도 많고, 재산이
많을수록 재산소득이 많을 것이다. 실제로 비율로만 따지자면 소득
최상위 10% 계층은 최하위 10% 계층보다 재산소득이 13배 많으며,
노동소득의 8배 격차와 비교하면 재산소득의 격차가 소득 계층 간에
더 크다고 할 수 있다.[33] 그러나 최상위 10% 계층의 경우에도 월평균
재산소득이 약 6만 4000원이며, 이것은 월평균 노동소득의 1% 미만
으로 절대 금액이 의미가 없을 정도로 매우 적다. 뿐만 아니라 1990
년 이후 지난 20여 년의 근로자 가구 소득 구성의 변화를 보면 소득
최상위 10% 계층의 경우에도 노동소득의 비중이 지속적으로 증가했

소득 계층별로 소득 구성에서 큰 차이가 없다!

〔그림 109〕 소득 계층별 가계소득 구성 비율

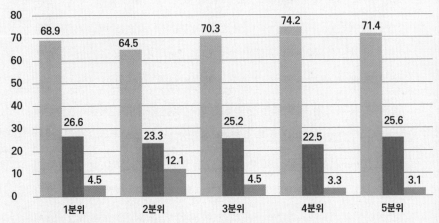

(단위: %)

● 노동소득   ● 사업소득   ● 재산소득

자료 : 통계청, 가계금융 · 복지조사, 2014.

고, 재산소득의 비중은 오히려 감소했다.[34](그림 107, 108 참조)

이러한 소득 최상위 10%와 최하위 10% 계층의 소득 비중 변화에서 주목할 결과는 첫째, 고소득층과 빈곤층 모두에서 재산소득이 차지하는 비중이 극히 낮다는 것이다. 둘째, 과거와 비교해도 고소득층의 노동소득 비중도 높아졌고, 이러한 추세는 빈곤층도 큰 차이가 없다는 것이다. 이것은 앞서 논의한 바와 같이 소득이 높을수록 재산도 많을 것이기 때문에 고소득층의 노동소득 비중이 빈곤층보다는 낮아야 한다는 논리적인 귀결과는 배치되는 것이다. 이것은 한국의 최상위 10% 계층도 재산 축적이 의미있는 재산소득을 발생시킬 만큼의 수준에 아직 이르지 못했다는 것으로 해석할 수 있다. 물론 최상위 10%가 아니라 최상위 1%의 초고소득층의 경우를 분석하면 재산소득이 의미있는 비중을 차지할 것으로 추정되지만 이를 보여줄 객관적인 통계가 존재하지 않는다.[35]

가계금융·복지조사 통계에서는 근로자 가구만을 분리한 소득 계층별 소득 자료가 제시되지 않고, 근로자 가구와 근로자 외 가구를 합한 모든 가구의 계층별 소득 자료만 제시되고 있다. 따라서 근로자 외 가구, 즉 자영업자 가구를 포함한 모든 가구의 소득 계층별 소득 구성을 살펴보고 이를 앞서 가계동향조사 통계에 근거해서 논의한 근로자 가구 소득 구성과 비교하기로 한다.

전체 가구를 소득 20% 구간으로 5분위한 후 각 계층별 시장소득의 구성을 보면 가장 두드러진 특징은 소득 계층별로 소득 구성에서 큰 차이가 없다는 것이다.[36] 최상위와 최하위 계층 간에 근로소득 비중의 차이가 2.5%포인트에 불과하며, 최상위 계층의 근로소득 비중이 오히려 더 높다. 이것은 앞서 가계동향조사에서 전체 근로자

61 자영업자의 가계소득도 노동소득의 비중이 높다!

[그림 110] 근로자 가구와 자영업자 가구의
시장소득 구성 비율

(단위: %)

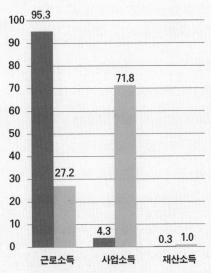

● 근로자 가구(월평균 427만 원)
● 근로자 외 가구(자영업자)(월평균 285만 원)

자료 : 통계청, 가계동향조사, 2014.

[그림 111] 상용근로자 가구와 자영업자
가구의 시장소득의 구성 비율

(단위: %)

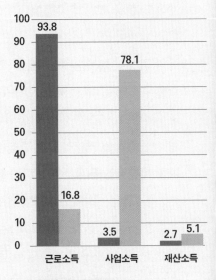

● 상용근로자(연 5883만 원)
● 자영업자(연 5359만 원)

자료 : 통계청, 가계금융 · 복지조사, 2014.

가구만을 10분위로 구분했을 경우 최상위 10%와 최하위 10% 계층 간의 근로소득 비중에 큰 차이가 없었던 것과 유사한 결과다. 재산소득의 구성 비율도 노동소득과 마찬가지로 최상위와 최하위 계층 간에 큰 차이가 없는 것은 가계동향조사의 결과와 크게 다르지 않다.[37](그림 109 참조)

근로자 가구와 대부분이 자영업자인 근로자 외 가구를 합한 가계소득 구성에서 근로자 가구만을 대상으로 한 소득 구성보다 근로소득의 비중이 낮고, 사업소득의 비중이 높게 나타난다. 하지만 이것은 착시다. 자영업자 대부분의 사업소득이 근로자의 임금보다 낮은 것을 감안하면 자영업자 소득의 일부분을 노동소득으로 간주할 수 있다.[38] 만약 자영업자 사업소득의 절반만이라도 노동소득으로 간주한다면 자영업자의 시장소득에서 노동소득이 차지하는 비중은 90% 정도가 된다. 결론적으로 가계금융·복지조사의 결과도 가계 시장소득의 90% 이상이 노동소득이며, 이러한 비율은 소득 계층 간에 차이가 없는 동일한 결론에 이르게 된다. 또한 가계의 재산소득이 차지하는 비중도 소득 계층 간에 큰 차이가 없고, 최상위 소득 계층에서도 매우 낮다는 것이다. 이것은 고소득층이라고 해도 재산소득이 반드시 더 큰 비중을 차지하지 않는다는 것이다.

| 자영업자의 사업소득 |

가계동향조사 경우에는 '근로자 외 가구', 즉 자영업자 가구와 '근로자 가구' 간에 소득 구성에서 큰 차이를 보이고 있다. 즉 근로자 외

__62 전체 노동자 중 자영업자 비중이 매우 높다!

〔그림 112〕 OECD 회원국의 전체 노동자 중 자영업 노동자 비율

(단위: %)

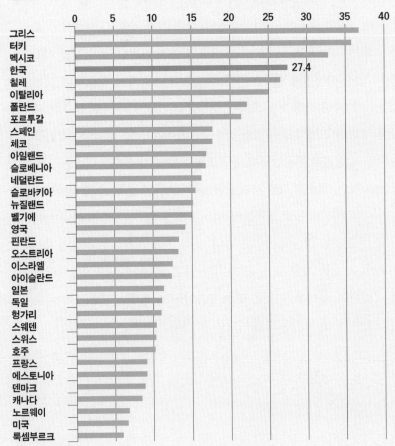

자료 : OECD, 2013.

가구의 시장소득 중에서 사업소득이 71.8%를 차지하고 있으며 노동소득은 27.2%로 근로자 가구 소득과 정반대의 현상을 보이고 있다. 하지만 이런 현상의 배후에는 근로자 외 가구의 월평균 시장소득은 2014년 285만 원으로 근로자 가구 427만 원의 67% 수준으로 크게 낮다는 사실에 주목할 필요가 있다. 월평균 소득 285만 원 중에서 사업소득이 70% 이상을 차지한다고 해봤자 금액으로는 204만여 원이고, 노동소득은 77만여 원에 불과하다.(그림 110 참조)

자영업자의 월평균 근로소득인 77만 4000원을 월 25일 일하는 것으로 가정해서 일평균으로 환산하면 3만 1000원이라는 계산이 나온다. 하루 10시간 노동을 가정할 경우에 시급 3100원에 해당하며, 2014년 시급 최저임금 5210원에도 크게 미치지 못하는 것이다. 가게를 운영하는 주인이 자신이 고용한 종업원의 최저임금보다 낮은 임금을 받고 노동을 하는 셈이다. 이것은 자영업자가 사업자라고 해서 사업소득으로 간주하는 착시 때문이며, 자영업자 사업소득의 상당 부분은 실제로 노동소득으로 보아야 한다. 결론적으로 근로자 가구이든 자영업자 가구이든 가계소득의 절대적인 비중이 임금으로 받은 노동소득에 있다는 의미다.

가구 소득을 알아볼 수 있는 또 다른 통계인 가계금융·복지조사도 자영업자 가구의 소득 구조가 근로자 가구와는 크게 다른 것으로 보고하고 있다. 가계동향조사와는 달리 자영업자 가구와 상용근로자 가구 간에 소득 금액에서는 큰 차이가 없다. 2014년 자영업자 가구의 연간 시장소득은 5359만 원이며, 이것은 상용 근로자 가구 5883만 원의 91% 수준에 달한다. 그러나 자영업자 가구의 시장소득 중에서 근로소득이 차지하는 비중은 16.8%에 불과하며, 사업

63 자영업자의 실질 가치 소득은 오히려 줄었다!

〔그림 113〕 임금노동자 평균임금 대비 자영업자 평균영업잉여의 비율 추이

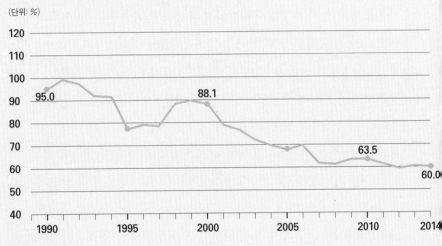

(단위: %)

자료 : 한국은행

〔그림 114〕 경제성장과 자영업자 영업잉여 증가 추이

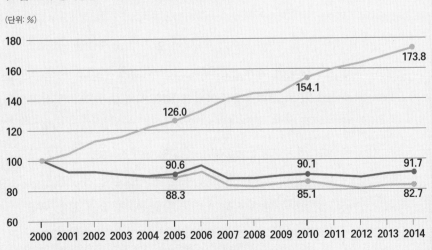

(단위: %)

● 국내총생산(GDP) ● 자영업자 평균 영업잉여 A ● 자영업자 평균 영업잉여 B

자료 : 한국은행

소득이 78.1%, 재산소득이 5.1%으로 집계했으나 이것은 단지 근로소득을 지나치게 낮게 계상했기 때문이다.(그림 111 참조)

가계금융·복지조사는 자영업자의 연평균 근로소득을 898만 원으로 보고하고 있다. 이것은 월평균 임금 74만여 원에 해당하는 것이며, 월 25일 일하고 하루 10시간 노동하는 것으로 환산하면 시급 3000원에 해당한다. 가계동향조사에서 같은 가정으로 계산한 시급 3100원과 거의 비슷한 수준이다. 이것은 앞에서 설명한 바와 같이 자영업자 자신의 노동에 대한 대가를 지나치게 낮게 계상한 것으로 보아야 하며, 사업소득으로 통계 처리된 소득의 상당 부분은 실질적으로 자영업자의 노동소득으로 보아야 할 것이다.

한국은 전체 노동자 중에서 자영업자의 비중이 27.4%로 OECD 34개 회원국가 중에서 네 번째로 높다.[39] 자영업자 대부분이 종업원 없는 1인 사업장인 영세 사업자로 그 비율이 73.8%에 달한다.[40] 신규 자영업자의 자금 규모도 2000만 원 미만이 절반을 넘는 55% 수준이고, 5000만 원 미만은 75% 수준이다.[41](그림 112 참조)

국민소득 계정에서 집계한 자영업자 소득 상황을 살펴보면 2014년 자영업자 1인당 월평균 영업 잉여는 177만 원인데, 임금노동자 월평균 임금인 295만 원의 60%에 불과한 수준이다.[42] 이 비율은 1990년 95%, 1991년 99%로 나타나 1990년대 초까지는 자영업자의 소득과 임금노동자의 소득 사이에 큰 차이가 없었다. 그러나 2000년대 들어서부터 임금노동자 평균임금 대비 자영업자의 평균소득은 급격하게 격차가 확대되었고 2014년에는 60% 수준까지 벌어진 것이다. 자영업자의 영업 잉여는 이익과 같은 개념이지만, 노동자의 평균임금에도 미치지 못하는 영업이익이란 대부분 자영업자 자신의 노

동에 대한 대가로 보는 것이 타당할 것이다.(그림 113 참조)

　더욱 놀라운 사실은 노동자의 평균임금에도 밑도는 자영업자 소득을 실질 가치로 환산하면 늘기는커녕 오히려 감소했다는 것이다. 2000년부터 2014년까지 14년 동안에 한국 경제는 73.8%포인트 성장했는데, 소비자물가지수를 적용하여 실질 가치로 환산한 자영업자의 영업 잉여는 무려 17.3%포인트가 줄었다.[43] 이 기간 동안에 자영업자의 수가 586.4만 명에서 565.2만 명으로 3.6%가 줄어들었고, 전체 노동자 중에서 자영업자의 비율도 36.8%에서 27.4%로 크게 줄어들었음에도 불구하고 평균적인 자영업자는 경제성장의 혜택을 누리기는커녕 경제가 성장하는 동안에 오히려 소득이 줄어든 것이다.(그림 114 참조)

노동소득이
불평등을 만든다

| 재산소득의 격차 vs 노동소득의 격차 |

가계는 자산 외에 부채가 있는데, 총자산에서 부채를 뺀 순자산 기준으로 전체 가구를 20% 구간의 5분위한 후 계층별 소득과 순자산을 살펴보자.[44] 특별한 분석을 하지 않더라도 재산이 많을수록 소득도 높다는 것을 바로 알 수 있다. 또한 소득 계층 간 소득격차보다 순자산 격차가 더 크다는 것도 알 수 있다. 소득 최상위 20% 계층의 2014년 연평균 경상소득은 8449만 원이고, 소득 최하위 20% 계층의 경우 2058만 원으로 양 계층 간 4.1배의 차이가 난다. 하지만 이러한 소득격차보다 재산격차가 훨씬 커서 순자산 최상위 20% 계층의 평균 순자산은 8억 2000만 원으로 최하위 20% 계층의 1300만 원보다 무려 64배가 많다.(그림 115 참조)

64 재산이 많을수록 소득은 많다!

〔그림 115〕 순자산 계층별 소득액

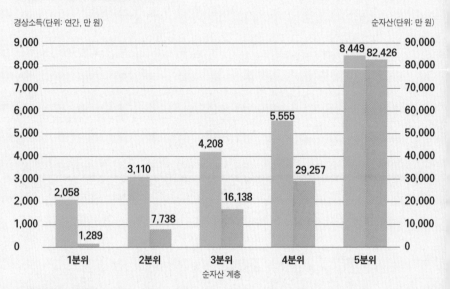

경상소득(단위: 연간, 만 원)

순자산(단위: 만 원)

● 경상소득 ● 순자산

자료 : 통계청, 가계금융·복지조사, 2014.

재산이 많을수록 재산으로부터 이자, 배당, 임대료와 같은 재산소득이 발생나고, 총소득 중에서 재산소득의 비중도 높아질 것이다. 가계금융·복지조사에서도 그러한 결과를 확인해주고 있다. 재산이 가장 적은 순자산 최하위 20%(순자산 1분위) 계층의 재산소득 비중은 0.3%에 불과한 반면, 최상위 20%(순자산 5분위) 계층의 경우에는 9.6%로 다른 계층보다 월등하게 높다.(그림 116 참조)

재산에 따라 재산소득의 비중이 월등히 높다는 점만 보면 재산에 따라 불평등이 심화된다는 결론으로 이어지겠지만, 이것은 일종의 착시다. 왜냐하면 비록 재산소득의 격차가 크다 해도 그것이 전체 소득에서 격차를 만드는 주요 요인이 아니라는 사실 때문이다. 즉 전체 소득에서 재산소득이 차지하는 비중이 상당히 낮고 계층 간 불평등을 만드는 주요 원인은 재산소득이 아니라 노동소득이기 때문이다.

재산이 가장 많은 순자산 5분위 계층의 연간 재산소득은 771만 원인 반면, 재산이 가장 적은 순자산 1분위 계층의 경우 6만 원이어서 두 계층 간 재산소득의 격차는 765만 원이다. 배수로만 따지자면 약 130배에 달하는 엄청난 격차이지만, 재산소득 때문에 발생하는 격차는 총소득격차의 일부에 불과하다. 2014년 순자산 5분위 계층의 연간 경상소득은 8055만 원이고 순자산 1분위 계층의 경우 1781만 원이다. 배수로만 보면 약 4.5배이며 재산소득의 배수 격차보다 훨씬 작지만 양 계층 간 경상소득의 격차는 6321만 원에 달한다. 따라서 전체 경상소득의 격차에서 재산소득의 격차인 765만 원이 차지하는 비중이 12.2%에 불과하다.(그림 117 참조)

여기에서 주목할 필요가 있는 사실은 부유층과 빈곤층의 소득

65 재산소득이 소득 불평등의 주요한 원인은 아니다!

〔그림 116〕 순자산 계층별 소득별 구성 비율

(단위: %)

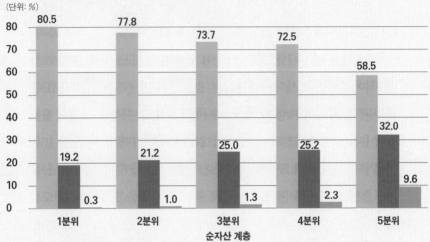

● 노동소득　● 사업소득　● 재산소득

〔그림 117〕 순자산 계층별 소득별 금액

연소득(단위: 만 원)

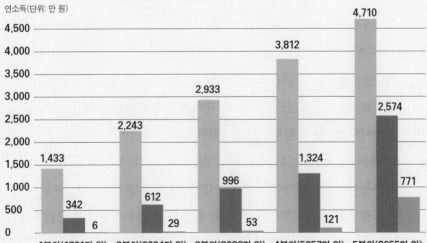

● 근로소득　● 사업소득　● 재산소득

자료 : 통계청, 가계금융·복지조사, 2014.

격차를 만들어내는 가장 큰 원인은 130배에 달하는 재산소득의 격차가 아니라 노동소득의 격차라는 점이다. 순자산 5분위와 순자산 1분위 계층 간 노동소득의 격차는 3277만 원으로 경상소득 격차의 절반이 넘는 51.3% 수준이다. 노동소득 다음으로 소득격차를 만드는 요인은 사업소득으로 경상소득 격차의 35.6% 수준이다. 따라서 한국에서도 재산격차가 크면 소득격차도 크지만 아직은 재산소득이 소득격차에 미치는 영향은 매우 제한적이며, 소득격차를 만드는 가장 주요한 요인은 노동소득이다. 사업소득이 소득격차를 발생시키는 요인으로 상당한 비중을 차지하고 있지만, 그것은 소득 통계가 근로자 가구와 자영업자인 근로자 외 가구를 구분하지 않고 모두 합한 것이기 때문에 보이는 현상이다. 자영업자 가구의 소득 중 사업소득이 75%를 차지하고 있으나 앞서 설명한 바와 같이 대부분을 노동소득으로 간주해야 한다. 따라서 자영업자의 경우에도 노동소득의 격차가 소득격차의 90%에 가까운 절대 비중을 차지한다는 동일한 결론에 도달하게 된다.

| 재산소득의 비중 |

가계동향조사와 가계금융·복지조사 모두에서 공통적으로 나타난 것은 가계소득의 90% 이상이 임금으로 벌어들인 노동소득이라는 것인데, 이것은 국세청이 집계한 모든 개인소득 총액에 관한 통계 자료에서도 마찬가지로 확인되고 있다. 국세청이 국정감사에서 밝힌 2012년 개인소득 총액 자료에서도 노동소득이 개인소득 총액의

가계소득의 대부분은 근로소득이다!

〔그림 118〕 개인소득 총액의 소득별 비율

(단위: %)

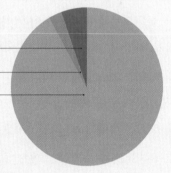

이자소득(1061만 명) **5.4**

배당소득(883만 명) **2.5**

근로소득(4786만 명) **92.1**

자료 : 국회의원 최재성 의원실, 〈국세청 국정감사 자료〉, 2012.

92.1%이며, 이자소득은 5.4%, 배당소득은 2.5%이었다.[45] 국세청 자료는 2012년 1771만 명 전체 임금노동자 중에서 근로소득세 면세점 이하의 저소득자 710만 명을 제외한 1061만 명의 소득 자료다.

어떤 통계를 기준하든 간에 노동소득은 가계가 벌어들이는 소득의 90~95%에 해당하는 절대적인 비중을 차지하는 반면, 재산소득은 통계에 따라서 차이가 난다해도 0.3~8% 수준에 불과하다.[46] 이러한 결과는 한국에서의 소득 불평등은 가계소득의 대부분을 차지하는 노동소득, 즉 임금 불평등으로 인한 것이며, 재산소득으로 인한 불평등의 심화정도는 크지 않다는 점을 확인해주고 있다.(그림 118 참조)

소득이 높아지면 재산도 많아지는 것이 당연하다. 그리고 재산 중에서 이자나 배당을 지급하는 금융자산이 늘어나면 소득 중에서 재산소득의 비중도 늘어나는 것이 자연스러운 현상이다. 따라서 국민소득이 높아질수록 가계소득 중에서 노동소득의 비중은 줄어들고, 재산소득의 비중이 늘어나는 것이 정상적인 변화의 추세라 할 수 있다. 그러나 아이러니하게도 이러한 현상은 한국에서 아직 나타나지 않고 있다는 점을 주목할 필요가 있다.

한국 경제는 1990년 이후 2014년까지 약 4반세기 동안 실질 가치 기준 국내총생산(GDP)이 3.4배가 늘었고, 1인당 국내총생산도 2.9배가 늘었다.[47] 이렇게 경제 규모가 커졌고 국민소득도 증가했지만 재산소득이 차지하는 비중은 늘어나지 않았다. 도시 근로자 가구의 시장소득에서 재산소득의 비중은 1990년 1.1%, 2000년 1.0%, 2010년 0.4%, 2014년 0.3%로 오히려 줄어들고 있는 추세를 보이고 있다.

| 명목상의 재산 |

재산이 늘어난다고 해서 재산소득이 반드시 늘어나는 것은 아니며, 늘어난 재산이 금융자산이나 임대용 부동산과 같이 수익을 발생시키는 자산으로 축적되는 경우에만 재산소득이 늘어날 것이다. 하지만 한국에서 지난 20년 동안 가계소득 중에서 재산소득의 비중이 극히 미미한 수준에 머물고 있는 것은 그동안 축적된 가계 재산이 대부분 소득을 만들어내지 못하는 주거용 주택 같은 실물자산에 집중되었기 때문이다. 2014년에 가계가 보유한 자산 중에서 금융자산의 비중은 26.8%이며, 실물자산이 73.2%이다.[48] 실물자산의 비중이 금융자산보다 훨씬 높을 뿐만 아니라 실물자산의 93%가 부동산이고, 부동산의 대부분은 거주용 주택이나 주택 구입을 위한 계약금과 중도금이다.[49] 여기에다 금융자산이 늘었다 해도 소득 증가 속도보다 더 빨리 올라간 전세금이나 월세 보증금을 감안하면 사는 집에 들어간 비용이 대부분을 차지한다. 요약하자면 늘어난 재산의 대부분을 전혀 소득을 만들어내지 못하는 자기가 살 집에 쏟아부었다는 말이다.

다른 나라와 비교해보면 미국의 경우 가계 자산 중에서 금융자산이 총자산의 51.6% 수준이고, 비금융자산이 48.4%로 금융자산과 비금융자산이 반반 정도의 비율이다. 미국 역시 비금융자산, 즉 실물자산 중에서 가장 큰 비중을 차지하는 것이 주거용 주택으로 71.0% 정도이다. 하지만 이러한 주택은 가계 총자산에서 34.3%만을 차지하고 있으며, 소득을 만들어낼 수 있는 금융자산이 거주용 주택 자산의 1.5배에 달한다. 집값이 비싸기로 유명한 일본만 해도 금융자산이 거주용 주택 자산의 1.7배다. 선진국 중에서 이 비율이 낮은 나라인 독일의 경우에도 가계의 금융자산은 주택 자산의 55% 수준이다. 한국의 경우 대차대조표의 순자산을 기준으로 하면 금융자산이 거주용 주택 자산의 49% 수준이고, 가계금융·복지조사를 기준으로 하면 40% 수준이다.[50] 또한 금융자산이라해도 이 중에서 전월세 보증금이 4분의 1을 차지하고 있음을 감안하면 실제로 주택 자산 대비 금융자산은 이보다 더욱 작아진 30% 수준밖에 되지 않는다. 오랜 자본축적을 해 온 선진국에서는 소득에 도움이 되는 금융자산이 주택 자산과 비슷하거나 더 많지만, 한국의 가계들은 재산의 대부분을 살기 위한 주택에 쏟아부을 수밖에 없는 상황이라 아직 소득에 도움을 줄 수 있는 금융자산을 보유할 여유가 없는 처지이다.

국민소득이 높아지고 재산이 늘어나서 과거보다 부자가 되었지만, 이것은 그저 명목상의 재산이 늘어난 것뿐이다. 재산이 늘어났다 해도 전체 재산의 5분의 4가 살고 있는 집에 관련된 것이며, 집을 팔지 않는 한 그 재산은 소득에 아무런 도움이 되지 못한다. 오히려 소득이 늘어난 속도보다 훨씬 빠른 속도로 증가한 주택가격이나 전월세 비용을 충당하기 위해서 은행 대출 등의 부채를 끌어와 발생한 금융 비용 때문에 더욱 소득이 줄어드는 효과밖에 없었다.

제 2 부

아직,

방법은 있다

그래도 분배가 중요한 이유

제5장

―――――

원천적 분배만이 살길이다

분배인가,
재분배인가?

| 원천적 분배와 재분배 정책 |

갈수록 악화되고 있는 한국의 불평등을 교정하기 위해서 무엇을 해야 하는가를 논의하려면 먼저 불평등 악화의 원인부터 정확하게 인식해야 한다. 그런데 불평등에 관한 논의가 현실과 다른 잘못된 오류를 범하고 있다. 이유는 크게 두 가지를 들 수 있다. 하나는 빈부격차가 소득격차를 만드는 주요한 원인이라고 생각하는 것이다. 이 문제에 대해서 앞서 제4장에서 구체적인 설명을 한 바와 같이 재산 불평등이 소득 불평등보다 더 심하지만, 한국에서는 아직 재산 불평등이 소득 불평등의 주요한 요인으로 작용하는 것이 아니라 임금 불평등이 소득 불평등의 가장 중요한 원인이다.

또 하나의 이유는 '원천적 분배'와 '재분배'에 대한 인식의 문제다. 이번 장에서는 이 문제를 다룬다. 재분배란 '다시 분배'한다는 뜻이다. 이 말은 '일차적' 또는 '원천적' 분배가 잘못되었으니, 이를 바로잡기 위해서 '이차적' 또는 '간접적' 분배를 통해 다시 조정하는 것이다. '재분배'는 주로 정부가 사회복지 예산으로 집행하는 것이다. 그런데 한국의 불평등에 관한 논의에서 불평등을 만드는 근본적인 원인인 일차적 또는 원천적 분배를 바로잡으려는 논의나 노력을 찾아보기 어렵다. 사후적 교정 수단인 정부의 복지 정책을 통한 재분배에만 논의와 정책이 집중되어 있다. 이러한 왜곡된 현상은 '원천적 분배'와 '재분배'에 대한 인식이 잘못되어 있기 때문이다.

분배, 즉 '원천적 분배'는 누가하는 것인가? 원천적 분배는 기업이 한다. 경제활동을 통해서 만들어지는 기업의 총수익이 분배되는 최초의 소득이다. 기업은 수익을 만들어내는 데 참여한 이해 당사자인 노동자, 공급자, 채권자, 정부 그리고 주주에게 수익을 분배한다. 이해 당사자들에게 분배하고 남은 이익은 기업 내부에 유보한다. 이렇게 분배된 기업의 수익은 최종적으로 가계(개인), 정부, 기업의 소득으로 귀속된다. 정리하면 원천적 분배는 기업이 하며, 원천적 분배를 다시 교정하는 재분배는 정부가 한다.

소득이 불평등하다고 할 때는 기업이 분배한 수익이 최종적으로 귀속된 개인 또는 가계소득이 불평등하다는 것이며, 이것은 원천적 분배가 불평등한 경우와 정부의 재분배로 결정된 최종적 분배가 불평등한 두 가지 경우를 의미한다. 따라서 한국의 소득 불평등과 관련하여 세 가지 질문을 제기할 수 있다. 첫째, 왜 재분배 정책으로 원천적 분배의 불평등을 '충분하게' 완화하지 못하는가? 재분배 정책이 효과가 없다면 문제의 본질로 돌아가 원천적 분배를 교정해야 할 것이다. 둘째, 왜 원천적 분배 문제에 대해서 외면하고 있는가? 일차적 또는 원천적 분배는 주로 임금수준에 따라 결정되는 것이고, 임금은 시장에서 결정되는 것이라는 생각이 지배적이기 때문이다. 이때 시장을 재벌로 등치해서 재벌로부터 발생하는 분배 문제 자체를 문제 삼지 않는 것이다. 마지막 질문이다. 셋째, 재분배 이전에 원천적 분배를 교정할 방법이 있는가?

| 재분배 정책의 한계 |

정부의 역할은 원천적 분배의 결과가 불평등한 경우 재분배 정책을 통해서 불평등을 교정하는 것이다. 이를 위한 정부의 수단으로 보조금 지급과 같이 빈곤층에게 소득을 직접 보전해주는 것과 의료, 교육, 보육과 같이 모든 국민이 최소한의 인간다운 삶을 누리는 데 필요한 기초적인 복지 예산을 지출하는 것이다.

한국은 불평등이 악화되기 시작한 1997년 외환 위기 이후 지속적으로 재분배를 위한 재정지출, 즉 사회복지 예산을 늘려 왔다. 2015년 정부 예산에서 사회복지 지출이 차지하는 비중은 30.4%이다. 35.0%를 차지하는 일반, 지방행정 예산 다음으로 높다. 간접적 재분배 지출의 일종인 교육예산의 비중은 6.2%이며, 국방예산 4.8%와 비교하면 사회복지 예산의 비중은 매우 높다.[1] 정부 예산을 16개 분야별 지출로 분류한 통계를 작성한 2007년 이후 2015년까지 전체 예산 중에서 차지하는 비중이 가장 많이 증가한 분야가 사회복지 예산으로 2.5%포인트 증가했다. 16개 분야 중에서 7개 분야는 비중이

늘어났고, 나머지 9개 분야는 비중이 줄었다. 사회복지 다음이 0.3%
포인트 증가한 산업과 중소기업 예산이다.[2] 따라서 사회복지 예산의
비중이 2.5%포인트 늘어난 것은 매우 큰 증가로 볼 수 있다.

사회복지 지출이 정부 예산에서만 증가한 것이 아니라 국민총
생산에서 차지하는 비중에서도 크게 늘었다. 1997년 국내총생산 대
비 사회복지 예산의 비중이 3.6%이었는데 2014년 10.4%로 늘어났
다. 특히 2007부터 2014년 사이에 사회복지 예산이 국내총생산에서
차지하는 비중이 2.8%포인트 증가한 것은 OECD 34개 회원국 중에
서 14번째로 높다. 그럼에도 불구하고 한국의 국내총생산 대비 사회
복지 예산 비중은 여전히 OECD 34개 회원국 중에서 32번째로 가장
낮은 나라에 속한다. 뿐만 아니라 한국의 재분배 효과도 통계가 제
공된 OECD 31개 회원국 중에서 29번째로 낮다.[3] 그것은 아무리 복
지 지출이 최근 빨리 증가했다 해도 워낙에 애초부터 규모나 비중이
작기 때문에 재분배에 미치는 효과가 제한적일 수밖에 없는 것이다.

국내총생산 대비 사회복지 지출 비중의 OECD 평균이 2014년
21.6%이며, 한국의 10.4%보다 크게 높다. 한국이 OECD 평균 정
도의 사회복지 지출을 하려면 GDP 대비 약 11%포인트의 지출을
더 해야 하는데, 이것은 2014년 기준으로 약 166조 원 정도가 추가
되어야 하는 규모이다. 한국 정부의 사회복지 지출의 분류 기준은
OECD의 기준보다 광범위하다. 다시 말해서 한국 정부가 사회복지
지출로 분류한 예산 항목들 중에는 OECD 기준에 포함되지 않는 것
들이 많다. 이러한 차이를 무시하고 OECD 분류 기준에 부합하는
항목들의 예산만 늘린다고 가정해도, 2014년 정부 예산에서 사회복
지 지출로 166조 원을 추가하면 전체 예산에서 차지하는 비중은 약

50%가 된다.

어느 정도의 사회복지 지출이 바람직한 것인가에 대한 논쟁은 평자에 따라 입장이 다를 수 있지만, OECD 꼴지 순위의 복지 규모는 턱없이 모자라는 수준임에는 특별한 이견이 없을 것이다. OECD 평균 정도만 따라간다고 가정해보아도 이것은 당분간 거의 불가능하다. 복지 논쟁의 핵심은 현재의 복지 지출 규모를 늘려야 한다는 점인데, 이 주장이 틀렸다는 게 아니다. 당위론으로서는 찬성할 수 있지만 현실적인 제약이 너무도 험난하다. 예를 들어, OECD 평균 정도의 사회복지 지출을 하기 위해서는 정부 예산 중 사회복지에 지출하는 비중을 현재의 30%에서 50%로 늘려야 한다. 그러려면 교육, 국방, 문화, 교통, 치안, 보건 등등 거의 모든 분야와 항목에서 예산 지출을 엄청나게 줄여야 한다. 지난 7년간 GDP에서 차지하는 사회복지 지출의 비중이 2.8%포인트 증가했는데, 이것은 상당히 빠른 속도이다. 그런데 이 속도로만 간다 해도 OECD 평균에 이르기 위해서는 32년이 걸리고, 더 무리해서 증가폭을 두 배 이상 늘려간다고 해도 적어도 14년이 걸린다. 여기에 예산 비중도 늘어나야 하지만 근본적으로 정부 예산 규모가 크게 늘어나야 한다. 따져보면 지난 7년 동안 정부 예산의 실질 가치 연평균 증가율이 1.8%이며, 이것은 연평균 경제성장률 3.6%의 절반이다. 그 결과로 국민총소득에서 정부소득이 차지하는 비중도 14.5%에서 13.1%로 줄었다. 정부 예산이 GDP 증가율만큼도 늘어나지 않는데, 정부 예산 중에서 사회복지 지출 비중만을 크게 늘리는 것은 현실성이 없다.

2014년 여론조사에서 국민의 86%가 소득격차가 너무 크다고 답을 했고, 80%가 불평등으로 인한 사회 갈등이 심각하다고 했다.

이것은 사회 통합을 위해서 한국 사회가 해결해야 할 중요한 과제가 불평등이라는 것이다.4 사회복지 지출을 크게 늘려 왔음에도 불구하고 불평등이 심각한 사회 갈등 원인으로 남아 있다면 가장 먼저 생각할 수 있는 방안이 사회복지 지출을 계속해서 그리고 더 빨리 늘려가는 것이다. 그러나 예산 항목 중에서 어떤 것을 얼마나 줄여서 재분배를 위한 복지 예산을 늘릴 것인지는 많은 논란과 이해 충돌을 피할 수 없다. 초등학교 무상 급식과 보육 지원과 같은 기초적인 복지 예산을 두고도 중앙정부와 지방자치단체 간 예산 떠밀기 갈등이 심각한 상황에서 국방, 치안, 지방행정 예산 등을 급격하게 줄인다면 사회 갈등과 이해집단 간 충돌은 불평등으로 인한 갈등보다 더 심각할 수도 있다. 따라서 정부 예산이 크게 늘어나지 않는 한 사회복지 예산만을 늘려가는 것은 한계가 있다. 그러나 정부소득 증가율이 경제성장률의 절반에 불과하다는 점을 감안하면, 복지 예산의 비중 확대는커녕 정부 예산 규모 자체가 늘어나는 것조차도 어려운 것이 한국의 현실이다.

지금의 불평등 구조를 극복하자면 사회복지 지출을 계속해서 늘려가야 하고, 증가폭도 과거보다 훨씬 더 확대하는 적극적인 재분배 정책을 시행해야 한다. 그런다 해도 현재의 정부 예산의 제약 조건 하에서는 증가 폭의 한계가 뚜렷하며 재분배 정책의 효과도 미미할 것이다. 예산 제약을 고려하고 또 다른 사회 갈등의 부작용을 최소화하는 정도의 속도로 점진적으로 늘려간다면 너무 오랜 기간이 소요될 것이다. 현재 한국의 불평등 수준은 20년, 30년을 걸려서 겨우 OECD 평균 수준에 도달할 정도로 한가하지 않다. 이 상태를 더 이상 방치할 경우 불평등으로 인한 사회 갈등 비용은 감당할 수 없을 것이며, 성장 자체에 대한 심대한 타격을 줄 수도 있다. 이 때문에 정부를 통한 재분배 정책은 정치적인 또는 이념적인 입장을 넘어 근본적인 한계를 가지고 있으며, 그렇기 때문에 재분배 정책과 함께 원천적 분배의 불평등을 바로잡을 방안에 관심이 집중되어야 한다.

원천적 분배가
실패한 이유

| 정치권과 정부의 외면 |

원천적 분배가 불평등을 악화시키고 있다면 재분배 정책을 통해서
이를 완화시켜야 한다. 재분배 정책을 추진하려면 정부가 예산을 지
출해야 하고, 정부 예산 증가가 최소한 성장률 정도는 유지하고 있
어야 한다. 그런데 앞서 논의한 바대로 지난 15년 동안 경제성장의
과실이 기업에만 돌아가고 가계는 물론 정부조차 소외되어 왔다. 비
록 정부 예산 가운데 사회복지 비중이 크게 늘기는 했지만, 문제는
정부 예산 자체가 성장률도 따라가지 못하는 형편이다. 예산 확보를
위한 증세는커녕 지난 몇 년 동안 감세 정책을 추진해 왔으니 정부의
재분배 정책이란 전혀 효과를 낼 수가 없는 구조인 것이다. 더 심각
한 문제는 지금부터 모든 것을 제쳐 두고 재분배 정책에 총력을 기울

여도 불평등 구조가 고쳐지기에는 너무나 많은 시간이 걸린다는 점이다.

앞으로 상당 기간은 재분배 정책만으로 한국의 불평등 구조를 해결할 수 없다. 그렇다면 불평등이 시작된 원천적 분배 구조에 돌아가서 그것을 어떻게 고칠 것인가를 생각볼 수밖에 없다. 불평등이 원천적 분배의 실패로 인해 생겨났는데, 재분배를 통해서만 불평등을 완화하는 것은 원인을 그대로 두고 증상만을 치료하는 것이다. 바이러스 감염으로 인해서 생긴 병인데, 항생제는 투입하지 않고 해열제만 먹이는 것과 같다. 그런데 지난 15년 동안 원천적 분배 구조가 잘못되어 왔는데도 왜 아무도 문제 제기를 하지 않았을까? 특히 사회 문제 해결의 직접적인 책임이 있는 정치권과 정부는 무엇을 했을까?

정부는 문제 제기를 하거나 이를 시정하려고 노력하기는커녕 오히려 그런 상황이 만들어지도록 조장해 왔다. 이명박 정부는 대기업의 세금을 줄여서 기업소득의 몫을 늘리고, 정부소득의 몫을 줄이는 데 앞장섰다. 박근혜 정부도 담배세와 같이 서민에게 부담이 큰 소비세를 늘리고도 개인소득세도 늘리려고 시도하면서 대기업의 세금은 늘리지 않겠다고 한다. 2014년 연말정산 때에는 개인소득세 부담을 크게 늘렸다가 호된 여론의 역풍을 맞아서 후퇴하기도 했다. 박근혜 대통령은 가장 중요한 대선 공약으로 내세웠던 경제민주화를 이제는 언급조차 하지 않고 있다. 박근혜 대통령은 '경제'를 수없이 말하지만 '불평등'과 '분배'는 단 한 번도 언급하지 않는다. 국민의 80% 이상이 불평등의 심각성과 이로 인한 사회 갈등을 우려하지만 대통령은 아예 관심조차 없는 것 같다.

정치권이라고 다를 바 없다. 대선 막바지에 "도와 주십시오."라는 1인 시위로 국민에게 지지를 호소했던 김무성 대표와 새누리당도 더 이상 경제민주화를 말하지 않는다. 중산층과 서민을 위한다고 말하면서 분배와 복지에 대한 정책을 내놓지 않는다. 새누리당에게 '불평등'과 '분배'는 일종의 금기어인 것 같다. 새정치민주연합의 문재인 대표가 '소득 주도 성장론'을 들고나온 것이 그나마 정치권에서 분배를 말하는 것이다. 그러나 야당은 '성장과 분배' 사이에서 당의 정체성이 무엇인지도 결정하지 못하고 있다. 여당이든 야당이든 국민이 최소한 경제가 성장한 만큼의 소득분배도 받지 못하고 있고, 대기업만 '부자'가 되는 이상한 '기업의 분배 구조'에 대한 문제 제기가 전혀 없다.

기업 분배 구조의 문제에 대해서만 침묵하는 것이 아니다. 정부의 재분배 정책이 불평등 해소에 최소한의 실효성이라도 있으려면 증세밖에는 길이 없다. 그러나 누구도 증세를 주장하지 않는다. '증세 없이 복지 없다'라는 것은 불편한 진실이다. 증세를 하지 않고 복지 예산만을 늘릴 방안이 없다는 데에 대다수 국민들은 동의할 것이다. 그럼에도 불구하고 자신의 임금에서 더 많은 세금을 내는 것에 동의할 국민이 많지 않은 것도 사실이다. 더구나 노동자 세 명 중 한 명이 기초 생계비에도 못 미치는 임금을 받는 소득 구조에서 개인소득세만을 늘리는 것으로 정부 예산을 늘리는 것은 어렵다. 따라서 정부 예산을 늘리려면 대기업의 법인세율을 높이고, 초고소득층의 누진세율을 높여야 한다. 그러나 여당은 대기업 세 부담 증대는 물론 증세 자체를 반대하고, 야당도 적극적인 법인세 인상 제안을 하지 않고 있다.

왜 그럴까? 이 질문에 대한 답을 구하지 못한다면 불평등을 해소할 수 있는 현실적이고 구체적인 방안들이 마련된다고 해도 실현될 가능성은 없다. 세상을 바꾸는 현실적인 힘은 정치권과 정부가 가지고 있다. 그들이 움직이지 않으면 국민은 어쩔 도리가 없다. 국민이 선거로 심판한다고 하지만, 선거가 끝나면 정치권의 입 씻는 행태가 반복되고 있다. 그렇다고 대안 정당도, 대안 정치인도 존재하지 않는 한국 정치의 현실에서 기득권화되어 있는 양당 구조를 벗어나는 것도 당장 어렵다. 정치권과 정부가 불편한 진실을 외면하는 한 한국의 불평등은 바뀌지 않는다.

| 재벌 공포증과 재벌 집착증 |

이 책의 제3장에서 기업의 불평등한 원천적 분배 구조의 시작이 재벌 대기업이라는 것을 구체적으로 보여주었다. 원천적 분배 구조의 개혁은 재벌 대기업의 분배 구조를 바꾸는 것에서부터 시작되어야 한다. 그런데 세상을 바꾸는 현실적인 힘을 가진 대통령부터 정치권과 정부 관료들까지 재벌 대기업의 분배 구조를 바꾸는 것에 외면하고 있다. 그 이유는 재벌과 정치권이 서로 한통속이 된 '정경 유착'이나 관료들이 재벌 기업을 은퇴 후 노후 대책의 일환으로 생각하는 '재벌 연금'의 문제와 관련해서 의심할 수 있겠지만, 더욱 근본적으로 '재벌 집착증'과 '재벌 공포증' 때문이 아닌가 생각한다.

재벌 집착증이란 재벌 덕분에 한국 경제가 발전했다, 재벌이 한국을 먹여 살리고 있다, 재벌이 잘되어야 한국 경제가 잘된다, 그래서 재벌은 한국 경제의 미래라는 연쇄적 논리 구성으로 생긴 증상이다. 재벌 공포증은 재벌이 안되면 한국 경제가 어려워진다는 '우려'형, 재벌이 망하면 한국 경제가 망한다는 '협박'형, 재벌에게 밉보여서 좋을 것 없다는 '보신'형, 한국 기업을 외국인 투기꾼들에게 빼앗겨서는 안 된다는 '애국'형 등 복합적이다. 재벌 공포증은 재벌 집착증의 합병 증세이기도 하고, 별개의 증세이기도 하다. 재벌 집착증과 재벌 공포증은 정치인이나 관료만이 아니라 적지 않은 국민들에게서도 보이는 증상이다.

재벌 집착증을 치유하는 하나의 방법은 연쇄적 논리 구성에서 '한국'을 '나'로 바꾸어보는 것이다. 재벌이 '나'를 먹여 살리고 있다, 재벌이 잘되어 '나'도 더 잘살게 되었다, 그래서 재벌은 '나'의 미래라고 말할 수 있는 국민이 얼마나 되는가? 재벌 기업이 잘되고, 부자가 잘되면 중소기업과 중산층과 서민도 잘살게 된다는 '낙수 효과(trickle down effect)'는 허구로 드러났다.[5] 경제가 성장했지만 재벌 대기업에서 일하는 소수를 제외한 절대다수의 노동자가 더 잘살게 되지 않았다. 자영업자들은 오히려 더 어려워졌다. 다시 반복하지만 노동자 세 명 중 한 명은 최저생계비에도 미치지 못하는 임금으로 일한다. 노동자의 80% 이상은 대기업 임금의 절반을 받고 중소기업에서 일한다. 절대다수의 국민들에게 '재벌 집착증'은 현실이 아닌 것을 현실로 믿는 망상과 같다.

'재벌 공포증'을 치유하기는 쉽지 않다. 그 원인이 다양하기 때문이기도 하지만, 가보지 않은 길이 가본 길보다 안전하다고 누구도 단언할 수 없기 때문이다. 그래서 '재벌 공포증'이 '재벌 집착증'보다 더 심각한 증세이다. 그러나 우리와 다른 길을 간 사람들이 더 안전하게 가고 있다거나 우리가 가고 있는 길이 앞으로는 안전하지 않다면 다른 길을 선택할 수도 있다. 분명한 것은 한국 경제가 지금까지 걸어온 재벌의 길을 그대로 계속 간다면 불평등은 갈수록 더 심해질 것이고, 경제성장의 동력은 계속 허약해질 것이며, 경제가 성장해도 다수의 국민의 삶은 나아지지 않을 것이다.

원천적 분배를
바로잡는 법

| 공급자에 대한 분배 |

기업의 역할은 분배다.[6] 기업의 분배 구조란 기업이 벌어들인 총수익을 노동자, 공급자, 채권자, 정부, 주주에게 나누어주고 나머지를 기업소득으로 갖는 것을 말한다. 한국의 기업 분배 구조에 대한 구체적인 현황은 이 책의 제3장에서 논의했다. 이를 다시 반복하지 않고 제3장의 분석에 근거해서 기업의 분배 구조를 바꾸는 방안에 대해서만 논의하기로 한다.

가계소득의 90% 이상이 임금소득이고, 소득 불평등을 만드는 가장 주요한 원인이 임금 불평등이다. 임금 불평등 구조에서 가장 많은 노동자에게 영향을 미치는 구조가 대기업과 중소기업의 임금 격차다. 중소기업의 평균임금은 대기업의 62% 수준이고, 제조업의 경우에는 격차가 더 커서 53% 수준이다. 1980년대 중소기업 임금은 대기업의 90% 수준이었고, 제조업의 경우도 85% 수준을 넘었다.[7] 그런 것이 지난 30여 년 동안 계속해서 격차가 확대된 것이다. 대기업과 중소기업의 임금격차를 다시 줄이는 것은, 노동자의 80%가 중소기업에서 일하고 있는 것을 감안할 때 소득 불평등을 줄이는 가장 효과적이고 빠른 접근 방식이다.

대기업과 중소기업 간 임금격차를 줄이는 것은 원청-하청 관계에서 그 방안을 찾을 수 있다. 구체적인 방안과 실현 가능성에 대해서는 이 책의 제3장에서 대기업과 중소기업의 평균적인 분배 구조에 근거해서 설명했다.[8] 간략히 정리하면, 대기업이 중소기업에게 분배를 늘려서 임금격차를 줄이는 방안은 두 가지가 있다. 첫 번째 방안은, 대기업 원청기업이 중소기업 하청기업에게 임금 인상분으로만 지정하여 추가적인 공급자 대금을 인상해주는 것이다. 이때 추가적이라 하면 현재의 공급가 인상을 고려할 수 있겠지만 앞으로 생산성 향상으로 비용 절감이 발생할 경우 그것을 공급가 인하로 반영하지 않는 방법도 있다. 이 경우 대기업의 현재 수익률에 영향을 미치지 않는다. 대기업은 많은 내부유보의 극히 일부만을 중소기업 하청기업의 임금 인상용 공급자 대금으로 사용하는 것이 충분히 가능하다.

2014년 정부가 초과 내부유보세를 도입했다. 그러나 시행법에 예외 조항들이 너무 많아서 실질적인 효과가 없다.[9] 삼성전자나 현대자동차와 같이 신용도가 높은 상장 기업은 내부유보금 이외에도 자금 조달 수단이 다양하다. 그런데도 이 제도가 임금격차를 줄이는 것보다는 투자 촉진에 맞추어져 있다 보니 또 하나의 대기업 세금 감면 혜택이 되어버렸다. 따라서 초과 내부유보세의 면제 기준을 투자보다는 하청기업 임금 인상과 비정규직의 정규직 전환에 따르는 임금 부담에 한정해서 시행하는 방향으로 제도를 개선한다면 소득 불평등을 완화하면서도 궁극적으로 소비 증가로 인한 성장 효과도 더 크게 얻을 것이다.

두 번째 방안은, 대기업 임금 인상의 일정 부분을 하청기업 임금 인상을 위한 추가 공급 대금으로 지급하는 것이다. 대기업의 이미 높은 임금을 낮출 수는 없다. 그러나 중소기업의 임금 인상률이 대기업을 앞지르게 해서 장기적으로 임금격차를 줄여가는 것이다.

여기에는 대기업 노동조합의 자발적인 참여가 필요하다. 가장 바람직한 것은 노동계가 스스로 이러한 방안을 마련하고 시행하는 것이다. 특히 한국의 노동계는 대기업 노동자 중심으로 구성되어 있으니 노동계가 구체적인 방안을 제시한다면 경영자들도 받아들일 것이고, 국민들로부터 박수도 받을 것이다. 그러나 대기업 노동자가 자발적인 제안을 하지 않더라도, 이를 법제화해서 시행한다면 지금의 엄청난 임금격차 현실을 가장 잘 알고 있는 그들도 수용할 것으로 기대한다. 물론 대기업 노동자가 이를 저항 없이 수용하기 위해서는 경영자 측에서도 경영 투명성을 높이는 등의 기업 지배 구조 개혁이 함께 추진되어야 할 것이다.

현대자동차의 2차 하청업체 평균임금은 현대자동차의 36% 수준이고, 3차 하청업체는 24% 수준이다.[10] 현대자동차만이 아니라 삼성전자를 비롯한 한국 초대기업의 경우도 이와 크게 다르지 않다. 앞의 두 가지 방안을 함께 시행하면서 장기적으로 목표치를 설정할 수 있다. 예를 들어, 원청 대기업 임금을 기준으로 3차 하청업체의 경우 60%, 2차 하청업체의 경우 70% 수준으로 임금격차를 줄이는 것은 실현 가능하다. 3차 하청업체의 임금격차가 현재의 24%에서 60% 수준으로 축소되고, 2차 하청업체는 지금의 36%에서 70% 수준으로 축소된다면 정부의 재분배 정책보다 훨씬 더 직접적이고 빠른 불평등 완화 효과가 있을 것이다. 이 목표 수치들의 절대적인 기준이 있는 것은 아니다. 하지만 어떤 목표치라도 정하고 정책적 차원의 노력, 기업 관계의 개선, 노동자 간 연대가 필요하다는 의미다. 2차, 3차 하청기업은 고용의 80% 이상을 만들어내는 중소기업이다. 따라서 중소기업 노동자의 소득이 늘어나면 정부도 소득세 세원이 추가로 확보되어 재분배 정책을 보다 적극적으로 시행할 수 있는 재정 역량도 확보하게 된다.

이러한 방안들은 원청-하청 관계에 있는 대기업-중소기업에만 적용할 수 있는 것은 아니다. 초대기업과 같은 수준의 고임금을 받는 다양한 기업에서 도입할 수 있다. 예를 들어, 은행의 경우 공급자들이 매우 제한적이기 때문에 첫 번째 방안의 효과는 크지 않을 것이다. 그러나 두 번째 방안은 은행이 대출해주고 있는 중소기업과의 관계에서 상당한 효과를 거둘 수 있다. 은행 직원 임금 인상의 일정 부분을 대신해 중소기업의 대출이자율을 낮추어주고, 중소기업에게는 그만큼을 그들의 직원 임금 인상에만 사용하도록 하는 계약을 맺는다면 원청 대기업과 하청 중소기업에서와 같은 효과를 거둘 수 있다.

| 노동자에 대한 분배 |

대기업과 중소기업의 임금격차만큼 불평등을 만드는 요인이 정규직

과 비정규직의 차별이다. 정부 통계로는 전체 노동자의 3분의 1에 해당하는 32%가 비정규직이고, 노동계 통계로는 절반에 가까운 45%가 비정규직이다.[11] 그리고 비정규직의 임금은 정규직의 절반 수준이다.[12] 비정규직 노동자는 고용 불안과 저임금의 두 가지 차별을 겹으로 받고 있다. 특히 비정규직 중에서 가장 많은 비중을 차지하는 기간제 노동자의 경우 정규직과 업무의 차별성이 없더라도 임금격차가 심한 게 일반적이다. 같은 노동을 하는데 임금을 적게 받을 뿐 아니라 고용도 불안한 것이다.

현재 비정규직 제도는 주로 저임금 채용의 수단으로 악용되고 있기 때문에 비정규직이 정규직으로 전환되는 비율이 지극히 낮고 임금격차가 줄어들지 않아서 소득 불평등을 악화시키는 주요한 원인이 되고 있다. 지금의 사람을 기준으로 2년 후 정규직으로 전환하도록 하는 기간제 노동자 보호법은 비정규직을 줄이는 효과가 극히 미미하다. 이 법이 시행된 2007년 정부 통계로 비정규직은 전체 노동자의 36%이었고, 2014년에는 32%이다. 법을 시행한 지 7년이 지났지만 불과 4%포인트 줄이는 효과밖에 없었다.[13] 또한 비정규직으로 1년 근무한 이후에 정규직으로 전환되는 비율은 열 명 중 한 명이고, 기간제 노동자 보호법의 제한 기간인 2년보다 더 긴 3년 후 정규직으로 전환되는 비율도 열 명 중 두 명이다.[14] 대학 졸업생들의 경우에도 첫 일자리를 비정규직으로 시작해서 2년 후 정규직으로 전환된 사람은 열 명 중 두 명만이다.[15] 비정규직은 정규직으로 가는 징검다리가 아니라 한 번 빠지면 헤어나올 수 없는 늪이었다.

비정규직과 정규직의 임금격차를 완화하는 방안은 두 가지다. 첫째, '동일 노동, 동일 임금의 원칙'을 적용하는 것이다. 정규직과 비정규직이라는 고용 형태로 임금을 구분하는 것이 아니라 노동의 내용으로 임금을 결정하는 것이다. 정규직과 같은 업무를 수행하는데도 비정규직 노동자로 고용하는 것은 그 업무나 인원이 일시적이고 한시적으로 필요하기 때문이 아니라 저임금 수단으로 악용하고 있는 것이다. 현재 관련 법적 규제는 비정규직으로 2년 이상 근무하면 정규직으로 전환해야 하는 고용에 관한 규정만 있고, 임금에 대한 규제가 없다. 그렇기 때문에 근속 2년 이전에 해고하고 다시 새로운 노동자를 고용하는 것과 같은 편법이 조장되고 있는 것이다. 동일한 업무를 하는데도 일시적인 필요에 의해서 채용한 것이라면 고용 불안정의 대가로 오히려 정규직보다 높은 임금을 지급하는 것이 정상이다. 따라서 고용 형태와 관계없이 동일한 노동에 대해서 동일한 임금을 지급하는 것은 최소한의 공정성을 유지하는 것이다.

둘째, 지속적으로 유지되는 업무의 경우 일정 기간 이후에는 반드시 정규직 채용을 규정화하는 것이다. 이 방안은 현재의 기간제 노동자 보호법을 '사람 기준'에서 '업무 기준'으로 전환하는 것이다.[16] 앞서 얘기한 것처럼 같은 업무가 지속되는데도 불구하고 기존의 노동자를 해고하는 것은 정규직 절반 수준의 낮은 임금을 지급하려는 것이다. 따라서 지속되는 업무에 노동자를 고용하는 경우 일정 기간이 지난 이후에는 반드시 정규직을 채용하도록 기간제 노동자 보호법을 개정해야 한다. 기간제 노동자 보호법을 사람 기준에서 업무 기준으로 개정할 때 정규직을 채용해야 하는 업무 지속 기간이 반드시 2년일 필요는 없다. 그 기간을 얼마로 정하든 간에 지속적인 업무에 정규직을 채용하도록 하면 일정 기간이 지난 이후에는 비정규직의 비율이 획기적으로 줄어들 것이며, 비정규직의 임금격차로 인한 소득 불평등도 크게 완화될 것이다.

기간제 노동자 보호법을 개정해서 비정규직을 정규직으로 전환하는 것에 대해 재계가 반대할 것이다. 재계는 한국에 고용 유연성이 없다고 주장하지만 이것은 사실이 아니다. 재계는 비정규직을 저임금 노동의 수단으로 사용할 뿐 아니라 해고를 쉽게 하는 수단으로 사용하고 있다. 한국은 노동자의 평균 근속 기간이 가장 짧은 나라다. 1년 미만 고용의 비중이 OECD 회원국 중에서 가장 높을 뿐 아니라, 5년 이상 고용의 비중은 OECD 회원국 중에서 가장 낮은 나라다.[17] 또한 OECD 국가 중에서 노동이동성이 가장 높은 나라다. 노동자 세 명 중 한 명이 매년 새로운 일자리를 구하는 나라다.[18] 재계가 해고 유연성이 없다고 주장하는 것은 일부 대기업과 공기업에 해당되지만, 절대다수의 노동자에게는 오히려 해고 유연성이 너무 높아서 고용이 매우 불안정한 것이 현실이다. 재계의 주장은 일부 대기업 노동자의 문제를 전체 노동자로 확대해서 호도하는 것이다. 소득 불평등을 완화하면서 고용 불안정도 함께 줄이는 두 가지 방안은 궁극적으로 국내 수요를 증가시켜서 기업의 지속적인 성장에도 크게 도움이 될 것이다.

임금인가, 복지인가?

| 임금 항생제, 복지 해열제 |

불평등을 완화하는 수단으로써 임금과 복지는 서로 보완적이다. 경쟁으로 작동하는 시장경제에서 불평등한 분배가 불가피한 결과이기 때문에 임금 분배만으로 불평등을 해소할 수 없다. 그러기에 복지 지출을 통한 재분배는 반드시 필요하다. 그러나 근본적으로 임금 없는 복지는 성립할 수 없기 때문에 복지가 임금을 대체할 수 없다. 복지를 통한 재분배는 원천적 임금 분배가 해결하지 못한 불평등의 문제를 해결하는 보조적 수단이다. 복지의 최우선은 실업자, 노약자, 빈곤층과 같은 사회적 소외 계층에 대한 집중적 지원이다. 원천적인 임금 분배를 교정하여 불평등을 크게 완화할 수 있다면 빈곤층에 대한 지원과 같은 기초 복지뿐 아니라 교육, 의료, 보육에서 보편적 복지

사회복지 지출이 늘었지만 경제 불평등은 악화되었다!

〔그림 119〕GDP 대비 사회복지 지출과 임금소득 지니계수 추이 : 1990~2014년

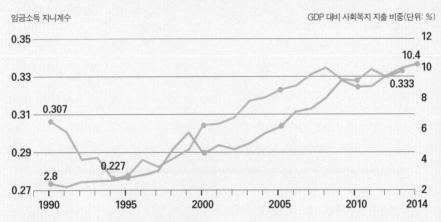

임금소득 지니계수   GDP 대비 사회복지 지출 비중(단위: %)

● 임금소득 지니계수   ● GDP 대비 사회복지 지출

국내총생산 자료 : 한국은행 / 사회복지 지출 자료 : OECD / 임금소득 지니계수 자료 : 한국노동연구원

〔그림 120〕GDP 대비 사회복지 지출과 소득 상위 10%의 소득 비중 추이 : 1990~2014년

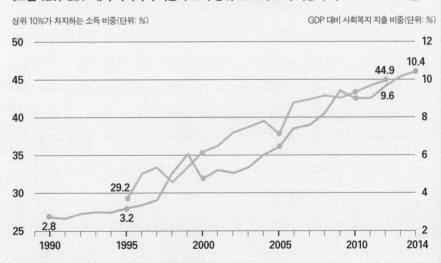

상위 10%가 차지하는 소득 비중(단위: %)   GDP 대비 사회복지 지출 비중(단위: %)

● 상위 10% 소득 비중   ● GDP 대비 사회복지 지출

국내총생산 자료 : 한국은행 / 사회복지 지출 자료 : OECD / 소득 상위 10%의 소득 자료 : WTID

를 확대할 수 있을 것이다. 따라서 임금 분배의 불평등을 완화하는 것은 복지를 확대하는 최선의 수단이다. 그러나 한국에서의 복지 논쟁은 임금 불평등의 문제를 다루지 않고 정부의 사회복지 지출에만 집중된 경향이 강하다.

한국에서는 1997년 외환 위기 이전 복지를 통한 실질적인 재분배 정책 자체가 거의 없었다고 해도 지나친 말이 아니다. 1990년 사회복지 지출액은 GDP의 2.8% 수준에 불과했다. 외환 위기가 발생한 1997년에도 3.6% 수준에 불과했다. 빈곤층에 대한 지원을 제도화한 기초생활보장법이 2000년에 시행되었으니 그 이전에는 기초적인 복지조차도 턱없이 부족했다. 그럼에도 불구하고 1990년대 초반까지는 소득 불평등이 악화되지 않고 오히려 완화되었다. 그것은 원천적인 분배, 즉 임금이 성장과 비례적으로 증가했기 때문이었다. 최근에는 사회복지 지출이 빠르게 증가하고 있고, 2014년 GDP 대비 사회복지 지출의 비율이 10.4%이니 1990년대 초반과 비교해서는 획기적으로 증가한 셈이다. 그럼에도 불구하고 한국의 불평등은 계속해서 악화되어 지금은 선진국들 중에서 불평등이 가장 심한 미국과 비슷한 수준에 이르렀다.(그림 119, 120 참조)

사회복지 지출의 가파른 증가에도 불구하고 불평등이 악화된 이유는 근본적으로 임금 분배의 불평등 구조가 함께 악화되었기 때문이다. 기업이 가계소득의 대부분을 차지하는 임금 분배를 악화시킨 것을 정부가 복지 지출로 메우는 구조가 된 것이다. 그러나 정부가 재분배 정책으로 기업이 악화시킨 원천적 분배의 불평등을 바로잡는 것은 역부족이다. 임금 불평등을 측정하는 임금소득 지니계수와 GDP 대비 정부의 사회복지 지출의 비중을 비교해보면, 사회복지 지

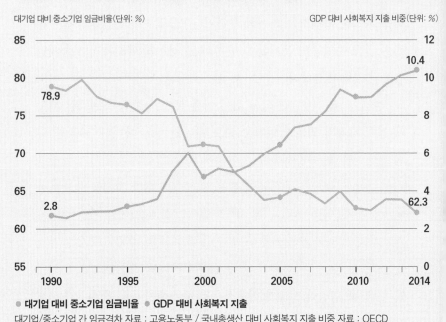

〔그림 121〕GDP 대비 사회복지 지출과 대기업/중소기업 간 임금격차의 추이 : 1990~2014년

대기업 대비 중소기업 임금비율(단위: %)   GDP 대비 사회복지 지출 비중(단위: %)

● 대기업 대비 중소기업 임금비율 ● GDP 대비 사회복지 지출
대기업/중소기업 간 임금격차 자료 : 고용노동부 / 국내총생산 대비 사회복지 지출 비중 자료 : OECD

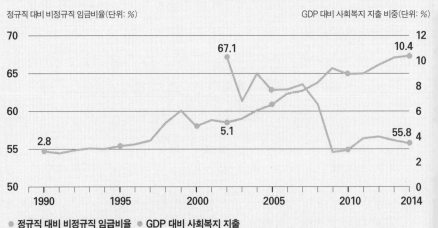

〔그림 122〕GDP 대비 사회복지 지출과 노동자 간 임금격차의 추이 : 1990~2014년

정규직 대비 비정규직 임금비율(단위: %)   GDP 대비 사회복지 지출 비중(단위: %)

● 정규직 대비 비정규직 임금비율 ● GDP 대비 사회복지 지출
정규직, 비정규직 노동자 임금 자료 : 한국노동연구원 / 국내총생산 대비 사회복지 지출 비중 자료 : OECD

출이 지속적으로 증가했지만 임금 불평등이 함께 같은 추세로 악화됨을 쉽게 알 수 있다. 이것은 복지 지출의 증가로 해결할 수 없을 정도로 임금 불평등의 악화가 진행된 것을 말해준다.(그림 121, 122 참조)

이러한 추세는 전체 소득 중에서 최상위 10% 계층이 차지하는 비중에서도 분명하게 드러난다. 1995년 소득 최상위 10% 계층이 전체 소득에서 차지하는 비중이 29.2%이었는데 2012년에는 거의 절반에 가까운 44.9%로 늘었다. 전체 노동자의 90%가 전체 소득의 나머지 55.1%를 나누어 갖는 분배 구조가 된 상황에서 정부가 사회복지 지출을 늘린다고 해도 고소득층이 가져간 부분을 메우기에는 역부족인 것이다.

이러한 상황이 만들어진 구조적인 이유는 앞서 지적한 것처럼 대기업과 중소기업의 임금격차와, 비정규직과 정규직의 임금격차가 확대되었기 때문이다. 정부가 사회복지 지출을 지속적으로 늘려 왔지만, 다른 한편에서는 임금격차가 빠른 속도로 확대되고 있기 때문에 복지만으로 불평등을 해소할 수 없었던 것이다. 임금격차를 확대시킨 기업의 분배 구조가 악화되는 것을 방치하면 정부의 사회복지 지출이 늘더라도 불평등을 완화할 수 없다는 것이 명확하다.

| 임금 분배 규제 |

대기업과 중소기업의 임금격차와 정규직과 비정규직의 임금격차를 해소하기 위한 규제를 도입하는 것은 기업의 원천적 분배에 사회적 또는 정치적인 개입을 하는 것이다. 물론 규제를 도입하지 않고 기업

이 자발적으로 임금격차를 완화한다면 가장 바람직한 결과일 것이지만 그럴 가능성은 매우 낮은 것으로 판단된다. 지금까지도 그렇게 하지 않았는데, 앞으로 그렇게 하리라고 기대할 만한 근거가 없다. 재벌 그룹들이 거의 모든 업종에서 시장을 지배하고 있는 시장구조와, 대기업과 중소기업이 갑과 을의 종속적인 관계에 있기 때문에 더욱 그러하다. 이명박 정부가 임기 초반에 '친재벌'을 표방했다가 임기 후반에 방향을 바꾸어 추진한 '동반 성장'이 아무런 성과 없이 끝난 것도 재벌과 대기업 중심의 경제구조 한계를 '친재벌' 대통령의 정치적인 힘으로도 넘을 수 없었기 때문이다.

재벌과 대기업 중심의 경제구조에도 불구하고 적지 않은 사람들은 기업의 분배 구조에 대한 직접적인 규제에 대해서 부정적인 입장이다. 이것은 '시장'에 대한 막연한 기대와 근거 없는 신뢰를 가지고 있기 때문으로 보인다. 불평등 문제에 이를 적용하면 '분배는 시장에 맡기고, 재분배는 정부가 한다'는 시장과 정부의 역할에 대한 고정관념이다. 다시 말하면 불평등이 심화되었다 해도 시장에서 발생한 것이니 어쩔 수 없다는 일종의 시장에 대한 '맹신'이요 '항복'이다. 불평등을 심각한 사회문제로 제기하는 진보 진영도 복지를 강화해야 한다거나 복지국가를 지향해야 한다는 주장을 하면서도 기업의 원천적 분배, 즉 임금 분배를 규제해야 한다는 주장을 하는 경우는 매우 드물다.[19] 임금 불평등이 소득 불평등의 근본적인 원인이라는 것을 주장하는 글들에서도 그렇기 때문에 임금 분배를 규제해야 한다는 결론으로 이어지지는 않는다. 임금 분배의 규제는 대기업-중소기업, 정규직-비정규직 노동자 간의 '노노 갈등'을 만들 가능성이 있기 때문에 구체적인 언급을 피하는 경향이 있기도 하고, 기업의 임금 규제에 대해 유보적인 입장을 가지거나 임금 불평등을 복지로 해결한다는 논리적 비약을 전개하는 경우들도 적지 않다.

　일반 국민의 시장에 대한 막연한 기대는 흔히 '시장'을 '기업'으로 잘못 인식하는 것에 기인한다. 시장 그 자체는 '주체'가 아닌 '제도'이다. 더구나 기업은 시장이라는 제도를 구성하는 하나의 주체일 뿐이다. 흔히 얘기하는 '시장이 가격을 결정한다'는 것은, 수많은 수요자와 공급자가 주체가 되어 시장에서 경쟁을 통해 가격을 합의한다는 말이다. 즉 '시장이' 결정하는 것이 아니라 '시장에서' 결정되는 것이다. 이것이 시장의 기능이다. 경제 원론에서는 시장에서 결정된 가격이 자원을 가장 효율적으로 분배한다고 가르친다. 효율적 분배는 '시장이 완전한' 경우를 가정한 것이다. '완전한 시장'이란 수요자와 공급자 어느 누구도 시장에서 가격을 결정하는 데 영향을 미칠 수 없는 '완전한 경쟁'이 이루어지는 시장이다.

　경제 원론에서 가르치는 '시장에서' 결정된 가격이 가장 '효율적인 분배'를 한다는 것은 현실이 아닌 진공상태에 가까운 가상의 세계이다. '완전한 경쟁'이 이루어지는 '완전한 시장'이 성립되는 경우는 현실에서 지극히 드물기 때문이다. '불완전한 경쟁'이 펼쳐지는 '불완전한 시장'에서는 경쟁의 우위에 있는 공급자 또는 수요자가 가격에 영향을 미치며, 그 결과로 결정된 가격은 효율적인 분배를 보장하지 않는다. 더 나아가 시장을 지배하는 힘을 가진 공급자나 수요자가 존재한다면 가격은 시장 지배자가 결정하게 되며, 그 결과로 결정된 분배는 시장 지배자에게는 효율적이지만 시장과 사회 전체에는 비효율적이다. 대부분의 현실은 불완전한 경쟁이 펼쳐지는 불완전한 시장이다. 따라서 가격과 분배는 '시장'이 결정하는 것이 아니라 시장을 '지배하는 자'가 결정하는 것이다.

　노동의 가격인 임금은 노동시장에서 결정된다. 노동시장이 불완전한 경쟁이 펼쳐지는 불완전한 시장이라면 그 결과로 결정되는 임금의 분배는 경제와 사회에 효율적인 것이 아니다. 한국의 노동시장이나 기업 간 거래 시장이 완전경쟁이 펼쳐지는 완전한 시장이라고 주장할 사람은 없을 것이다. 완전한 시장은커녕 '완전하게 불완전한' 시장에 더욱 가깝다. 소수의 대기업이 모든 업종에서 시장을 지배하고 있는 시장구조와, 갑과 을의 종속 관계로 묶여 있는 기업 관계에서 하청업자의 공급가격이 경쟁적으로 결정되었고, 그러한 결과가 효율적인 분배를 결정했다고 주장한다면 그런 사람은 한국의 현실을 전혀 모르는 외계인일 것이다. 따라서 임금은 '시장'이 결정한 것이 아니라 '시장을 지배하는 기업'이 정한 것이다. 을인 하청 중소기업의 공급가격은 갑인 원청 대기업이 정한 것이지 시장이 정한 것이 아니다. 그 대가로 하청 중소기업 노동자는 원청 대기업 노동자의 3분의 1 또는 4분의 1의 임금을 받는 것이다. 특별한 개인적인 사유가 있는 경우가 아니라면 임금도 낮고 고용도 불안정한 비정규직을 기꺼이 받아들일 노동자는 없다. 정규직의 절반인 비정규직의 임금은 '시장'이 결정한 것이 아니라 사용자인 '기업'이 정한 것이다. 지금의 기업 임금 분배 구조는 사용자와 노동자 간의 불평등한 힘의 결과이고, 노동의 수요자와 공급자 간의 지극히 불완전한 경쟁의 결과일 뿐이다.

　독과점에 대한 정부의 규제는 불완전한 경쟁, 즉 불공정 경쟁을 바로잡고 시장 기능을 강화하기 위한 것이다. 마찬가지로 기업의 임금 분배에 대한 규제가 노동시장에서 불공정 경쟁을 바로잡고 보다 경쟁적이고 효율적인 시장으로 만든다면 임금 규제는 불평등을 완화하는 의미를 넘어서서 시장 기능을 강화하는 것이다. 임금 규제가 소수의 고임금노동자의 근로 의욕을 꺾을 수 있다는 주장이 있다면, 이 말을 뒤집으면 보다 많은 다수의 저임금노동자의 근로 의욕을 높일 수도 있다는 말이 된다. 임금을 제한하는 것이 고임금노동자의 근로 의욕을 약화시킨다는 주장이 정당화되려면 소수의 고임금노동자의 역량과 노력이 다수의 저임금노동자등의 그것보다 임금격차만큼 커야 한다. 하청 중소기업 노동자가 원청 대기업 노동자 임금의 3분의 1 또는 4분의 1 수준을 받는 것이 그들의 역량과 노력이 대기업 노동자의 3분의 1 또는 4분의 1이기 때문이라고 주장할 근거도 전혀 없다. 중소기업과 비정규직 노동자가 자신의 역량과 노력에 걸맞는 보상을 받지 못하고 있는 것은 불완전 경쟁이 펼쳐지는 불완전 노동시장 구조 때문이다. 기업의 원천적 분배의 일부인 임금 분배를 규제하는 것은 불평등을 완화하는 정의에 부합하는 것일 뿐 아니라 노동시장이 경쟁적으로 작동해서 보다 효율적인 분배를 가능케 하는 당연한 시장 기능의 일부이다. 불완전한 시장을 좀 더 '덜' 불완전하게 만드는 것일 뿐이다.

제 6 장

정의로운 차등이 민주주의다

불평등은
필연인가?

시장경제는 개인의 자유로운 선택과 경쟁을 통해서 효율적으로 더 많은 결과를 내는 경제체제로 이해되고 있다. 승자에게 더 많은 보상을 하기 때문이다. 시장경제의 원리가 현실에서 작동되기 위해서는 경쟁 구조에서 세 가지 평등이 전제되어야 한다. 기회의 평등, 과정의 평등 그리고 결과의 평등이다. '기회의 평등'은 모두에게 경쟁에 참여할 기회가 주어지고 동일한 출발선에서 경쟁을 시작하는 '경쟁의 문제'다. '과정의 평등'은 경쟁 과정에서 모두가 동일한 규칙에 따라서 경쟁하는 '공정의 문제'다. 그리고 '결과의 평등'은 공정한 경쟁의 결과를 나누는 '분배의 문제'다.

경쟁의 출발선이 불평등한 경우, 출발선에서 앞선 사람이 승자가 될 가능성이 높다. 그렇지 않은 사람들은 자신이 최선을 다해도 순위가 뒤바뀔 가능성이 희박하다고 생각하게 되어 경쟁에 참여하지 않는 불완전한 경쟁이 된다. 마라톤 경기에서 모두가 42.195km를 달린다. 그러나 어떤 사람은 앞서 출발해 32km만 달린다면, 전 구간을 달려야 하는 사람이 승자가 될 가능성은 거의 없을 것이다. 그러한 불공정한 경기에 참여할 사람도 없겠지만, 설령 경기가 성립된다고 해도 최고의 기록이 나올 리가 없다. 따라서 효율적으로 더 많은 결과를 만들어내는 경쟁이 성립되기 위해서는 기회의 평등이 전제되어야 한다. 그러나 현실에서 기회의 평등이 완전하게 보장되는 것은 거의 불가능에 가깝다.

남보다 불리한 조건에서 경쟁에 참여하더라도 경쟁의 과정에서 자신의 노력과 창의력으로 차이를 극복할 수 있다고 믿는 사람들은 경쟁에 도전할 것이다. 그러한 믿음을 갖기 위해서는 모두에게 동일한 규칙이 적용되어야 하고, 출발선에서 앞선 사람이 경쟁 과정을 지배하는 불공정한 행위가 금지되어야 하며, 불공정한 행위에 대해서 엄격한 제재와 벌칙이 부과되어야 한다. 따라서 시장경제가 작동하기 위해서는 경쟁의 출발선이 다르다고 해도 과정의 평등, 즉 경쟁 과정에서의 공정성이 보장되는 것이 기회의 평등만큼이나 중요하다. 물론 한국의 시장은 이마저도 지켜지지 않고 있는 것이 현실이다.

기회의 평등과 과정의 공정성이 보장된다고 해도 경쟁으로 만들어낸 결과를 승자에게 더 많이 나누어주는 것이 경쟁의 원천적 속성이다. 따라서 결과의 평등, 즉 분배의 평등은 시장경제에서 성립되지 않는다. 모두가 승자 되는 경쟁이란 없으며, 필연적으로 1등이 있고 꼴지가 있기 마련이다. 승자가 결과를 독식한다면 경쟁은 곧바로

'완벽한' 불평등을 만들어낸다. 승자 독식의 완벽한 불평등은 경쟁에 참여하는 경쟁자를 축소함으로써 궁극적으로 경쟁 자체의 유효성까지 기각할 수 있다. 반면에 경쟁으로 결정된 순위에 따라서 결과를 차등적으로 분배한다면 승자가 독식하는 경우보다 상대적으로 불평등이 덜 할 것이다. 반드시 1등이 아니더라도 차등적 보상이 있다면 경쟁에서 최선을 다해볼 것이며, 이러한 차등 보상은 1등뿐만 아니라 모두가 최선을 다하게 만듦으로써 시장 전체로는 효율성을 내는 원동력이 되기도 한다. 때문에 차등적 보상은 불평등의 필연적 속성을 가진 시장경제에서 타협책이자 보완책이라 할 수 있다.

| 차등과 정의 |

분배의 불평등이 경쟁의 필연적인 결과라면 반복적인 경쟁이 이뤄지는 시장경제에서는 경제가 성장할수록 불평등이 더욱 심해진다는 결론에 이르게 된다. 자본주의 시장경제의 이론적 시조라 할 수 있는 애덤 스미스(Adam Smith)도 《국부론》에 다음과 같이 적고 있다. "큰 재산이 있는 곳에는 반드시 큰 불평등이 존재한다."[1] 더 많은 부가 만들어지면, 더 큰 불평등도 함께 만들어진다는 것이다.

경제가 성장할수록 불평등이 더 심해지는 것이 당연한 결과라면, 여기에서 두 가지 근본적인 질문이 제기된다. 성장은 무엇을 위한 것인가? 그리고 경쟁의 결과로 만들어진 불평등은 정의로운가? 이러한 질문들은 시장경제 체제의 정당성에 대한 근본적인 의문을 제기하는 것과 같은 것이다. 성장의 목적이 무엇인가와 불평등이 정의로운 것인가의 질문은 서로 연관된 것이기에 이에 대한 답을 함께 논의해보자.

국가 경제를 성장시키려는 목적은 '국민'을 잘살게 하기 위해서다. 불평등이 성장의 불가피한 결과라면 국민이 평균적으로 잘살게 되었을지라도 모두가 성장의 혜택을 누리는 것은 아니다. 어떤 국민은 더 잘살게 되지만, 어떤 국민은 그렇지 못하다는 것이다. 모두가 똑같은 분배를 받는 산술적 평등이 최선일 수는 없다. 각자의 역량과 노력의 차이에 따라서 보상이 달라지는 것이 정당하다. 그러나 현실에서는 보상의 차이가 각자의 역량과 노력의 차이만으로 결정되는 것이 아니다. 경제학 교과서가 가르치는 것처럼 기회의 평등과 과정의 공정성이 담보되는 '완전한 경쟁'은 현실에 존재하지 않는 가상의 시장이기 때문이다.

현실에서는 모두에게 기회가 주어지는 것도 아니고, 출발선도 서로 다르며, 경쟁의 규칙이 모두에게 공정하게 집행되지도 않는다. 학력·성별·출신지역 등의 차별로 경쟁에 참여하는 기회가 제한되며, 갑과 을의 관계나 독과점처럼 지배적 위치에 있는 경쟁자가 불공정한 경쟁을 하는 경우도 허다하다. 정치적 힘과 같은 경쟁 외적 요인을 동원해서 경쟁의 결과에 영향을 미치는 경우들도 흔한 일이다. 이와 같은 기회의 불평등과 불공정한 경쟁으로 만들어진 불평등한 분배는 정의롭지 못하다. 그러나 정의롭지 못한 분배의 불평등은 불공정한 경쟁 구조만으로 생겨나는 것은 아니다. 자신의 의지와 관계없이 타고난 역량의 차이로 인해서 경쟁의 결과가 결정되기도 하고, 자신의 노력과는 아무런 관계가 없는 운에 따라서 경쟁의 결과가 달라지기도 한다. 그리고 개인이 선택하지 않았지만 개인의 역량과 노

력으로 극복할 수 없는 강요된 사회-경제적 구조에 의해서 정의롭지 못한 불평등이 만들어지기도 한다.[2]

한 걸음 더 나아가서 기회의 평등과 과정의 공정성이 담보된 완전한 경쟁이 성립되고 그리고 분배가 각자의 역량과 노력만으로 결정된다고 해도, 경쟁의 결과로 소수만이 풍요를 누리고 국민 다수가 빈곤으로 고통을 받는다면 '다수가 고통 받는 경쟁을, 무엇을 위해서 해야 하는가?'라는 근본적인 질문이 당연히 제기될 것이다. 빈곤으로 고통 받는 다수가 자신들에게 고통을 안겨주는 경제체제를 거부하는 것은 정당한 권리이다. 애덤 스미스도 '보이지 않은 손'에 의해서 움직이는 시장이 다수의 빈곤과 고통을 만들어낸다는 점을 지적했다. 그는 《국부론》에서 다음과 같이 말한다. "한 사람의 큰 부자가 있기 위해서는 적어도 500명의 가난한 사람이 있으며, 소수의 풍요로움은 다수의 빈곤을 전제로 한다."[3]

국가 경제의 목적이 '다수의 빈곤을 전제로 한 소수의 풍요'일 수는 없다. 국가 경제가 성장해야 하는 이유는 '국민이' 잘살기 위해서이지 '소수의 국민만이' 잘살기 위한 것이 아니라는 것에 반론을 제기할 사람은 없을 것이다. 그렇기 때문에 불공정하고 불완전한 경쟁에 의해서 만들어진 불평등만이 정당하지 못한 것이 아니라, 다수의 빈곤을 전제로 한 불평등은 과정의 정당성과 관계없이 정의롭지 못한 것이다.

여기서 또 다른 질문이 이어진다. 다수의 국민이 더 잘살게 되고 소수만이 빈곤으로 고통 받는 그런 불평등은 정의로운가? 이 질문에 대한 답을 구하기 위해서는 불평등에 대한 논의의 범주를 사회-경제적인 문제를 넘어서 인간의 본원적인 가치인 자유와 정의 간 관계에 대한 철학적 성찰로 확대해야 한다. 이 질문은 '정의란 무엇인가'라는 철학적 논제 선상에 있는 것이기 때문에 이 글의 범주를 넘어선다. 그러나 현대적 의미의 정의에 관한 어떤 논의라 할지라도 약자와 소수자의 고통을 전제로 한 다수의 행복을 정의롭다고 정당화하지는 못한다. 그 이유는 빈곤은 개인의 자유를 구속하며, 다른 사람의 자유를 구속하는 어떤 개인의 자유도 정당화되지 못하는 것과 같기 때문이다. 현실은 애덤 스미스의 말처럼 소수의 풍요가 다수의 빈곤을 전제로 하는 것이지만, 차선으로 다수의 풍요가 소수의 빈곤을 전제로 이루어진다고 해도 사회는 소수의 빈곤에 대한 책임이 있다.

누가 민주주의를
위협하는가?

| 부자와 가난한 자 |

장자크 루소(Jean Jacques Rousseau)는 《인간 불평등 기원론》에서 가진 자와 못 가진 자로 분할된 경제적 불평등은 궁극적으로 정치적 불평등으로 구조화되고 고착화된다고 했다. 루소는 사회가 '부자와 가난한 자, 가진 자와 갖지 못한 자'로 고착화되면서 '가진 자들은 본성적으로 타고난 약자에 대한 배려와 고통 받는 이웃에 대한 연민이 약화되고, 갖지 못한 자들은 평등하게 대우받지 못하는 정의롭지 못한 상태에 대해서 분노하지 않는 노예 상태가 된다'고 했다.[4] 루소는 "부자들은 가난한 자들이 자신들의 가진 것에 대한 질투심으로 인해서 생길 수 있는 약탈로부터 자신을 보호하기 위한 '효과적인 명분과 자기를 방어할 충분한 힘(권력)'[5]을 갖기 위한 '교묘한 계획'[6]으로 사회와 법률이라는 제도를 만들었다."[7]고 주장한다.

루소는 가진 자들이 약자를 보호한다는 명분을 내세워 사회와 법률을 만들었지만 오히려 "사회와 법률이 약자에게는 새로운 족쇄를, 강자에게는 새로운 힘을 주었고, 타고난 자유를 영원히 파괴했다. 또 소유와 불평등의 법을 영원히 고정시켰고 (가진 자들의) 약삭빠른 착취를 취소할 수 없는 권리로 만들었으며, 일부 야심가의 이익을 위해 모든 인류에게 노동, 종속 그리고 가난을 강요했다."[8]고 보았다.

그는 소유권과 법률의 확립이 불평등의 세 단계 진화를 만들어낸다고 한다. "첫 번째 시기는 부자와 가난한 자, 두 번째 시기에 강자와 약자의 상태가 용인되었고, 세 번째 시기에는 주인과 노예의 상태가 용인되었다."[9]고 하면서, 경제적 불평등이 필연적으로 정치적 차별과 사회적 차별을 가져오는 근원적인 원인이 된다고 보았다. 가진 자와 강한 자가 못 가진 자와 약한 자에 대한 '연민과 배려'의 갈등을 느끼고, 자신의 이기심과 욕구 충족을 억제해서 타인에 대한 지배와 착취를 조절하지 않는다면 사회나 국가가 개입해서 이를 강제로 조절해야 하며, 그러한 조절이 제대로 실행되지 않으면 불평등은 계급 또는 계층, 권력 구조의 '영원한 갈등'[10]이 된다고 본 것이다.

시장경제 이론의 원조인 애덤 스미스도 사유재산이 허용되고, 부의 불평등이 생기면서 부자들이 자신의 재산을 지키고 불평등으로부터 얻는 자신들의 힘과 권리를 보호하기 위해서 사회구조와 법률을 만들었다는 루소와 비슷한 생각을 다음과 같이 《국부론》에서 기술하고 있다. "부자의 풍요는 가난한 사람들의 분노를 자극하는데, 빈민들은 빈곤에 내몰리고 질투심에 의한 부추김을 받아 부자의 재산을 침해하려고 한다. 수년에 걸친 노동에 의해, 또는 수 세대에 걸친 노동에 의해 획득한 귀중한 재산의 소유자가 하룻밤이라도 안전하게 잘 수 있는 것은 공권력의 보호 아래에서만 가능하다. 그는 (부자는) 언제나 알 수 없는 적들에 둘러싸여 있다. 그는 적들을 화나게 한 적이 없으면서도 결코 그들을 달랠 수 없다. 그는 그 적들의 침범에 대해 단지 공권력에 의해서만 보호를 받을 수 있는데, 이 공권력의 강력한 팔은 그런 악행을 징벌할 준비가 항상 되어 있다. 따라서 귀중하고 방대한 재산을 획득하게 되면 필연적으로 확고한 민간에 의한 통치(civil government)의 확립을 요구하게 되는 것이다. 아무런 재산이 없거나 재산이 있더라도 겨우 2~3일 노동의 가치를 넘지 않는 곳에서는 민간에 의한 통치가 별로 필요가 없다."[11]

스미스가 '가난한 사람들의 분노'가 부자들에 대한 '질투심'에서 나온 것으로 보는 것은 가난이 가져오는 현실적인 고통과 복종을 간과하고 있으며, 부자의 재산이 모두 정당한 노동의 결과로 축적된 것으로 전제한 것 또한 자본주의의 현실과 거리가 있다. 그리고 부자를 위한 공권력이 결국은 사회적 불평등으로 이어지는 것으로 보는 루소의 생각과 차이가 있다. 그러나 스미스가 부자들이 자신의 재산을 가난한 자들로부터 보호하기 위해서 정부의 통치와 공권력, 즉 법과 법의 집행력을 만들어낸 것이라고 보는 것은 루소와 같은 생각이다. 애덤 스미스 역시 봉건 왕조의 막을 내리고 '민간에 의한 통치', 즉 시민 정부가 출현하는 근거를 사유재산의 축적과 보호에서 찾은 것이다.

루소는 가진 자와 못 가진 자로 시작되는 경제적 불평등이 힘(권력)의 불평등을 만들고, 힘(권력)의 불평등이 가난한 자들을 권력에 예속되고 복종하는 '노예'의 상태로 만들어서 궁극적으로 자유를 억압하는, 즉 '자유의 불평등'[12]으로 귀착된다고 본 것이다. 루소의《인간 불평등 기원론》이 출간된 때가 1755년이다. 이 시기는 산업혁명이 막 시작되던 자본주의 초기 태동기이고, 유럽 국가들이 봉건 왕정에서 공화 체제로 바뀌기 이전이다. 그런 시기에 경제적 불평등이 정치적 힘의 불균형으로 확대되는 위험을 간파한 루소는 불평등이 지속되는 사회구조가 미래에 어떻게 될 것인지를 예언처럼 다음과 같이 적고 있다.

"억압받는 사람들은 압제(壓制)가 얼마나 지속될지도 그것을 끝내기 위해 어떤 합법적인 방법이 남아 있는지도 알지 못한 채 억압은 지속적으로 커져갈 것이다. 시민의 권리와 국민적 자유가 점차 사라져가고 약자의 요구는 불온한 불평으로 취급되는 것을 보게 될 것이다. 정치가 공동의 이익을 지켜야 할 명예를 돈에 좌우되는 국민의 비중에 따라 제한하는 것을 보게 될 것이다."[13] 루소가 260년 전에 자본주의 꽃이 핀 오늘날의 상황을 마치 미리 본 것처럼 적고 있는 것이다.[14] 불평등이 악화되고 고착화된 미국과 유럽에서 많은 정치학자들과 경제학자들은 루소의 예언처럼 '시민의 권리와 국민적 자유가 점차 사라져가고 약자의 요구는 불온한 불평으로 취급'되어 다수의 시민들이 주어진 사회-경제적 구조에 복종하는 민주주의의 후퇴를 진단하고 있다.[15]

| 주인과 노예 |

루소의 '예언'은 소득 불평등이 OECD 회원국 중에서 네 번째로 심하고, 소수 재벌들이 경제를 지배하는 정도가 매우 심각한 수준에 와 있는 한국의 현실에 더욱 더 적확하게 적용된다. 세계경제포럼(WEF, World Economic Forum)의 세계 경쟁력 보고서(The Global Competitiveness Report)에 의하면 소수 그룹의 시장 지배력을 측정한 항목에서 한국은 144개 조사 대상국 중에서 120위다. 한국보다 바로 앞 순위인 118위가 파라과이, 119위가 니카라과이고, 한국보다 바로 뒷 순위인 121위가 보츠와나이고, 122위가 말라위다.[16] 한국 재벌들의 시장 지배력이 얼마나 심각하고 한심한 수준인가를 단적으로 보여주는 예이다.

재벌들은 단순히 시장 지배력과 경제적 힘만을 가지고 있는 것이 아니다. 정치, 사회, 언론, 문화, 교육 등 한국 사회 모든 영역과 관료, 법조계, 학계, 예술-연예계까지 한국 사회의 인적 네크워크들이 모두 재벌의 영향력 아래에 있다는 것은 굳이 설명할 필요가 없을 것이다. 기성세대는 말할 것도 없고, 젊은 세대들까지도 재벌 체제에 대항하는 것을 '자살행위'로 받아들인다. 국민은 '재벌이 망하면 나라가 망한다'는 강박적 불안감을 가지고 있고, 일부 진보 세력마저도 '재벌과 타협해야 한다'고 주장한다. 경영권을 세습하는 반시장적이고 반자본주의적인 재벌들의 행태마저도 애국으로 정당화되고 당연하게 받아들일 만큼 어쩌면 한국 사회는 재벌의 총체적 지배에 '분노하지 않는 노예 상태'에 이른 것인지도 모른다. 정치권력은 유한해도 재벌의 경제권력은 영원한 것이 되어버렸다. 한국 사회는 루소가 말한 '부자와 가난한 자가 분리'되는 첫 번째 시기를 이미 지났고, '강자와 약자의 상태가 용인'되는 두 번째 시기를 넘어, '주인과 노예의 상태가 용인'되는 세 번째 시기에까지 이르렀다.

경제가 성장해도 임금으로 삶을 꾸리는 절대다수의 국민들은 성장의 혜택으로부터 소외되고, 재벌 대기업과 소수의 고소득층만이 풍요를 누리는 근본적인 원인은 정부의 재분배나 복지 실패 이전에 재벌 대기업에 의한 분배의 실패에 있다.[17] 최장집은 오래 전에 재벌이 지배하는 한국 경제의 구조에서 절대다수의 국민들이 삶을 꾸리는 근간인 노동이 어떻게 피폐해졌고, 그 결과로 민주주의가 어떻게 후퇴하고 있는가를 경고한 바 있다.[18] 그러나 절차적 민주주의를 가장한 실질적 민주주의가 후퇴하는 것이 현실화되었고, 한국 사회에서 재벌의 힘을 제어할 제도적 장치는 존재하지 않는다. 루소는 가진 자와 가난한 자 사이의 불평등의 마지막 단계가 '주인과 노예의 상태가 용인'되는 단계이고, "새로운 변혁이 정부를 완전히 와해시키거나 합법적인 제도에 근접시키기까지 마침내 다른 모든 상태가 귀착되는 끝 지점이다."[19]라고 했다. 한국의 불평등은 이제는 혁명적 개혁을 하지 않고는 되돌리기 어려운 상황에 이른 것이다.

배 아픔인가,
배고픔인가?

| 노동자 세명 중 한명은… |

경제가 성장할수록 불평등이 더 커진다면 성장은 무엇을 위한 것이
고, 불평등은 정의로운가라는 질문은 추상적인 철학 논쟁이 아니라
지금 한국의 현실에서 절실하게 제기되어야 할 질문들이다. 한국은
외환 위기 이후 지난 18년 동안 경제성장의 결과로 불평등한 나라가
되었다. 뿐만 아니라 다른 나라들과 비교해서도 불평등이 매우 심한
나라다.[20]

　애덤 스미스는 '가난한 사람들이 부자의 풍요를 질투심으로 바
라보고 분노한다'[21]고 했다. '사돈이 논을 사면 배가 아프다'는 우
리 속담과 같다. 그러나 지금 한국의 불평등 문제는 '배 아픔'이 아닌
'배고픔'이다. 평균 연봉이 1억 원이 넘는 삼성전자나 현대자동차 그

리고 은행 직원은 '지금 같은 세상에 무슨 배고픔이냐' 하겠지만 불평등으로 인한 '배고픔'으로 고통 받는 국민이 너무도 많다. 한국에는 월 임금이 100만 원 이하인 노동자가 전체 임금노동자 1874만 명의 3분의 1을 넘는다. 믿기지 않는 숫자이다. 노동자 세 명 중 한 명은 월 임금이 2인 가구 최저생계비도 되지 않는 것이 한국의 현실이다.[22] 정말 그런지 통계를 살펴보자.

2012년에 정부가 국회 국정감사에서 소득분포 자료를 제출했다. 이 자료에 의하면 사용자가 임금에서 근로소득세를 원천징수해서 국세청에 납부한 근로소득자의 총수는 1572만 명이다. 이 중에서 연말정산을 해서 최종적으로 근로소득세를 납부한 노동자는 1061만 명이었다. 소득세 원천징수 대상인 노동자 중에서 32.5%인 510만 명은 소득이 과세 기준에 미달해서 소득세를 면제받았다.[23] 과세 기준 미달 소득자들을 모두 저소득자라고 볼 수는 없다. 이 중에는 소득이 낮지는 않지만 각종 세금 공제를 받아서 소득이 과세 기준에 미달한 경우들이 포함되어 있기 때문이다. 보다 상세한 소득분포가 제공된 2014년 자료를 이용해서 보수적으로 추정하면 이들 중에서 월 소득 100만 원 미만의 노동자가 370만 명 내외일 것으로 판단된다.[24]

2012년 총임금노동자가 1771만 명이고, 소득세를 원천징수한 근로소득자가 1572만 명이기 때문에 원천징수에서 제외된 노동자가 200만 명이다. 이들은 사용자가 임금을 지불하면서 소득세를 국세청에 신고하지 않은 노동자이며, 이들의 고용 형태에 대한 통계가 존재하지 않지만 대부분이 일용직이거나 임시직인 저임금노동자로 추정된다. 따라서 전체 노동자 1771만 명 중에서 소득세 원천징수를 하지 않은 200만 명과 소득이 과세 기준에 미달한 소득자 중에서 월

소득 100만 원 미만의 소득을 받는 것으로 추정한 370만 명을 합한 570만 명이 바로 저임금노동자인 것이다. 따라서 전체 노동자의 약 32%가 저임금노동자인 것으로 추정되며, 이것은 노동자 세 명 중 한 명이 최저생계비 수준의 임금을 받는 것을 의미한다.

2012년 국세청 통계는 소득이 과세 기준에 미달하는 저소득자를 제외하고 근로소득세를 납부한 납세자만을 포함한 자료이기 때문에 저임금노동자의 실태를 대충 추정할 수 있으나 정확하게 파악하기 어려운 한계가 있다. 보다 정확한 통계가 최근에 공개되었다. 2014년 연말정산 때 근로소득자들에 대한 세금 공제를 일부 폐지하는 세법 개정으로 인해서 '세금 폭탄' 논란이 일어났다. 정부는 뒤늦게 근로소득자들의 세 부담을 줄이기 위해서 기준 소득을 상향 조정하고, 국민을 설득하려고 근로소득세를 신고한 2014년 노동자의 소득분포를 국회에 제출했다.

2014년 국세청 자료는 2012년 자료와는 달리 소득이 과세 기준에 미달한 소득자들을 포함한 전체 소득세 신고자의 소득분포를 상세하게 보여주고 있다. 2014년 소득이 과세 기준에 미달하는 저소득자를 포함한 원천징수 대상 근로소득자가 1619만 명이다. 이 중에서 월 노동소득 100만 원 이하, 즉 연간 노동소득 1200만 원 이하인 노동자가 23.6%인 382만 명이다.[25] 통계청의 〈경제활동인구조사〉에 의하면 2014년 임금을 받고 일하는 임금노동자 수는 1874만 명이다. 따라서 근로소득세 원천징수 노동자 1619만 명과의 차이인 255만 명은 소득세 신고에서 누락된 노동자다. 이들의 대부분은 사용자가 근로소득세를 국세청에 신고하지 않을 정도의 저임금을 받는 일용직 또는 임시직 노동자인 것으로 추정된다. 따라서 2014년 총임금

노동자 1874만 명 중에서 월 소득 100만 원 이하의 노동자는 34.0%인 637만 명으로 추정된다.

전체 임금노동자의 세 명 중 한 명이 월 소득 100만 원 이하인 것이다. 2014년 최저생계비가 월 102.7만 원이니, 세 명 중 한 명은 최저생계비도 되지 않는 임금을 받고 일하는 빈곤층인 것이다. 이것이 한국의 현실이다. 한국의 불평등은 대체로 잘사는데 상대적으로 못사는 문제가 아니라, 이념이나 관념의 문제가 아니라 다수 국민들의 현실 속 삶의 문제인 것이다. 한국 불평등의 문제는 질투심으로 인한 '배 아픔'이 아니라, 저임금으로 인한 '배고픔'의 문제다.

불평등이
성장 원동력인가?

| 불평등과 경제성장 |

경제학자들 사이에 오랫동안 소득 불평등이 경제성장의 걸림돌이 되는가, 아니면 도움이 되는가에 대한 많은 연구와 논쟁이 있었다. 앞서 기회의 평등과 공정한 경쟁이 담보되는 완전한 시장이 현실에서 존재하지 않으며, 불공정한 경쟁이 펼쳐지는 불완전한 시장에서 만들어진 불평등은 정의롭지 못하다고 했다. 정의롭지 못한 불평등이라면 경제성장에 걸림돌이 된다고 쉽게 결론지을 것 같지만, 그동안의 연구들은 어느 한쪽으로 확실한 결론을 내리지 못했다.

불평등이 성장에 도움이 될 수 있다는 것은, 불평등한 구조에서 불리한 또는 정당한 분배를 받지 못한 사람들은 더 많은 보상을 얻기 위해서 더 많은 노력을 할 것이다, 새로운 혁신적인 시도를 하며 창업을 통해서 더 많은 부를 얻으려고 노력을 할 것이다, 때문에 어느 정도의 불평등은 사람들이 더 잘살려는 노력을 하게 만들어서 경제 전체의 성장에 도움이 된다는 논리이다.[26] 반대로 걸림돌이 된다는 것은, 불평등한 구조에서 저소득자들은 경쟁에 참여할 기회가 단절되고, 불평등한 분배 구조가 고착화된 경우 개인의 노력으로 불평등한 상황을 극복할 수 없으며, 불평등이 불공정한 경쟁의 시장구조로 만들어진 경우 더 많은 역량과 노력을 기울인 사람에게 더 많은 보상이 주어지는 유인이 작동하지 않아서 오히려 경제성장을 저해하게 된다는 것이다.

이러한 상반되는 논리적 주장 중에서 어떤 것이 현실에 부합하는가는 통계를 이용해서 실증적으로 검증해야 한다. 불평등과 성장에 관한 실증적인 연구들은 그 결과가 불평등을 측정하는 방법에 따라서 달라지기도 하고, 분석에 포함된 국가나 기간에 따라서도 달라진다. 이러한 이유 때문에 지난 수십 년 동안의 연구들은 불평등과 성장의 관계에 대한 결론이 서로 엇갈리기도 했다. 그러나 최근의 연구들은 대부분 불평등이 경제성장을 저해한다는 결과들을 보여주고 있으며, 최소한 불평등이 경제성장에 도움이 되는 것은 아니라는 연구 결과들이 지배적이다.

한국 경제에서 불평등이 성장에 어떤 영향을 미쳤는가에 대한 신뢰할 만한 연구를 찾을 수 없다. 그 이유는 한 나라에 대한 불평등과 성장의 관계를 규명하려면 오랜 기간의 정확한 자료가 축적되어야 하는데, 한국의 불평등 측정의 역사가 짧기 때문이다.[27] 이러한 이유에서 불평등과 성장의 관계에 관한 대부분의 연구들은 다른 많은 나라들의 오랜 기간의 통계를 이용해서 분석한다.[28]

이 중에서 한 가지 주목할 만한 연구가 있다. IMF가 2015년에 광범위한 국가들을 대상으로 분석한 연구에서 불평등이 경제성장에 걸림돌이 된다는 결과를 제시했다. IMF 보고서는 159개 국가를 대상으로 32년간의 비교적 긴 기간에 걸쳐 분석한 연구이기에 주목을 받았고, 그 내용을 요약하면 전체 소득 중에서 고소득층이 차지하는 비중이 높아지면 중기적인 경제성장이 낮아지고, 반대로 저소득층의 소득 비중이 높아지면 경제성장이 높아진다는 것이다.[29] 구체적으로는 전체 소득자를 20% 구간의 다섯 계층으로 구분한 경우에 전체 소득 중에서 "상위 20%(고소득층)의 소득 비중이 1%포인트 증가하면 그 이후 5년 동안에 GDP 성장이 0.08%포인트 낮아진다. 이것은 낙수 효과가 없다는 의미다. 하위 20%(빈곤층)의 소득 비중이 1%포인트 증가하면 GDP 성장이 0.38%포인트 증가한다."[30]

| 세대 간 이동성 |

소득 불평등이 커질수록 경제성장이 낮아지는 이유를 IMF 보고서는 다음과 같이 설명한다. '불평등이 커지면 저소득 가구가 건강하게 유지되고, 미래 소득을 만들어내는 기본이 되는 인적 자본을 축적할 수 있는 기회를 박탈한다. 예를 들어, 교육에 대한 투자가 부족하게 되면 가난한 아이들이 교육의 질이 낮은 학교에 다니게 되고, 대학에 갈 능력이 되지 않게 되며, 그러한 결과로 보다 평등한 경우보다 노동생산성이 낮아진다. 소득 불평등이 높은 나라일수록 부모의 수익이 자녀의 수익을 결정하는 보다 중요한 요인이 되어서 세대 간 이동성이 낮아진다. 또한 소득이 고소득층으로 집중되면, 부자는 중산층이나 저소득층보다 자신의 소득 중 더 작은 비중을 소비하기 때문에 경제 전체의 총수요를 줄일 수 있고, 궁극적으로 성장이 낮아지는 것이다.'[31]

불평등이 성장에 부정적인 영향을 미치는 이유 중 사회구조적인 측면에서 가장 중요한 것이 불평등이 '세대 간 이동성'을 줄인다는 것이다. 세대 간 이동성이란 자식 세대가 부모 세대와 다른 경제적 계층으로 이동하는 것이며, 특히 부모보다 자식이 더 가난한 계층이 되는 하향 이동성이 문제가 된다. 불평등한 구조에서 빈곤층일지라도 자식 세대가 자신보다 더 높은 소득 계층으로 이동하는 상향 이동의 가능성이 높으면 부모 세대들은 불평등한 현재의 상황을 감수하고, 심지어는 불평등을 해소하는 정책에 오히려 찬성하지 않을 수도 있다.[32]

OECD 보고서도 불평등이 악화되면 저소득 가정의 아이들이 성인이 되었을 때 부모보다 높은 소득 계층으로 이동하는 기회가 제한되고, 역량이 있거나 열심히 노력하는 사람들이 정당한 보상을 받지 못하게 되어 경제사회적인 역동성을 잃게 된다는 점을 지적하고 있다.[33] 이 보고서는 특히 불평등이 심한 미국, 영국, 이탈리아와 같은 나라들에서는 부모 세대의 소득 계층이 자식 세대에게 그대로 이전되어서 저소득 계층의 자녀가 부모보다 높은 소득 계층으로 이동하는 세대 간 상향 이동성이 낮다는 연구 결과를 보여주고 있다. 반대로 소득이 보다 평등하게 분배되는 핀란드, 노르웨이, 스웨덴, 덴마크 등의 북유럽 국가들에서는 세대 간 이동성이 높다는 것을 보고하고 있다.[34]

정의로운 분배란
무엇인가?

| 불평등한 분배 |

IMF 보고서와는 반대로 과거 연구들 중에는 불평등이 성장에 도움이 된다는 결과를 보여준 것들이 있었다. 그러한 연구들은 불평등으로 만들어진 성장이 사회에 좋은 것이냐 또는 정의로운 것이냐에 대한 가치 판단을 하지는 않고 단순하게 불평등과 성장의 통계적인 관계만을 규명한 것이다. 그러나 불평등이 성장에 도움이 된다는 결과가 통계적으로 검증된 진실이라 할지라도, 그러한 관계가 어느 한 시점 또는 기간에는 성립될 수는 있으나 지속될 수는 없다.

실증 결과가 어떠했던 간에 경제성장의 목적이 무엇인가를 생각하면 불평등이 경제성장에 도움이 된다는 주장은 논리적인 모순을 갖게 된다. 경제성장을 국가 경제 운영의 중요한 목표로 삼는 이유는 성장을 통해서 국민을 더 잘살게 하기 위한 것이다. 그런데 소수만이 잘살고, 다수가 못사는 불평등한 구조가 성장에 도움이 된다는 논리를 받아들이면, 불평등으로 만들어진 성장의 결과를 어떻게 분배할 것인가의 문제가 남는다. 불평등이 성장의 원동력이었으니 성장을 지속하기 위해서는 불평등으로 만들어진 성장의 결과를 계속해서 불평등하게 분배해야 한다. 불평등이 경제를 성장시키고, 경제가 성장한 결과를 다시 불평등하게 분배하고, 더욱 심해진 불평등으로 다시 또 경제가 성장하는 불평등과 성장의 악순환 고리가 계속된다면 궁극적으로 극소수의 국민만 잘살고, 절대다수의 국민들은 가난한 구조로 귀결된다. 경제성장은 국민을 잘살게 하기 위한 것이라는 원래의 목적을 잃고, 성장 그 자체가 목적이 되는 모순이 생긴다.

다른 한편으로 불평등이 존재하지 않는, 즉 모든 사람이 똑같이 분배받는 산술적인 평등이 성장에 도움이 된다는 논리는 불평등이 성장에 도움이 된다는 논리가 갖는 모순에 봉착하지는 않는다. 서로 경쟁하기보다는 함께 협력해서 생산하고, 모두가 똑같이 분배받는 협동조합과 같은 경제구조를 생각해볼 수 있다. 협동 체제에서는 경쟁으로 인해서 발생하는 거래 비용을 치르지 않아도 되기 때문에 경쟁 체제보다 더 효율적으로 더 많은 결과를 낼 수도 있을 것이다. 평등이 성장을 촉진하면, 성장으로 만들어진 결과를 다시 평등하게 분배하고, 평등한 분배는 다시 성장을 지속시키는 선순환 고리가 계속될 것이기 때문에 논리적 모순이 발생하지 않을 뿐 아니라 모두 함께 잘살게 되는 성장의 목적도 달성하게 된다.

그러나 평등의 효율성도 반드시 실현되는 것은 아니다. 평등의 선순환 성장이 지속되기 위해서는 모든 구성원이 비슷한 역량을 가지고 비슷한 수준의 노력을 함께하는 동질성이 지속적으로 유지되어야 한다. 뿐만 아니라 모든 구성원들이 개인의 자유로운 선택을 포기하고 조직이 지향하는 목적과 운영 방식에 부합하는 선택을 받아들여야 한다. 따라서 평등이 성장에 도움이 된다는 명제는 논리적인 모순은 없지만, 현실적인 적용 가능성이 매우 낮은 문제를 갖는다. 사람들마다 서로 다른 역량을 가지고 있는 조직에서 구성원들의 동질성을 지속적으로 유지하고, 개개인이 각각의 선호에 따른 선택을 포기하고, 조직의 선택을 완전하게 받아들이는 조건들이 지속적으로 충족되는 것은 현실적으로 불가능하다. 뿐만 아니라 구성원 간에 상이한 역량에도 불구하고 똑같은 분배를 기꺼이 받아들이는 구조를 지속적으로 유지하기는 더더욱 어렵다. 이러한 현실적인 적용성의 한계 때문에 한국은 물론이고, 협동조합 기업이 활성화되어 있는 유럽 국가에서도 협동조합이 제한적인 영역에서만 성공적으로 자리 잡고 있을 뿐 일반화되기 어렵고, 매우 성공적인 유럽의 협동조합 기업에서도 임금격차가 존재한다.[35]

현실에서 완전한 평등이 지속되는 체제를 유지하는 것은 가능하지 않다. 경쟁이 효율성을 내는 원천적 동인이 불평등한 분배이기 때문에 시장경제에서 불평등은 피할 수 없는 속성이다. 기회의 평등과 과정의 공정성이 담보되는 완전경쟁이 펼쳐지는 완전한 시장도 현실에서 성립되지 않는다. 또한 불공정한 경쟁의 결과로 만들어진 분배의 불평등은 정의롭지 못하다. 이렇게 이론적인 그리고 관념적인 불평등에 대한 논쟁이 서로 엉켜 있는 상황에서 우리는 매우 현실적이면서 동시에 철학적인 질문에 도달하게 된다.

우리는 얼마만큼의 불평등을 받아들여야 하고, 어떤 불평등이 정의로운가?

| 위대한 탈출 |

어떤 불평등이 정의로운 것이며, 얼마만큼의 불평등을 용인해야 하는가의 질문은 '정의란 무엇인가'라는 철학적 질문이면서 동시에 매우 현실적인 것이기도 하다. 현실에서는 완전한 평등도 완전하게 공정한 시장도 가능하지 않고, 시장경제에서 불평등은 경쟁의 피할 수 없는 속성이라는 것을 받아들인다면, 사회 구성원들이 정의를 지키면서 용인할 수 있는 불평등은 어떤 것이고, 어느 정도의 불평등을 수용할 것인가를 묻는 것은 매우 현실적인 질문이다.

평등을 주장하는 철학자들은 불평등 그 자체가 정의롭지 못한 것이라고 주장하지 않는다. 존 롤즈(John Rawls)는 정의의 원칙에서 '재산 및 소득의 분배가 반드시 균등해야 할 필요는 없다'고 했다. 즉 경제적 불평등 그 자체가 정의롭지 못한 것은 아니지만 그러한 불평등이 '모든 사람에게 이익이 되도록 이뤄져야 하며, 모든 사람에게 직위와 직책이 평등하게 개방되어 누구나 접근 가능한 것이어야 한다'[36]고 불평등이 '용인'되는 조건을 규정했다.[37] 모든 사람이 같은 환경에 같은 능력을 가지고 태어나는 것이 아니며, 사람들 사이에는 각자 노력에 따른 기여의 차이가 존재하기 때문에 이러한 차이를 고려하지 않고 똑같이 분배하는 것보다는 기여에 따른 "각자의 몫을 차별적으로 분배하는 것이 더 정의로운 것이라는 것이다. '모두에게 공정하게 평등한 기회가 주어지고, 모든 사람에게 이익이 되는 민주주의적 평등이 지켜지면 균등한 분배가 아니어도 정의로운 것'[38]이라는 의미다.'[39]

다원적 평등을 주장하는 마이클 왈쩌(Michael Walzer)도 평등을 주장하는 것은 '다양한 차이를 철폐하려는 희망이 아니다. 우리 모두가 똑같은 존재여야 할 필요는 없다. 우리 모두가 똑같은 것을 똑같은 양씩 소유해야 할 필요는 없다'[40]고 분명하게 말하고 있다. 그는 평등주의적 정치가 등장한 이유는 '빈부의 격차가 있다는 단순한 사실 때문'이 아니라 '부자가 빈자의 고혈을 짜고 있다는 사실, 부자가 빈자에게 가난을 강요하고 있다는 사실',[41] 그리고 루소가 부자와 가난한 자 사이의 불평등이 진화하는 마지막 단계라고 규정한 '주인과 노예의 상태'[42]에 이르러서는 '부자가 빈자에게 존경(과 복종)을 강요하고 있다는 사실' 때문이라고 말한다. 애덤 스미스도 소수의 부자는 다수의 가난한 자들의 희생으로 만들어지는 것이라고 했다.

평등에 반대하는 사람들은 평등주의를 부추기는 것은 부자에 대한 가난한 자들 그리고 권력 가진 자에 대한 권력이 없는 자들의 '시기심과 분노'라고 주장한다.[43] 그러나 왈쩌는 '평등에 대한 민중의 요구를 유발시키는 것은 바로 귀족들이 평민들에게 한 소행들, 공직자들이 일반 시민들에게 한 소행들, 권력 있는 자가 권력 없는 자들에게 한 소행들이다'[44]라고 했다. 불평등 상태를 벗어나려는 사람들의 열망과 노력은 부러움, 시기심, 질투에 근거해서 더 많은 부를 갖고 권력을 가지려고 하는 것이 아니라 '(시기심과 분노를) 갖도록 만든 조건으로부터 탈출하려는 의식적인 시도'[45]인 것이다. 평등을 요구하는 것은 부의 불평등이 만들어낸 사회적, 정치적 불평등인 부자들이 가난한 사람들에게 강요하는 정당하지 못한 '소행'들, 즉 불평등이 만들어낸 예속의 상태, 복종의 상태를 벗어나려는 정당한 시도인 것이다.

| 차등의 원칙 |

불평등을 줄이고 보다 평등한 사회를 만들기 위해 분배의 평등을 실현하려는 노력은 정의로운 것이다. 따라서 사회 구성원들은 인간다운 삶을 영위하기 위해서 필요한 만큼 분배를 받을 권리가 있으며, 불평등한 구조에서 어느 정도 또는 어떤 불평등이 정의로울 수 있는가는 분배의 정의를 규정하는 가장 중요한 요소이다.[46] 존 롤즈는 '불평등한 구조가 피할 수 없는 것이라면 불평등한 구조에서 가장 어려운 사람들에게 유리한 불평등은 정의로운 것'이라고 규정했다.[47] 그리고 가장 불리한 위치에 있는 약자에 대한 가장 유리한 불평등의 기준으로 "최소 수혜자 성원에게 최대의 기대 이익이 주어지는, '최소 극대화 형평 기준'을 제시한다."[48] '차등의 원칙'이라고 불리는 이 원칙은 '경쟁의 결과를 나눌 때 불평등 구조에서 가장 열악한 위치에 있는 사람들에게 최대의 것을 나누어주는 것이 분배의 정의라는 것이다.'[49] 물론 불평등을 피할 수 없는 것으로 용인하기 위해서는 모든 사람들에게 '공정한 기회균등의 원칙'이 전제되어야 한다.[50] 다시 말하면 앞에서 논의했던 기회의 평등과 과정의 평등이 충족되는 구조에서 만들어진 불평등이라면, 불평등으로 인해서 가장 불리한 상황에 처하게 된 사람들에게 최소한 인간다운 삶을 영위할 수 있는 최대의 분배를 하는 것이 정의로운 것이다.

롤즈가 제시한 정의로운 분배를 규정하는 '차등의 원칙'을 현실에서 어떻게 실현할 것인가는 우리가 해내야 할 몫이다. 한국 사회의 정의를 실현하기 위해서 '빈곤층에게 최소한의 인간다운 삶을 보장해주기 위해서 최대의 혜택을 얼마나 주어야 하는가, 기업이 만들어낸 이익 중에서 얼마만큼을 노동자에게 분배할 것인가, 대기업과 중소기업의 임금격차를 얼마로 할 것인가, 정규직과 비정규직의 임금격차를 얼마로 할 것인가'를 정하는 것은 시장에 맡길 문제가 아니라 우리 스스로가 선택해야 할 문제다.[51]

분명한 것은 노동자 세 명 중 한 명이 최저생계비 이하의 임금을 받는 한국의 분배 구조는 정의롭지 못한 것이다. 경제가 성장하는데 소수만이 풍요를 누리고 절대다수의 국민들이 함께 혜택을 누리지 못하는 한국의 경제구조는 정의롭지 못한 것이다. 이를 바로잡는 요구를 하는 것은 부자에 대한 시기심과 질투심이거나 게으른 자들의 불평이 아니라 정당한 권리이며 정의로운 것이다. 정의롭지 못한 분배에 대해서 분노하지 않는다면 한국 사회는 죽은 사회다. 불평등으로 고통 받는 가난한 자가 이러한 정의롭지 못한 분배를 시장경제의 당연한 귀결로 받아들인다면, 그는 이미 가진 자의 부와 권력에 예속되고 복종하는 노예이다. 불평등한 경쟁과 불평등한 분배를 시장에 맡기고 방치해버리면서 이를 바로잡으려는 노력을 기울이지 않는다면 한국 사회가 지향하는 가치와 목적 자체를 상실하는 것이다. 불평등한 분배를 바로잡을 수 있는 수많은 정책들은 이미 마련되어 있다. 한국 사회에 없는 것은 정책과 수단이 아니라 그러한 정책을 실천하려는 정치와 의지이다. 더 정확하게는 정치권에 그러한 정책을 실시하라는 국민의 절실한 요구가 없는 것이다. 그래서 한국 사회의 미래가 암울하다.

'정의는 소수의 자유를 침해하거나 빼앗아서 다른 사람들이 보다 많이 얻는 것을 정당화하지 않고, 다수가 보다 많은 이득을 얻기 위해서 소수에게 희생을 강요하는 것도 정당화하지 않는다.'[52] 그렇기 때문에 한국의 자본주의 시장경제가 아무리 효율적으로 성장하는 체제라 할지라도 그것이 정의로운 분배를 실현하지 못한다면 개혁되어야 하며, 국민이 개혁을 요구해야 한다.

제
7
장

재벌만 누린 성장, 국민은 소외됐다

고도성장,
축제는 끝났다

| 한국 경제의 변곡점 |

'국민이 잘사는 것보다 기업이 잘되는 것이 더 중요하다'고 정치인
이나 기업인이 말한다면 국민의 분노를 살 것이다. '기업이 잘되어야
국민도 잘살게 된다'고 한다면 국민의 반감은 없을 것이다. 이 말에
는 일리가 있지만 '기업이 잘되어야'라는 말은 필요조건이지 충분조
건이 아니다. 이 말을 '기업이 잘되면 반드시 국민도 잘살게 된다'로
해석하면 큰 오산이다. 사람들은 기업이 잘되면 국민도 잘살게 된다
는 말에서 '반드시'가 빠져 있다고 생각하지 않는다. '은행에 예금하
면, 기업을 살립니다'라는 광고 문구는 사람들에게 '기업이 살면, 일
자리도 늘어나고, 나도 잘살게 된다'고 연상하게 만들 뿐이다. '반드
시' 그렇게 되는 것인가?

이러한 연상법은 국민경제 차원에서도 발견된다. 국가 경제를 운영하는 정부와 정치권은 경제성장률을 가장 중요한 경제지표로 삼는다. 경제가 성장해야 국민이 더 잘살게 된다고 믿기 때문이다. 하지만 경제성장 역시 국민이 잘살게 되는 필요조건이지 충분조건은 아니다.

기업이나 경제 전체의 성장을 개인(가계)의 삶에 직결시키는 연상은 고도성장기의 유산이다. 제2차 세계 대전 이후 가장 빠르게 성장한 한국 경제는 거의 모든 국민에게 어제보다 오늘이 나은 삶을 보장했으며, 그것도 대단히 빠른 속도로 향상시켰다. 무슨 특별한 분배 정책이나 제도적 고안에 힘입지 않고도 성장과 분배는 균형을 이루었다. 그것의 비밀은 다름 아닌 어느 나라도 경험하지 못했던 초고속도의 성장 자체였다. 거의 불모지나 다름없었던 바닥에서 비상하기 시작한 산업화는 초고속의 자본축적 속도만큼이나 빠르게 노동을 근대산업에 편입시켰다. 자원이나 기술도 지식도 없었던 가운데 출발한 산업화는 오직 양질의 노동력에 근거하고 있었다. 세계에서 가장 가난한 나라 중 하나인 만큼이나 임금도 쌌지만, 노동의 질만큼은 중진국 수준에 버금갔다.

한 연구에 의하면 1960년대 말 유사한 생산 과정을 한국, 일본, 미국 등 3개국에 있는 공장에 적용했을 때 한국의 노동자가 가장 빠른 학습 효과와 숙련도를 보였다는 것이다.[1] 미국의 10분의 1 이하의 임금에 더 높은 학습 효과와 노동생산성을 가진 한국의 기업은 세계시장으로의 상품 수출을 통하여 빠른 자본축적을 이룰 수 있었다. 비록 가진 기술은 없었지만 다른 나라에서 이미 앞서간 품목을 배우면서 만들어갈 정도의 경쟁력은 산업의 수평적 확장을 누구보다도 빠른 속도로 가능케 하였다. 이를 보고 폴 크루그먼(Paul Krugman)은 한국 성장의 비밀이 저렴한 임금에 비해 상대적으로 높은 노동생산성에 근거한 엄청나게 빠른 투자 때문이라고 했다. 그는 한국의 기적과 같은 산업화는 '기적(miracle)'이 아니라 단지 '신화(myth)'일 뿐이며, 전형적인 '요소 투입형 성장(the input-driven growth)'으로 규정하고 있다.[2] 즉 어느 나라에서도 전례가 없이 빠른 속도로 노동과 자본의 투입으로 한국 경제의 '기적'이 이루어졌다는 것이다.

성장과 분배가 균형을 이루었던 것에 관한 여러 가지 분석과 관점이 있으나 여기에서 단순하게 요약하자면, 매우 높은 투자율은 성장률과 비례적인 임금 상승의 원동력이었다.[3] 엄청나게 밀려오는 수출 물량을 감당하기 위해서는 세계 최장의 노동시간과 3교대도 모자라 부근의 공장 노동자까지 웃돈을 주고 데려올 판이었다. 수출이 한창 고조에 오르던 1970년대에는 조금이라도 공장 경험이 있는 사람은 턱없이 모자랐고, 고향에서 친구들을 데려오도록 추석 귀향길에 버스를 대절하고 격려금까지 주어서 보냈다. 세계시장에서 경쟁자보다 비할 수 없이 싼 임금은 와이셔츠 한 장을 1달러에 팔아도 높은 수익률을 보장하였고, 이 가운데 임금 상승의 몇 퍼센트 압력은 자본축적에 관건이 되지 못할 정도였다. 소위 '낙수 효과'가 있었다면 바로 이런 시기에 해당할 것이다. 이렇게 잉여 노동력이 풍부하게 존재하는 상황에서도 임금이 증가하는 기존의 경제학에서는 상상하기 어려운 상황이 30년 이상 지속되었다.

기적이었든 신화였든, 이러한 자본축적 과정은 지속될 수 없다는 것이 자명하며, 오히려 30년 이상 지속되었다는 사실 자체가 비정상적이라 할 수 있다. 무엇보다도 비정상의 핵심은 고도성장이었다.

경제가 성숙 단계에 접어들면서 성장률은 '기적 수준'에서 '정상 수준'으로 '하락 조정'되었고, 이에 따라 임금 상승률도 조정을 받게 되는 국면으로 접어들었다. 하지만 일시적으로 노동자는 여전히 높은 임금 상승을 만끽할 수 있었다. 그것은 1980년대 말 한국의 노동시장에서 잉여 노동력이 고갈되는 '전환점'에 이르자 1990년대 중반까지 임금 상승률이 노동생산성을 앞지르는 국면을 말한다. 이 시기에 노동분배율이 상승하고 사회적으로는 중산층의 도래를 목격하게 된다.

하지만 1990년대 말 외환 위기는 모든 것을 바꾸어놓았다. 외형적 확장 외에는 거의 아무런 제도적 정비 없이 달리던 고속 성장은 외환 위기를 계기로 브레이크가 걸리게 되었다. 10%에 육박하던 성장률은 반 이하로 떨어졌고 임금 상승률도 급락했다. 외환 위기로 한국 경제가 전환점을 맞게 되는 데에는 두 가지 관건이 있다.

첫째, 성장률이 하락하는 것은 성숙 단계에 접어든 경제가 몸집 크기에 맞는 성장률로 정상화되는 과정이다. 물론 성장률이 높을수록 좋겠지만 개발 연대에 기록했던 고성장률은 어떠한 의미에서든 정상적인 상태라고 보기 어렵다. 계획경제 시대에 국가가 노동을 포함한 거의 모든 경제활동을 통제하고 직접 자원을 분배하는 역할까지 담당해야 하는 시스템을 경제 규모가 커진 지금의 상황에서 다시 반복하는 것은 불가능하다. 따라서 고성장의 신화를 반복할 수 있다는 환상을 버리는 것이 현실적이며, 이제 한국 경제의 규모나 산업의 발전 단계, 기술 경쟁력, 시장의 규범에 부합하는 성장 추세를 당연하고 자연스러운 것으로 받아들여야 한다. 한마디로 비정상적으로 오래 지속되었던 고성장의 축제가 막을 내린 것이다.

둘째, 외환 위기 이후 고성장기에 유지되었던 분배의 균형이 깨졌다. 성장률이 하락했다고 해서 분배가 악화되는 것은 아니며, 만약 임금 상승률이 성장률 하락한 만큼 비례적으로 조정되었다면 분배 불평등은 심화되지 않았을 것이다. 외환 위기 이후 분배가 악화된 것은 앞 장에서 논의한 바와 같이 비정규직을 양산하는 고용 제도의 개악과 대기업 대 중소기업으로 분절된 노동시장 구조에 기인한 바가 크다. 일부 고소득층과 대기업 정규직 노동자를 제외하고는 대부분의 국민은 성장의 저하에 따른 소득 감소와 분배 구조의 악화에 따른 소득 감소라는 이중의 압박을 받게 된 것이다. 이러한 상황에서 일반 국민이 상상할 수 있는 것은 과거의 고성장기에 대한 회고이다. 즉 분배가 악화되는 원인을 분배 구조 자체에서 찾기보다는 성장률이 오르면 살림도 따라서 나아지리라는 막연한 기대에 의지하게 된다. 이렇게 GDP 숫자에 포로가 된 국민에게 정부와 정치권은 불가능한 성장 일변도의 정책을 정치화하고 호도하면서 막상 기득권의 이해관계에 직결된 분배 구조 자체의 개선을 위한 노력은 외면하고 있는 것이다.

| 친기업, 친재벌 |

지난 20여 년간 경험한 바는 기업이 잘되고 경제가 성장한다고 해서 반드시 국민이 잘살게 되는 것은 아니라는 사실이다. 기업 중에서도 삼성전자나 현대자동차 같은 재벌 대기업은 승승장구했지만 중소기업은 잘되지 않았고, 자영업자들은 오히려 더 어려워진 것이 한국

경제의 현실이다. 그렇다면 과연 경제가 성장하지 못해서 국민의 살림이 어려워진 것인가?

한국에서는 경제성장률이 낮아진 것에 대한 우려가 팽배해 있고, 특히 2008년 금융 위기 이후에 단 한 해도 빠지지 않고 위기설이 제기되고 있다. 정말로 한국 경제가 성장을 멈춘 것인가? 금융 위기 이후 거의 모든 나라에서 성장 둔화 현상이 나타났고, OECD 국가의 2009년부터 2013년까지 5년 동안 평균 누적 성장률은 2.7%에 불과했다. 그러나 한국 경제는 같은 기간 동안에 17.1% 성장했고, 이것은 OECD 국가 중에서 네 번째로 높은 것이다. 가장 높은 성장률을 기록한 국가는 21.5%의 칠레(1만 4520달러, 2014년)였고, 그 다음이 20.2%의 터키(1만 543달러)였다. 이들은 1인당 국민소득이 한국(2만 7970달러)보다 크게 낮은 나라들이며,[4] 한국보다 국민소득이 높은 이스라엘(3만 7031달러)이 19.4%로 3위였다. 잃어버린 20년을 넘어서고 있는 일본은 같은 기간 동안 1.4% 성장에 그쳤고, 위기를 만든 장본인인 미국은 5.9% 성장했다. 한국이 과거보다 성장 동력이 떨어진 것은 사실이지만, 금융 위기 이후 다른 나라와 비교해서 결코 저성장을 한 것은 아니다.

2001년부터 2013년까지에도 한국은 누적 성장률이 68.3%로 OECD 평균인 31%의 두 배를 상회하며, OECD 회원국 중에서 네 번째로 높다. 한국은 과거보다 성장이 둔화되었지만 국민소득 3만 달러를 바라보는 높은 소득수준에 비추어볼 때 어떤 기준으로도 저성장 국가가 아니다. 성장이 낮아져서 분배가 이루어지지 않고, 재분배가 되지 않는 것이라고 할 수 없다. 또한 고용, 임금, 분배가 없는 '3무 성장' 역시 성장이 낮아졌기 때문이라고도 할 수 없다. 오히려 역으로 지난 15년 동안 3무 성장을 해 왔기 때문에 한국 경제가 성장 동력을 잃어가고 있고, 지금의 임금과 고용 불평등 상황이 지속되면서 앞으로 구조적인 저성장의 늪에 빠질 위험이 높아진 것이다.

지난 정부들과 현 정부는 기업이 잘되도록 하는 소위 '친기업' 또는 '친재벌' 정책을 시행해 왔다. 진보적인 정부였다고 평가받는 노무현 대통령도 당선자 시절에 집권 초기 경제정책의 구상을 삼성경제연구소에 의뢰할 정도로 재벌에 의존적이었다. 특히 이명박 대통령은 재벌 대기업이 잘되면 중소기업도 함께 잘되고 결국은 중산층 서민들도 잘살게 된다고 믿었기 때문인지 '친기업', '친재벌' 정책을 공개적으로 표방하고 대대적으로 기업 세금, 특히 대기업 세금을 감면해주었다. 박근혜 대통령은 선거 때에는 '경제민주화'를 내세워 당선되었지만 집권 후에는 경제민주화와 재벌 문제를 아예 언급조차 하지 않고 있다. 더구나 중산층과 서민들에게 부담이 늘어나는 간접세를 증세하면서도 대기업과 부자에 대한 증세를 논의조차 하지 않고 있다.

한국 경제는 재벌 기업이 절대적인 비중을 차지할 뿐 아니라 재벌 의존도가 갈수록 심해지고 있다. 이런 상황에서 일부 진보 세력마저도 낙수 효과를 수용하고 재벌만이 살길이다, 삼성전자가 한국의 살길이다, 재벌과 타협을 해야 한다고 주장한다. 그러나 지난 18년 동안 불평등이 심해진 원인은 정부가 재분배 정책을 제대로 시행하지 않았기 때문이기도 하지만, 보다 근본적인 원인은 대기업이 원천적인 분배를 제대로 하지 않았기 때문이다.[5] 경제가 성장하는데도 고용이 늘지 않고 고용 불안정이 심해지는 원인의 하나가 대기업과 중소기업의 하청 구조에서 분배가 제대로 이루어지지 않고 있기 때문이다. 대기업이 잘되면 경제가 잘되고, 경제가 잘되면 보통 사람들도 잘살게 된다는 친기업, 친재벌의 낙수 효과 논리가 얼마나 허구였는지를 깨달아야 한다.

낙수 효과라는
거대한 허구

| 삼성전자의 낙수 효과 |

삼성전자는 한국을 대표하는 기업이다. 매출액, 종업원 수, 시가총액, 수출액 등 거의 대부분의 경영지표에서 한국 최대 기업이고, 삼성전자의 성장은 한국 경제의 성장을 상징해 왔다. 사람들은 삼성전자가 잘되면 한국 경제가 잘되고, 한국 경제가 잘되면 자신도 함께 더 잘될 것이라고 믿는다. 이러한 믿음은 보통 사람들이 '삼성전자 낙수 효과'를 의심 없이 받아들이고 있다는 것을 의미한다. 삼성전자를 들여다보자. 한국 경제의 성장이 둔화되고 어려워졌다는 금융 위기 이후인 2008년부터 2014년까지에도 매출액이 89% 늘어났고 순이익은 164%, 즉 2.5배로 늘어났다.[6] 비정규직인 계약직을 포함한 직원의 2014년 평균 연봉이 1억 100만 원이다.[7] 2008년 평균 연봉이

6191만 원이었던 것과 비교하면 1.6배, 즉 63.2% 증가해서 순이익이 증가한 만큼 비례적으로 올랐다.

금융 위기로 경제가 어려운데도 불구하고 삼성전자가 폭풍 성장을 한 결과 삼성전자 직원의 살림이 크게 좋아졌다. 그렇다면 보통 사람의 살림도 함께 나아졌을까? 당신이 중소기업에서 일하고 있다면 안타깝게도 전혀 그렇지 못했을 것이다. 중소기업 노동자의 평균 연봉은 2008년 2991만 원에서 2014년 3610만 원으로 20.7% 증가했다.[8] 삼성전자 직원의 평균 연봉은 6년 동안에 3913만 원이 늘어났지만 중소기업 노동자의 평균 연봉은 619만 원 늘어났다. 같은 기간 동안에 소비자 물가가 15.4% 증가한 것을 감안하면, 삼성전자 직원의 실질임금은 41.5% 증가했는데 중소기업 노동자의 실질임금은 불과 4.6% 늘어난 것이다. 2008년 중소기업의 임금은 삼성전자 임금의 48% 수준이었으나 2014년에는 36% 수준으로 임금격차가 더 벌어졌다.

한국 경제가 2008년부터 2014년까지 21.1% 성장했고, 삼성전자 직원의 임금 상승은 경제성장률의 두 배였으나 중소기업 노동자의 임금 상승은 경제성장률의 4분의 1도 채 되지 않았다. 전체 노동자의 81%가 중소기업에서 일하고 있다는 사실을 감안하면, 삼성전자의 성장은 대다수 국민들의 삶과는 무관한 것이었다. 당신이 대기업에서 일하고 있다면 중소기업 노동자와는 달리 삼성전자 성장의 연장선상에 있었을까? 역시 현실은 그렇지 못했다. 같은 기간에 대기업 평균 연봉은 중소기업보다 조금 높은 23.1% 증가했고, 실질임금으로 환산하면 6.7% 증가했다. 중소기업 노동자와 마찬가지로 대기업 노동자의 실질임금 상승은 삼성전자의 41.5% 수준은 물론이고 경제성장률 21.1%에도 크게 못 미치는 것이었다. 결국 삼성전자는 잘되었지만, 중소기업이든 대기업이든 노동자의 삶이 더 나아지는 것과는 무관한 그들만의 잔치였다.

지난 10년간 경제성장을 주도적으로 이끌어 온 회사들 중 하나인 삼성전자는 한국 경제에 크게 기여했다. 삼성전자의 성장은 한국 경제의 성장을 크게 앞지른 것이었고,[9] 그 결과 삼성전자 직원은 다른 기업보다 높은 임금을 받았다고 볼 수 있다. 다른 기업 노동자의 임금도 최소한 경제가 성장한 만큼 함께 증가했다면 삼성전자 직원과 다른 기업 노동자 간 임금격차 자체가 관건이 아닐 수 있다. 그러나 한국 경제가 21% 성장하는 동안에 삼성전자 직원 실질임금은 41.5%가 증가했고, 중소기업 노동자 실질임금은 4.6%, 대기업 노동자 실질임금도 6.7% 증가하는 데 그쳤다. 그나마 일반 대기업이나 중소기업 정규직의 사정은 지난 10년 동안 대규모로 양산된 비정규직 노동자의 상황에 비하면 나은 편이다. 같은 기간에 비정규직의 명목임금은 12.4% 증가했으며, 15.1%의 소비자 물가 상승을 감안하면 실질임금은 3.0%가 감소했다.[10] 재벌 대기업이나 정규직과의 임금격차는 논외로 하더라도 경제가 성장하는 동안에 실질임금이 오히려 줄어들어든 것이다.

삼성전자 직원의 고속 임금 상승 자체가 문제가 아니라 '삼성전자만 오른 것'이 문제라는 말이다. 그것의 배경은 삼성전자만의 경쟁력이 아니라 수많은 하청업체의 희생으로 가능했기 때문이다. 이런 상황에서 절대다수의 노동자가 경제성장의 혜택을 함께 누리지 못하고 삼성전자 직원의 임금이 대기업 노동자의 두 배 그리고 중소기업 노동자의 세 배가 된 것이기에 문제인 것이다. 삼성전자가 잘되면 한국 경제가 잘되고, 한국 경제가 잘되면 나도 잘살게 된다는 보통 사람들의 '믿음'은 완전한 허구이다. 삼성전자가 잘되면 삼성전자 직원만 잘되는 것이었으며, 삼성전자 직원만 잘되었기 때문에 그보다 몇 배나 많은 하청 중소기업 직원이 성장의 혜택에서 제외된 것이다.

재벌 대기업이 잘되면 중산층과 서민 노동자의 삶도 나아지게 된다는 '낙수 효과'가 허구였다는 사실은 삼성전자만의 특수한 경우가 아니다. 삼성전자와 함께 한국의 대표 기업이며, 수출로 경제성장을 주도하는 기업이 현대자동차이다. 2014년 현대자동차의 평균임금은 9683만 원이다. 중소기업 노동자의 평균임금은 현대자동차의 37.3% 수준이고, 대기업 노동자의 평균임금은 현대자동차의 59.8% 수준이다. 국내 이동통신 시장의 절반을 장악하고 있는 대표적인 내수 기업인 SK텔레콤 직원의 2014년 평균임금도 1억 165만 원으로 삼성전자나 현대자동차보다 오히려 높다. SK텔레콤 대리점 노동자의 임금이 얼마인지는 정확히 알려지지 않았다. 그러나 SK텔레콤 본사와 대리점의 임금격차가 결코 현대자동차, 삼성전자의 2차, 3차 하청 중소기업과의 격차보다 적을 것이라 생각되지 않는다.

삼성전자와 현대자동차의 성장과 성과에는 부품을 납품하는 중소 하청기업도 당연히 함께 기여했다. 핸드폰 대리점들이 없었다면 SK텔레콤이 시장을 절반 이상 장악할 수 없을 것이다. 한국 대표 기업인 삼성전자, 현대자동차, SK텔레콤의 경쟁력이 결코 그들만의 경쟁력 때문이 아닐 터인데, 그들의 경쟁력을 떠받치고 있는 수많은 중소기업 노동자 평균임금이 대표 기업의 3분의 1 수준에 불과하다는 것은 어떤 경제적 논리로도 합리화될 수 없는 지나치게 큰 격차다.

| 재벌 기업의 낙수 효과 |

삼성전자, 현대자동차, SK텔레콤의 눈부신 성장과 보통 국민의 삶이 무관한 낙수 효과의 허구는 이들 몇몇 대표 대기업에 국한된 것일까? 이 질문에 답을 구하기 위해서 100대 재벌 대기업과 중소기업을 비교해보자. 재벌 그룹의 계열사 100대 기업은 한국 기업 전체의 총매출액 중 28.8%를 차지할 정도로 한국 경제에서의 비중이 높다. 재벌 100대 기업의 순이익은 한국 기업 총순이익의 59.6%를 차지해서 시장점유율보다 이익의 재벌 대기업 편중 현상은 훨씬 더 심하다. 그러나 재벌 100대 기업의 직원은 전산업 임금노동자의 3.6%에 불과해서 고용 효과는 지극히 낮다.[11]

2013년 기준 한국 중소기업의 총매출액은 재벌 100대 기업 매출액의 1.2배다. 중소기업을 모두 합한 것이 재벌 100대 기업보다 조금 크다. 그러나 중소기업의 총순이익은 재벌 100대 기업 순이익의 59.3% 수준이다.[12] 중소기업은 재벌 100대 기업보다 매출액이 더 많지만 수익은 크게 적다. 더구나 2008년부터 2013년까지 재벌 100대 기업의 매출액은 51%나 증가했고, 당기순이익은 118% 증가해서 두 배 이상으로 늘어났다. 하지만 같은 기간에 중소기업 전체의 매출액은 5.7% 증가에 그쳤고, 순이익은 30.4% 늘었다. 재벌 대기업과 비교한 중소기업의 매출액 증가는 10분의 1 수준이고, 순이익 증가는 4분의 1 수준에 불과했다. 재벌 대기업이 잘되었다고 해서 중소기업도 잘된 것은 결코 아니었다.

재벌 100대 기업의 2014년 평균 연봉은 6786만 원이며, 중소기업의 평균 연봉은 3610만 원이다. 중소기업 평균임금은 재벌 100대기업 평균임금의 53%로 절반 수준이다. 금융 위기가 시작된 2008년에는 중소기업 노동자 평균임금은 재벌 100대 기업 평균임금의 56%이었다.[13] 금융 위기 이후 임금격차가 소폭 확대되었다. 경제가 성장하고 재벌 대기업이 잘되는 것이 재벌 기업과 중소기업의 노동자 임금격차를 개선하는 것에도 아무런 도움이 되지 않았다. 재벌이 잘되어야 경제가 성장해서 중소기업도 함께 잘되고 대기업과 중소기업 간의 불평등도 완화할 수 있다는 것은 전혀 사실이 아니었다.

은행에 예금하면
은행만 산다

| 삼성보다 높은 연봉 |

은행에 저축을 많이 하면 근면하고 성실한 사람이고, 기업에 자금을 공급하는 좋은 일을 하는 것이라고 생각해서 은행예금을 미덕으로 여겼던 시절이 있었다. 아직도 그렇게 생각하는 사람이 많고, 정부도 매년 '저축왕'을 선정해서 대통령 표창을 한다. 저축을 많이 하는 것은 미래를 준비하는 것이니 바람직한 일일 것이나 내가 예금을 하면 기업이 살고, 그래서 나도 잘살게 될 것인가? 사정은 반드시 그렇지 않다. 은행예금이 모두 기업의 투자로 이어지는 것은 아니다. 또한 이자율이 사상 최저여서 예금을 많이 한다고 해도 소득에 별반 도움이 되지 않는다. 은행 이자율이 2% 정도이니 1억 원을 예금해도 연 이자액이 200만 원에 불과하다.[14] 물가 상승을 고려하면 은행에 예금을 해도 실질 가치로는 이자소득이 거의 없는 것이나 마찬가지다. 상황이 이러한데 저축이 꼭 미덕일까? 은행에 예금을 하면 누구 좋은 일을 하는 것일까?

한국 5대 시중은행의 비정규직을 포함한 직원의 평균 연봉은 2014년 7923만 원이다.[15] 재벌 100대 기업의 평균 연봉보다 1200만 원 정도 높고, 삼성전자·현대자동차·SK텔레콤보다는 2000만 원 정도 낮다. 하지만 내부 사정을 들여다보면 은행 내 남녀 직원 간 임금격차가 크기 때문에 이를 구분해서 보자. 남직원의 평균 연봉은 1억 141만 원이어서 삼성전자보다 높은 반면에, 여직원은 남직원의 절반인 5737만 원이다. 남직원의 연봉은 우리은행을 제외하고 모두 1억 원이 넘는다.[16] 이러한 남녀 직원의 임금격차는 근속 연수와 업무 특성 차이로 생각할 수도 있다. 그러나 5대 시중은행의 경우, 남녀 직원의 평균 근속 연수의 차이는 평균 7.3년으로 두 배 차이의 임금을 설명하지 못하며, 남녀 직원 간 고용 조건의 차이 때문인 것으로 보인다.[17]

남직원의 평균 연봉이 가장 높은 외환은행의 경우 비정규직을 포함한 평균 연봉이 1억 531만 원이다. 여직원의 평균 연봉이 5610만 원이니 남직원과의 격차가 두 배에 가깝다. 그러나 외환은행의 평균 근속 연수는 남자와 여자가 각각 19.6년과 14.9년이며, 남녀 간의 두 배에 가까운 임금격차를 4년 8개월의 근속 연수 차이로 설명할 수는 없다. 이러한 임금격차는 남직원의 계약직 비율이 7.8%인 반면에 여직원 경우 절반이 넘는 53.1%가 계약직이라는 사실로 설명이 가능하다. 은행과 같이 높은 임금을 받는 직장에서도 정규직과 비정규직의 임금격차가 매우 심하다는 것을 보여주는 사례다.

중소기업 노동자의 2014년 평균 연임금은 3610만 원이고, 대기업은 5792만 원이다. 5대 시중은행 직원의 임금은 중소기업 노동자의 2.2배이고, 대기업 노동자보다도 37%가 높다. 남직원의 평균임금은 한국 최대, 최고의 기업인 삼성전자와 같은 수준으로 중소기업 노동자의 2.8배이고, 대기업 노동자보다 75%가 높다. 5대 시중은행 직원의 임금 상승도 일반 기업 노동자 임금 상승보다 크게 높았다. 2008년 금융 위기 이후 2014년까지 5대 시중은행 평균임금 상승률은 35.3%이다. 같은 기간에 중소기업 노동자 평균임금 상승률은 20.7%이고, 대기업 노동자의 경우는 23.1%이다. 증가 금액으로 5대 시중은행이 2068만 원, 중소기업이 619만 원, 대기업이 1087만 원이다. 은행 직원이 다른 기업보다 낮은 임금을 받아야 할 이유는 없다. 반대로 은행 직원이 일반 기업보다 몇 배 더 많은 임금을 받는 것을 정당화할 경제적 근거도 없다.

은행 직원은 어떻게 이렇게 높은 임금을 받을 수 있는가? 은행은 예금이자와 대출이자의 차이로 얻는 이익이 은행 총이익의 거의 대부분인 85.8%이다.[18] 은행이 기업에 자금을 공급하는 역할도 1970~1980년대처럼 크지 않다. 은행예금 중에서 기업으로 가는 것은 절반이 되지 않는다. 은행 대출의 51%가 가계 대출이고, 기업 자금으로 공급되는 비율은 47%이다. 기업 대출 중에서 74.3%가 중소기업 대출이고, 25.7%가 대기업 대출이다. 따라서 은행은 이익의 약 75%를 가계와 중소기업에 대출해서 벌어들인 것이다.

| 독과점 이익과 호갱들 |

은행업이란 정부가 특정 소수에게만 허용하는 독과점 규제 산업이다. 은행의 이익은 대부분이 규제 때문에 생긴 이익이다. 또한 은행이 파산할 경우 정부가 최종적으로 예금을 보장해주기 때문에 은행업은 공공성이 높은 산업이다.[19] 위험관리 등의 일부 특수한 업무를 제외한다면 은행의 업무가 일반 기업보다 높은 지식수준이나 숙련도를 필요로 한다고 보기도 어렵다. 은행이 독과점 규제 이익과 정부의 보장성을 누리며, 절대다수의 은행 직원들이 다른 기업의 직원과 다른 특별한 역량을 가진 것도 아니라는 점을 고려하면 은행 직원의 높은 연봉은 정부가 허용한 독과점 이윤으로부터 발생한 것 외에는 설명이 되지 않는다.

결론적으로 은행 직원이 중소기업 노동자보다 두 배 이상 그리고 대기업 노동자보다 훨씬 더 높은 임금을 받을 수 있는 이유는 세 가지다. 첫째, 수많은 사람들이 '은행에 예금을 많이 하는 것을 미덕'이라고 생각하는 '현명하지 않은' 믿음을 가지고 있기 때문이다. 둘째, '예금은 미덕'이라는 믿음으로 모은 예금에는 낮은 이자를 지급하는 반면, 그 돈으로 가계와 중소기업에 높은 이자로 대출해주어서 이자 차이로 이익을 내기 때문이다. 5대 시중은행 이자 차이 이익의 29%가 임금으로 지급되고 있다.[20] 셋째, 가장 중요한 이유는 독과점 이윤 때문이다.

평범한 사람이 주식같이 위험한 투자를 할 자신은 없고, 그렇다고 딱히 다른 대안적인 투자를 할 방법도 없으니 은행에 예금하는 것이 '마음 편한 일'이다. 그러나 은행이자는 사상 최저다. 2008년 초은행예금의 평균이자율은 4.45%이었으나, 2015년 6월말에는 1.59%로 낮아졌다. 웬만큼 큰 돈을 예금해도 은행이자로 먹고사는 것은 말할 것도 없고 살림에도 별반 보탬이 되지 못한다. 1억 원을 정기예금에 넣어도 연 이자율 2.2%를 적용하면 220만 원 정도의 이자를 받는다. '근면하고 성실하게' 예금해도 세금내고 물가 상승까지 감안하면 실제로 얻는 것이 거의 없게 된 것이다.

금융 위기가 시작된 2008년 초와 비교하면 예금이자가 3분의 1 수준으로 낮아졌고 대출이자도 함께 낮아졌다.[21] 대출이자와 예금이자의 차이는 2008년 초 2.75%에서 2014년 말 2.29%로 0.46%포인트 낮아졌다. 금융 위기 이후로 대출이자와 예금이자의 차이 축소로 은행 경영에 압박을 받았지만 은행 직원은 그에 별 영향을 받지 않았다. 은행 대출을 받아서 사업을 하는 중소기업의 노동자보다 은행 직원이 훨씬 더 높은 임금 상승을 누린 것은 '근면하고 성실한' 사람들이 딱히 다른 투자를 할 방안이 없어서 '마음 편하게' 은행에 예금을 한 덕분이다. 은행에 예금하면 '기업을 살리고, 그래서 나도 잘 살게 된다'기보다는 은행 직원이 잘살게 된다고 말하는 것이 더 맞는 말이다.

끝나지 않은
잔치

| 속은 사람, 속이는 사람, 속아주는 사람 |

몇 가지 통계만을 살펴보아도 삼성전자가 잘되고 재벌 대기업이 잘된다고 해서, 대다수의 국민의 삶이 함께 나아지는 것도 아니고 중소기업이 잘되는 것도 아니라는 것이 분명하다. 은행에 예금한다고 해서 그 돈으로 기업이 잘되어서 나의 삶이 나아지는 것도 아니다. 경제성장 속에서 재벌 기업과 은행은 그들만의 잔치를 했고, 일반 국민은 떡고물만 얻어먹은 형국이다. 그런데도 불구하고 '재벌이 잘되어야 한국 경제가 살고, 나도 잘살게 된다'는 허구 논리에 왜 국민은 계속해서 속는 것일까?

　가장 먼저 생각해볼 수 있는 이유는, 일반 국민이 한국 경제의 현재 실상을 잘 모르기 때문이다. 알려주지 않으니 알 도리가 없는 것이다. 외환 위기 이후 지난 18년 동안 한국의 불평등은 일방적이고 지속적으로 악화되어 왔고, 그 결과로 한국은 가장 불평등이 심한 나라가 되었지만 그러는 과정에서 언론은 실상을 알려주지 않았고, 학계나 정치권도 불평등을 심각한 사회적 이슈로 제기하지 않았다.

언론은 삼성전자와 현대자동차의 눈부신 성장을 홍보하고, 재벌들의 이해관계를 대변하고 있다. 재벌 기업의 성장 그늘에 가려진 중소 하청기업이 겪는 고통과 불편부당에 관한 보도는 낯 뜨거운 재벌 찬양 보도의 체면치레 정도로만 다루어진다. 특히 보수 언론은 평등과 분배를 말하는 것을 사회주의 이념으로 단순화하거나 '좌빨'로 매도하기까지 하면서 불평등한 현실을 외면하는 데 가장 큰 역할을 했다. 적지 않은 국민들은 한국 기업이 전 세계적인 강성 노조 때문에 시달리는 것처럼 알고 있다. 그러나 한국은 노동조합에 가입한 노동자 비율이 10%로 OECD 국가 중에서 네 번째로 노조 조직률이 낮은 나라이고, 고용 불안정은 가장 높은 나라다. 국민의 잘못된 인식도 보수 언론의 노동문제를 다루는 보도 탓이다. 현대자동차와 같은 고임금을 받는 재벌 대기업의 파업에 초점을 맞추어 국민의 노동조합에 대한 시각을 부정적인 측면으로 고정시킨 결과다. 노동자 90%는 노동조합원이 아니고, 중소기업 노동자와 비정규직 노동자는 기본적인 노동권조차도 보호받지 못하고 있는 사실을 보도하지 않는다. 경제문제를 전문으로 다룬다는 소위 '경제 신문'일수록 이러한 편향성이 더욱 심하다.

대부분의 경제·경영학자들조차도 한국의 불평등한 현실을 제대로 알지 못한다. 학계에서도 불평등의 문제를 다루는 학자들은 매우 드물다. 최근에 불평등의 문제가 한국 사회의 새로운 화두가 된 것은 국내 학자가 아니라 토마 피케티(Thomas Piketty)라는 프랑스 학자의 책 때문이었다. 그것도 책의 내용이 한국보다 잘사는 미국과 유럽의 불평등에 관한 것이었으며, 한국의 불평등한 현실에 관한 내용은 단 한 줄도 없다는 사실은 아이러니가 아닐 수 없다.

생각해볼 수 있는 또 다른 이유는, 한국 사회의 주도권을 아직도 쥐고 있는 60대 이상의 기성세대가 과거 개발 경제 시대의 경험과 향수에 갇혀 있어서 현재 진행되고 있는 불편한 진실을 받아들이기 거부하기 때문이다. 산업화의 주역이었던 60대 이상의 세대는 경제적 계층과 관계없이 보수화되어 있다. 기득권화 된 부유층만이 아니라 빈곤층에 속하는 사람들도 재벌 대기업을 보는 시각이 산업화 시대에 그대로 고정되어 있다. 부정부패, 정경 유착의 수많은 폐해가 있었지만 재벌 덕분에 한국 경제가 눈부신 성장과 발전을 했고, 빈곤을 벗어났다는 1970~1980년대의 생각에 머물러 있는 것이다. 그들에게 이제는 재벌이 지배하는 구조가 오히려 경제 발전에 걸림돌이 된다고 아무리 이야기해도 별 소용이 없는 듯하다.

국민소득 200달러도 되지 않던 1960년대의 굶주림과, 2000달러도 되지 않았던 1970년대의 빈곤을 생생하게 기억하고 있는 세대들은 국민소득 3만 달러를 바라보는 지금의 '풍요로운' 시대에 불평등의 문제를 심각하게 받아들이지 않는 것으로 보인다. 그들은 1960~1970년대 개발 경제 시대의 자신들 경험에 근거해서 지금의 청년세대에게 '하면 된다' 식으로 말하지만, 지금의 불평등한 구조에서는 '해도 안 된다'는 것을 알지 못하는 것 같다. 설사 안다 한들 그들에게 지금의 불평등은 자식과 손자 세대의 문제이지, 자신의 문제가 아니라고 생각하는 것이 아닐까 싶다. 아니면 자신들이 절대빈곤을 헤쳐나왔듯이 앞으로도 '어떻게 되겠지' 하는 막연한 심정일 수도 있다.

마지막으로 생각해볼 수 있는 또 다른 이유는, 기득권 세력의 어떤 협박성 네거티브(negative) 전략 때문이다. 재벌이 어려워지면 한국 경제에 심대한 타격을 받는다는 강박을 국민에게 심어주는 것이다. 한국에는 50만 개의 기업이 있지만, 재벌 100대 기업의 매출액이 모든 기업 총매출액의 28.8%와 순이익의 59.6%를 차지한다.[22] 한국 경제의 재벌 의존도가 이렇게 높다보니 재벌이 어려워지면 한국 경제가 흔들릴 것이다. 국민은 재벌이 잘된다고 해서 내가 잘살게 되는 것이 아닐지라도 이런 구조에서는 재벌이 어려워지면 나도 어려워질 것이라는 두려움을 갖는 것은 당연한 결과다.

기득권 세력들은 재벌이 갖는 이러한 네거티브 파워와 국민의 두려움을 적극적으로 활용한다. 규제 완화를 요구할 때나 재벌 총수의 사면을 요구할 때 항시 투자나 경제 살리기를 내세운다. '재벌 총수를 사면해주면 투자를 하겠다'[23]는 말도 공공연하고 당당하게 한다. 이 말을 뒤집어 생각하면, 사면해주지 않으면 투자를 하지 않겠다는 협박성 발언이다. 과거에도 재벌 총수에 대한 수많은 사면이 있었지만 그 결과로 투자와 일자리가 늘었다는 증거는 어디에서도 찾을 수 없다. 그럼에도 불구하고 대통령과 정부도 '경제 활성화'를 위해서 재벌 총수 사면을 한다고 했다. 이 말도 뒤집어보면 재벌 총수가 감옥에 가 있어서 경제가 어렵다는 뜻이 된다. 노무현, 이명박, 박근혜 등 전현직 대통령들은 재벌 총수들을 초청해서 투자와 고용을 구걸했다. 그래서 투자가 늘어나고 고용이 늘어났는가? 그렇지 않았다. 재벌 자신만이 아니라 정부와 정치권, 언론도 재벌들의 네거티브 파워를 키워주고 국민의 불안감을 조장하는 데 앞장서 왔으니, 국민이 '재벌이 망하면 한국 경제가 망한다'는 막연한 불안감과 두려움을 갖게 된 것이다.

| 재벌 만능주의의 망령 |

재벌에 대한 잘못된 이해와 인식도 국민의 불안감과 두려움에 한몫을 하고 있다. 재벌이라는 말은 사람·기업·그룹 등 여러 가지 의미를 갖는데, 서로 다른 의미의 '재벌'을 동일시한다. 대표적인 재벌 그룹인 삼성의 예를 들어보자. '삼성=삼성전자'라는 생각을 가진 사람들이 많다. 그러나 삼성그룹에는 삼성전자 이외에도 60여 개의 회사가 있다. 60여 개 삼성그룹 계열사들이 모두 삼성전자 같지 않다. 정확하게는 삼성전자만 세계적인 경쟁력을 가진 기업이고, 그룹 내 다른 계열사들이 '일감 몰아주기'를 하지 않으면 살아남기 어려운 회사들도 많다. 삼성이 하는 사업이 다 삼성전자처럼 잘된 것도 아니다. 삼성자동차를 포함해서 실패한 사업도 수없이 많았고, 포기한 사업도 많았다. '삼성이 망하면 한국 경제가 망한다'는 말은 '삼성전자가 망하면'이라는 의미다. 삼성전자 이외의 다른 삼성 계열사가 망한다고 해서 한국 경제가 망하지는 않는다. 삼성자동차가 망했다고 해서 삼성그룹이 망하지도, 한국 경제가 망하지도 않았다.

국민의 재벌에 대한 또 다른 오해는 '삼성전자=이건희' 또는 '현대자동차=정몽구'로 재벌 총수와 기업을 동일시하는 것이다. 기업과 개인을 동일시해서, 삼성전자나 현대자동차를 개인회사로 생각하는 것이다. 그러나 삼성전자와 현대자동차는 주식시장에 상장한 기업이지 개인기업이 아니다. 이건희와 그의 가족들이 소유한 삼성전자 지분은 4.7%이고, 정몽구와 그의 가족들이 소유한 현대자동차 지분은 5.2%이다. 총수와 가족들은 대주주도 아니고 오너는 더더욱 아니다. 그럼에도 불구하고 세계적인 기업을 개인회사처럼 취급하는 경우들이 다반사이다. 최근에 이재용이 삼성전자의 경영권을 장악하기 위한 목적으로 삼성물산과 제일모직을 합병한 사례와, 신동주·신동빈 형제 간 경영권 다툼을 한 롯데그룹의 사례에서 본 것처럼 총수 가족은 물론이고 언론과 일부 국민까지도 기업을 총수 개인의 사유물처럼 여기는 잘못된 생각을 가지고 있는 것이다.

재벌이 망하면 한국 경제가 망할 것인가? 이 질문에 대한 답을 쉽게 구할 수는 없다. 1997년 외환 위기 때, 30대 재벌 중에서 한두 개가 아니라 절반이 넘는 16개 재벌이 망했다. 그래서 한국 경제가 매우 어려웠다. 그러나 한국 경제는 망하지 않고, 다시 일어섰다는 것만은 분명한 사실이다. 한국 경제의 재벌 의존도를 줄이지 않는 한 재벌들의 네거티브 파워는 계속될 것이고, '재벌 대기업이 잘되면 국민이 함께 잘살게 될 것이다'라는 허구도 계속될 것이다.

제 3 부

정의로운

분배의 미래

누가 세상을 바꿀 것인가?

제8장

미래 세대란 무엇인가?

지역과 이념 갈등을
넘어선 세대 단절

| 세대 간 간극 |

한국의 기업이나 조직에서 가장 중심적인 역할을 하는 세대는 40~50대이다. 최상위직에는 50대 중반 이후 세대가 리더 역할을 하지만 그들은 조직 구성원 중 소수이며, 그 나이에 이르면 은퇴를 준비해야 한다. 세상을 이끌어가는 중심축에 있는 '현재 세대'는 40대와 50대 전반의 세대이다. 60대 이상은 이미 경제활동에서 은퇴한 이후이고, 지금의 사회와 조직이 있기까지 기여한 '과거 세대'이다. 20대 초반은 사회 진출을 준비하는 때이고, 20대 후반은 사회에 진출하는 시기다. 30대는 사회에 진출해서 자리를 잡아가는 때다. 그렇게 보면 20대와 30대의 청년세대는 20년, 10년 후 우리 사회의 중심축을 이룰 '미래 세대'이다.

통상적으로 선진국과 같은 경우 사회 구성을 가르는 기준은 계층 또는 계급이다. 각 집단마다 유사한 속성의 이해관계를 대변하는 동질성을 갖고 있기 때문이다. 한국의 경우에는 계급이나 계층과 같은 것이 상당 기간 동안 '지역'이었다. 이것 역시 집단적 이해관계가 본질적 속성이며, 그 위에 사회적 편견이 덧칠 되었다고 보는 것이 적절하다. 많은 사람들은 수십 년 동안 한국 사회를 가르는 가장 극명한 분절인 지역적 간극이 여간해서는 극복되기 어렵다고 보았다. 최근 이러한 지역적 분절 또는 갈등 구조에 중대한 변화가 일어나고 있는데, 바로 '세대'이다. 그것은 '미래 세대'인 청년세대와 '현재 세대'와 '과거 세대'로 이루어진 기성세대 사이의 간극이 계급이나 계층 또는 지역을 압도할 정도로 너무도 크게 나타나고 있기 때문이다.

기성세대와 청년세대 간의 간극이 얼마나 큰지를 대통령의 업무 수행에 대한 세대별 평가의 차이를 이용해서 살펴보자.[1] 임기 초기에는 박근혜 대통령의 업무 수행에 대한 '현재 세대'인 40대와 '과거 세대'인 60대 이상의 평가에 차이가 크지 않았다. 2013년 3월에 '잘하고 있다'는 긍정적인 평가를 한 비율은 40대가 34%이었고 60대 이상은 59%이었다. 두 세대 간의 차이가 25%포인트이었다. 그러나 2015년 8월에는 40대가 24%로 줄어든 반면에 60대 이상은 72%로 늘어났다. 40대는 9%포인트 줄었는데, 60대 이상은 오히려 13%포인트가 늘어나서 2년 반 만에 두 세대 간의 긍정 평가 차이가 24%포인트에서 48%포인트로 확대된 것이다.

'잘못하고 있다'는 부정적인 평가의 세대 간 차이도 비슷한 변화를 보인다. 임기 초인 2013년 3월에 부정적인 평가를 한 비율은 40대는 29%이고, 60대 이상은 16%로, 두 세대 간 차이는 13%포인트에 불과했다. 그러나 2015년 8월에는 40대가 63%로 크게 늘어난 반면에 60대 이상은 23%로 소폭 증가했다. 두 세대 간의 부정 평가 차이가 13%포인트에서 40%포인트 차이로 크게 확대된 것이다.

40대의 63%가 '잘못하고 있다'고 응답한 반면에 60대 이상의 72%가 '잘하고 있다'고 응답해서 두 세대 간의 평가가 완전히 엇갈리고 있다. 주목할 사실은 40대의 긍정적인 평가가 줄어들었는데, 60대 이상은 오히려 늘어났다는 것이다. '현재 세대'와 '과거 세대' 간의 세상을 보는 시각의 간극이 갈수록 확대되고 있다는 것이다. 이런 상황에서 한국의 미래를 결정할 현안에 대해 두 세대 간에 어떤 생산적인 대화가 가능할 것이며, 어떤 합의가 도출될 수 있을지 의심스러울 정도이다. 두 세대 간의 '정치적 선택' 또는 '정치적 평가'의 간극이 너무도 크다.

'미래 세대'인 20대, 30대와 '과거 세대'인 60대 이상과의 간극은 더욱 심각하다. 박근혜 대통령의 업무 수행에 대해서 '잘하고 있다'는 긍정적인 평가의 비율이 2015년 8월 20대와 30대는 각각 12%와 8%이며, 60대 이상이 72%이다. 격차가 무려 60%포인트와 64%포인트다. '잘못하고 있다'는 부정적인 평가의 비율도 20대와 30대가 각각 79%와 83%인 반면에 60대 이상은 23%이다. 차이가 56%포인트와 60%포인트다. '미래 세대'의 열 명 중 여덟 명이 잘못하고 있다고 하는데 '과거 세대'는 열 명 중 일곱 명이 잘하고 있다고 정반대의 정치적 평가를 한 것이다.

| 미래 세대 vs 과거 세대 |

세대 간의 평가가 이렇게 크게 엇갈리는 이유를 기성세대는 보수적
이고, 청년세대는 진보적이기 때문이라고 단순화하기도 어렵다. 과
거 이명박, 노무현 대통령에 대한 평가에서는 세대 간의 차이가 이렇
게 크지 않았다. 이명박 대통령의 임기 2년째인 2009년 12월에 '잘하
고 있다'는 긍정적인 평가의 비율은 40대가 43%, 60대 이상이 67%
이었다. 임기 말인 2012년 3월 평가에서도 40대는 22%, 60대는 42%
이었다. 두 세대 간의 긍정 평가 차이가 20%포인트 정도이었다. 박
근혜 대통령의 두 세대 간의 긍정 평가 차이가 48%포인트인 것의 절
반에 불과했다.[2]

　　노무현 대통령의 평가에서는 세대 간 격차가 더욱 작았다. 임기
2년에 가까운 2005년 1월 '잘하고 있다'는 긍정적인 평가 비율이 40
대는 23.7%이었고, 50대 이상은 27.5%이었다. 임기 말인 2007년 2
월에 40대는 21.4%이고 50대 이상이 20.2%이었다. 이때 갤럽 조사
결과 발표에는 60대 이상을 별도로 분리하지 않았다. 비교를 위해서
2015년 8월 박근혜 대통령의 평가 중 50대와 60대 이상의 비율을 합
해보면 40대는 24%이고 50대 이상은 60%이다. 40대와 50대 이상
의 긍정 평가 차이가 노무현 대통령은 3.8%포인트에 불과했지만 박
근혜 대통령의 경우 무려 36%포인트다. 노무현 대통령의 경우 청년
세대와 기성세대의 차이도 매우 작았다. 2007년 2월 '잘하고 있다'는
긍정적인 평가 비율이 20대와 30대가 각각 31%와 25%이고, 50대 이
상은 20%이었다. 차이가 5~10%포인트다. 박근혜 대통령의 긍정 평
가에서는 2015년 8월 20, 30대와 50대 이상의 세대 간 차이가 무려

50%포인트다.

2015년 8월 박근혜 대통령 업무 수행 평가에서 '세대 간 차이'만큼 큰 차이를 보이는 분류가 없었다. 한국 정치에서 오랫동안 가장 중요한 분할 구도이었던 '지역 차이'도 세대 차이보다 크게 작았다. 박근혜 대통령의 지지 기반인 대구-경북과 야당의 지지 기반인 광주-전남의 '잘하고 있다'는 긍정 평가 차이는 20%포인트로[3] 20대, 30대와 60대 이상과의 차이가 60%포인트를 넘고 있는 것과 비교하면 매우 작다. '잘못하고 있다'는 부정 평가도 대구-경북과 광주-전남의 차이가 25%포인트이며[4] 이것 역시 세대 간 차이보다 크게 작다.

대통령의 업무 수행에 대한 여론조사의 결과로 세대 간 차이의 많은 것을 설명할 수는 없다. 그러나 정치는 국민 모두의 삶에 매일매일 가장 밀접하게 영향을 미치며, 정치적 선택은 우리 사회의 많은 것을 결정짓는다. 선거에서 투표를 통해 정치적 선택을 하는 것은 몇 년에 한 번씩 이루어진다. 대통령의 경우 재선이 불가능하다는 것을 감안하면 대통령의 업무 평가는 국민들의 정치적 선택을 가늠하는 상대적으로 객관적인 지표로 볼 수 있다.

대통령을 개인적으로 좋아하거나 싫어하는 것은 세대 간 차이가 있을 수 있다. 그러나 '대통령으로서의 직무를 잘 수행하고 있다고 보십니까, 혹은 잘못 수행하고 있다고 보십니까?'라는 여론조사 질문은 그래도 개개인 호불호의 편차를 좁히는 객관적인 평가에 가깝다고 보아야 한다. 박근혜 대통령의 업무 평가에 대해서 20대와 30대의 '미래 세대'는 열 명 중 여덟 명이 잘못하고 있다고 답했는데, 60대 이상의 '과거 세대'는 열 명 중 일곱 명이 잘하고 있다고 정반대로 답하고 있다. 이것은 응답자 개인의 대통령에 대한 호불호가 영향을 미친다는 점을 감안한다고 해도, 두 세대 간의 대통령에 대한 평가를 넘어서 세상을 보는 근본적인 시각의 차이를 반영한 것이라 판단된다. 더구나 평가 비율의 차이보다 평가 방향이 정반대이기 때문에 더욱 그렇다. 같은 시대에 같은 대통령을 두고 '미래 세대'와 '과거 세대' 사이에 이렇게 크게 엇갈린 평가를 하는 것은, 두 세대가 상대방 세대를 이해할 수 있는 범주를 넘어선 간극이며 단절이라 보는 것이 보다 적절할 것이다.

사회 갈등을 바라보는
두 가지 시선

| 동일한 현상 인식 |

세대 차이란 어느 시대, 어느 나라, 어느 역사에도 있었다. 대부분 문화적 속성이나 유행을 대변하는 차이를 의미하는 바가 컸다. 지금의 한국과 같이 계급과 계층을 뒤덮을 정도로 사회적, 정치적, 경제적 간극을 의미하는 사례를 찾아보기 힘들다. 극단적인 세대 간 단절이 마치 서로 다른 세상에 사는 것처럼 분절 구조를 만들어내고 있는 것이 현재 한국의 실상이다. 특히 청년세대와 기성세대 간 차이가 한국 정치의 오랜 갈등 구조인 지역 감정과는 비교할 수 없을 정도로 더 크다. 한국 사회가 지역 갈등보다 더 심각한 세대 갈등의 구조로 진입한 것이 아닌가 하는 우려를 갖게 한다.

세대 간 단절은 지금 한국 사회가 직면하고 있는 두 가지 전혀 다른 구조와 관련이 있는 것으로 판단된다. 그 하나는 이념 대립의 정치적 구조이고, 다른 하나는 불평등한 경제적 구조다. 진보와 보수 또는 좌파와 우파로 구분짓는 '이념'은 그 개념이 분명하지 않을 뿐 아니라 개인들의 정치, 사회, 경제적인 이슈에 대한 견해도 '이념'에 따른 일관성으로 설명하기 어렵다.[5] 그럼에도 불구하고 국민의 삶과 괴리된 진보와 보수, 좌파와 우파라는 이념의 잣대가 지난 20여 년 동안 한국 사회의 많은 문제에 대해서 국민을 양분하는 갈등선이었다. 짐짓 이념적 갈등으로 보이는 것들도 서구의 전통적 의미의 이념으로 설명되는 것들이 아니었다. 한편에서는 이 사회가 이대로는 안 되겠다며 변화를 바라는 집단과, 다른 한편에서는 변화를 원치 않거나 두려워하는 집단의 충돌 양상이 대부분이었고, 각 세대가 양 집단의 대표성을 대체하고 있는 것이다.

또 다른 갈등선은 '불평등'이다. 1990년 중반까지의 경제성장 과정에서는 불평등이 완화되는 추세였다. 그러던 것이 1997년 외환 위기를 겪은 이후 지난 18년 동안 불평등이 급격하고 지속적으로 악화되었고, 그 결과 성장의 혜택을 누리는 소수의 '1등 국민'과 성장의 과실에서 소외된 다수의 '2등 국민'으로 양분되는 고용구조와 분배구조를 갖게 되었다. 이미 불평등 구조에 빠진 사람들은 물론 갈등선의 왼쪽에 서 있을 터이다. 청년세대는 아직 불평등을 경험하지 않았을지라도 자신들의 미래에 곧 닥칠 불확실성을 감지하고 있기 때문에 대부분이 이 사회를 이렇게 만든 기성세대에 대해서 대립적 간극을 느끼고 있는 것이다. 이념으로 양분된 정치적 갈등과 불평등으로 양분된 경제적 갈등이 중첩되어 진행된 결과가 세대 간 단절을 만들어낸 저변이었다고 보인다.

한국보건사회연구원의 보고서는 이러한 추론을 뒷받침하는 결과를 제시하고 있다.[6] 보고서는 한국 사회의 8가지 갈등 구조에 대하여 조사한 결과를 제시하고 있는데,[7] '갈등이 심하다'[8]고 답한 비율이 높은 항목은 '진보와 보수 간의 갈등'이 80.0%, '경영자와 노동자 간의 갈등'이 79.9%, '가난한 자와 부유한 자의 갈등'이 78.4%, '정규직과 비정규직 간의 갈등'이 76.9%이었다. 또한 '가난한 자와 부유한 자 간의 갈등'이 심하다고 답한 비율이 20대는 76.9%, 30대는 76.8%이고, 60대 이상도 76.7%로 세대 간 차이가 없다. '진보와 보수 간의 갈등'이 심하다고 답한 비율도 20대가 77.0%, 30대는 80.3%이고, 60세 이상은 78.4%로 큰 차이가 없다. 다른 항목들도 세대 간에 별다른 차이를 보여주지 않고 있다. 갈등이 심하다고 응답한 비율이 가장 높은 것은 이념 갈등과 경제적 불평등과 관련된 것들이었는데, 청년세대부터 60세 이상 세대까지 모든 세대가 첫 번째 또는 두 번째로 갈등이 심하다고 꼽은 것들이다.

| 판이한 문제의식 |

국민의 열 명 중 여덟 명이 이념 갈등, 소득 불평등, 고용 불평등, 노사 갈등이 심하다고 생각하고 있으며, 여기에는 기성세대와 젊은 세대 사이에 의견 차이가 없다. 그러나 사회 갈등이 '심하다'라는 현상 인식과 '무엇이 중요한 갈등인가'라는 문제의식은 별개의 것임을 유의해야 한다. 이 점에서는 각 세대가 전혀 다른 문제의식을 갖고 있으며, 각 세대의 이념적 성향과 정치적 선택에서 나타나고 있다.

2012년 대통령 선거에서는 주요 정당 후보가 모두 경제민주화, 청년 실업 문제, 복지, 남북문제 등을 주요 공약으로 내세웠기 때문에 이것으로 객관적인 정치적 선택을 가름하기는 어렵다. 따라서 정부와 대통령의 정책에 대한 평가에서 이를 가늠할 수 있다. 하나의 예로 대통령의 업무 수행에 대한 평가에서 청년세대는 '잘못하고 있다'고 한 반면에 기성세대는 '잘하고 있다'고 전혀 상반된 평가를 하고 있다. 이것은 현상인식은 동일하지만 문제의 중요도에 대한 인식이나 해결 방안에 대해서는 서로 다른 정치적 선택을 하고 있다고 해석할 수 있다. 세대 간 정치적 선택의 차이가 나는 이유를 각 세대의 이념을 결정하는 데 무엇이 가장 중요한 요인인가의 차이에서 찾아볼 수 있다.

세대 간 이념의 차이를 분석한 한 연구는 20대와 30대의 청년세대와 50세 이상의 기성세대가 진보와 보수 중에서 자신의 주관적인 이념 성향을 결정하는 요인이 전혀 다른 것으로 보고하고 있다.[9] 청년세대에게는 소득분배와 경제성장에 대한 태도가 주관적 이념 성향을 결정하는 가장 중요한 요인이었고, 50세 이상의 기성세대에게는 대북 정책이 매우 중요한 요인으로 작용하고, 출신 지역도 영향을 미치는 것을 나타났다. 청년세대에게는 대북 정책과 출신 지역은 영향을 주지 않는 것으로 나타났다.[10] 이념 갈등과 경제적 불평등이 심하다고 보는 인식에서는 차이가 없음에도 불구하고, 청년세대는 고용, 임금과 같은 경제적 불평등 요인이 이념적 성향을 결정하는 반면에 기성세대는 대북 문제와 출신 지역이 이념을 결정한다는 것이다. 각 세대가 이념 결정 요인이 다르다는 것은 갈등의 요인이나 중요도를 다르게 보고 있는 것이며, 결국 각 세대가 갈등을 해결하는 접근 방법이나 정치적 선택에서 전혀 다른 양상을 보이고 있는 것이다. 오늘의 한국을 일구어낸 주역인 60대 이상의 '과거 세대'와 내일의 한국을 이끌고 갈 주역인 20대, 30대의 '미래 세대'가 서로 지향하는 이념과 정책적 우선순위가 전혀 다르다. 한국의 미래를 설계함에 있어서 어느 세대에 중심을 두어야 하는지 선택하는 데 큰 걸림돌이 될 수밖에 없다.

과거 세대가
오늘을 이끈다

| 요원한 세대교체 |

청년세대와 기성세대 사이에 한국 사회가 겪고 있는 갈등 구조에 대한 인식 차이는 없지만, 갈등을 해결하는 정치적 선택 차이가 있다. 문제 해결의 열쇠는 한국 사회에서 정책적 선택의 우선순위를 정하는 정치적 힘을 누가 가지고 있는가에 달려 있다. 현재 한국 정치, 사회, 경제의 구조에서 그 열쇠는 청년세대가 아닌 기성세대가 가지고 있다. 그것은 기성세대의 적극적인 정치 참여 때문이다. 청년세대는 당장 먹고사는 '생존'에 매달려 있기 때문이라는 주장도[11] 제기되지만, 분명한 것은 그들이 자신의 미래를 결정할 정치적 선택을 외면하거나 적극적인 참여를 하지 않는다는 사실이다. 과거 여러 차례의 선거에서 나타난 현상이며, 선거 국면을 결정하는 가장 중요한 요소로 청년세대의 투표율을 꼽고 있는 이유이기도 하다.

다른 원인은 없을까? 한국 사회에서 '힘'을 갖는 정치, 경제, 사회 등의 구조에서 20대 30대의 '미래 세대'는 찾아볼 수 없고, 사회의 중심축이며 '현재 세대'인 40대마저도 찾아보기 어렵다. 오히려 '과거 세대'인 기성세대가 힘 있는 중심을 차지하고 있는 것이 최근 두드러진 현상이다. 매우 단편적인 현상이기는 하지만 정치 구조를 먼저 살펴보자.

선진국에서는 한국 기준으로 '풋내 나는 젊은 나이'의 총리나 대통령이 나라를 이끌고 있다.[12] 미국 대통령 오바마(Barack Obama)는 48살, 영국 총리 캐머런(David Cameron)은 44살, 러시아 대통령 푸틴(Vladimir Putin)은 43살, 캐나다 총리 하퍼(Stephen Joseph Harper)는 47살, 이탈리아 총리 렌치(Matteo Renzi)는 39살에 그 자리에 올랐다. 독일 총리 메르켈(Angela Merkel)은 이들보다 조금 늦은 51살에 총리가 되었고, 최근 국가 부도 사태 직전까지 몰린 상황에서 유럽연합과의 협상 과정에서 주목을 받은 그리스 총리 치프라스(Alexis Tsipras)도 41살에 취임했다. 오바마 전임인 부시(George W. Bush)는 55살에, 클린턴(Bill Clinton)은 47살에 대통령이 되었다. 영국의 경우에도 1990년 이후 지난 25년 동안 네 명의 총리 중에서 세 명이 40대에 취임했다. 독일도 1974년 슈미트(Helmut Schmidt)가 56살에 수상이 된 이후 네 명의 수상이 모두 50대 초반에 취임했다.

민주화 이후 한국의 리더는 앞서 예를 든 선진국과 비교해서 일관되게 나이가 60대로 치우쳐 있다. 노무현이 57살에 대통령 된 것이 제일 빠르고, 김영삼 이후 모두 60대에 대통령이 되었다. 실질적인 권한이나 역할도 없는 자리이기는 하지만 총리의 경우도 마찬가지다. 노무현 정부 이래 지금까지 열 명의 총리 중에서 52살의 이해찬, 58살의 황교안을 제외한 나머지는 모두 60대와 70대에 총리가 되었다. 한국이 항시 이랬던 것은 아니다. 보수 세력이 가장 높게 평가하는 박정희는 46살에 대통령이 되었고, 사망한 때가 62살이었다. 김종필의 첫 총리 취임도 박정희 정부에서 45살 때였다.

경제계 리더십도 마찬가지다. IT기업에는 창업에 성공한 40대 젊은 리더가 있지만, 선진국과 달리 한국 대기업에는 재벌 2세나 3세가 아니라면 소위 '젊은' 나이에 전문 경영인으로서, 최고 경영자로서 재계 리더가 되는 경우를 찾기 힘들다. 미국의 경우 스티브 잡스(Steve Jobs)는 42살에, 빌 게이츠(Bill Gates)는 31살에 애플과 마이크로소프트를 주식시장에 상장해서 세계경제의 리더가 되었다. 페이스북이 100조 원 넘는 가치로 상장할 때 마크 주커버그(Mark Zuckerberg)의 나이가 27살이었다. 신흥 산업만이 아니라 100년이 넘는 역사를 가진 세계 최대 기업인 GE 회장 이멜트(Jeffrey Immelt)은 44살에, 그의 전임이었던 잭 웰치(John Frances Welch Jr)도 46살에 최고 경영자가 되었다. 한국 경제가 역동적으로 발전하던 시기에는 정치 리더뿐 아니라 창업 신화를 만들어낸 경제 리더들도 40대가 이끌었다.

지금의 한국에서는 40대가 대통령이나 총리와 같은 국가 지도자가 되지는 못할지언정 정치계와 경제계의 리더 역할조차도 맡지 못한 지가 오래되었다. 나라마다 정치경제구조와 리더십 문화가 다르기 때문에 나이로만 역량이나 지도력을 따질 수는 없을 것이다. 그러나 모든 조직에서 가장 역동적인 중심 세대인 40대가 지난 20여 년 동안 단 한 번도 지도자 역할을 맡은 적이 없었고, 50대 중반까지도 그러한 사례가 극히 예외적이라는 것은 한국의 정치와 경제

에서의 리더십이 지나치게 기성세대에 치우쳐 있다는 것을 대변하고
있다.

미래 세대의
시대정신

| 산업화, 민주화와 기성세대 |

꿈과 변화가 젊은 세대만의 전용물은 아니다. 그러나 미래는 항시 청
년세대의 것이다. 20년 후면 지금의 20대는 40대가 되고, 30대는 50
대가 되어 사회의 중심축을 이루는 세대가 될 것이다. 지금의 한국
사회가 바람직하지 않다는 점에서 모든 세대가 동의하고 있다. 다만
무엇이 바람직하지 않으며 어떻게 해야 하는지에 대해서 차이가 있
다면, 그것의 무게 중심을 기성세대가 청년세대에게 '양보'하는 것이
낫다. 미래의 주인은 청년이기 때문이다. 그들이 세상의 중심에 서게
될 20년 후 한국은 어떤 세상이 되어야 하는가를 지금의 미래 세대
가 자신들의 꿈으로 설계하고 변화시키면서 만들어가야 한다. 오늘
의 기성세대도 그들이 청년세대였을 때는 세상을 꿈꾸고 변화시키

는 산업화의 주역이었고, 민주화의 주역이었다. 산업화 시대와 민주화 시대는 현재가 아닌 과거이다. 미래는 더더구나 아니다. 그런데도 지금의 한국 사회는 여전히 기성세대가 주도하고 있다. 20년 후 지금의 60대, 70대는 생산적인 경제활동이 중단된 것은 물론이고 전적으로 지금의 청년세대에게 의존해야 한다. 그렇기 때문에 더더욱 지금의 청년세대가 미래를 만들어가고 책임지는 주역이 되어야 한다.

경험이란 안정적인 구조가 유지될 때 지혜를 주는 자산이지만, 급격한 변화에 적응하기 위해서 새로운 변혁이 필요할 때는 부채가 되기도 한다. 경제 역사에서 세상을 바꾸는 새로운 산업이 생겨날 때마다 기성세대가 아닌 청년세대가 창업자로서 성공하는 것도 바로 그런 이유에서이다. 지금, 한국은 개혁적 변화가 절실하다. 현재의 구조를 유지하고 과거를 연장하는 것으로는 미래의 희망을 찾기 어렵다. 그럼에도 불구하고 한국의 정치계와 경제계의 리더십을 이루고 있는 50대 후반, 60대 이상의 기성세대는 자신의 과거 경험으로 한국의 미래를 설계하고 있다. 이런 현상은 보수와 진보 할 것 없이 모두에서 나타난다.

보수에서는 '박정희 향수'가 가장 대표적이다. 박정희 대통령은 한국을 절대 빈곤에서 탈출시키는 경제 발전을 이루었다. 그가 그러한 업적을 남기고 사망한 1979년 한국은 여전히 1인당 국민소득 1700달러인 개발도상국의 위상이었다. 지금은 1인당 국민소득 3만 달러를 바라보고 있는 선진국의 문턱까지 와 있다. 당시에는 정부가 모든 것을 통제하는 계획경제이었고, 군사독재라는 정치 구조에서만 가능한 것이었다. 지금의 한국 경제구조에서 '박정희식' 정책으로 고도성장을 이야기하는 것은 시대착오일 뿐만 아니라 민주주의마저도 후퇴시키는 것이다. 1인당 국민소득 2000달러도 되지 않던 빈곤한 시절에 대한 향수로 한국의 미래를 설계할 수는 없다.

반면 진보 세력의 기성세대는 아직도 '민주화'의 미몽에서 헤매고 있다. 5.16 군사 쿠데타 이후 25년이나 지속되어 온 군사독재를 국민 스스로의 힘으로 종식시키고 1987년 민주주의를 쟁취한 것은 역사적인 승리였다. 그러나 그들 세대에게 민주화 운동의 성지였던 대학 캠퍼스에는 더 이상 민주화와 같은 정의감이나 열정은 없다. 대학 캠퍼스는 스스로를 '잉여'라고 부르는 생존형 대학생이 등록금 투쟁과 자기소개서 경쟁을 벌이는 곳이 되어버렸다. 노동운동계도 별반 다르지 않다. 노동자 세 명 중 한 명이 최저생계비에도 모자라는 월 100만 원 미만의 임금을 받고 있는데도, 노동계는 대기업 고임금노동자만의 이익 단체로 전락하고 있으니, 전태일 열사가 몸 바친 노동운동은 더 이상 찾아볼 수 없다. 최장집 교수가 설파한 바와 같이 그들이 이루어낸 절차적 민주주의는 아직 더 나은 삶을 위한 실질적 민주주의를 실현해내지 못하고 있다. 오늘의 청년세대는 어제의 민주화 운동 세대가 한국 정치의 중심에서 아직도 '민주화 운동 경력'을 정치적 자산으로 활용하고 있는 것을 시대착오라고 여긴다.

| 청년세대와 평등화 |

오늘날 이만큼 살게 된 것도, 이 정도의 민주주의를 이룩한 것도 산업화와 민주화 시대의 주역이었던 기성세대 덕임은 틀림없다. 하지만 청년세대는 그런 위대한 업적에 대해서 기성세대와 동질한 '감흥'

을 가질 수 없다. 그들은 그 고난의 세월을 목도한 세대가 아니기 때문이다. 또한 그들은 어제의 업적보다 오늘의 고난이 더 피부에 와닿으며, 내일의 불확실성이 더 불안하기 때문이다. 어제를 뒤돌아보기보다 오늘에 대해 불만을 갖고 내일의 삶을 꿈꾸는 것이 청년세대의 특징이자 특권이다. 오늘의 기성세대가 어제의 청년세대일 때에도 불안했기는 마찬가지였고, 그렇기 때문에 변화를 추동했던 주역이 되었던 것이다. 기성세대가 누리지 못했던 삶을 청년세대가 누리는 것을 호사라고 여겨서는 안 된다. 고통은 상대적인 것이기 때문이다.

지금 우리 사회는 변화와 희망의 대안을 어디에서 찾을지 모르고 있다. 정치에서는 실체도 분명하지 않은 이념 대립으로 갈등이 깊어지고, 정당과 정치인은 국민으로부터 외면당하고 있다. 경제에서는 계층 간 불평등과 양극화가 갈수록 심해지고, 재벌과 중소기업 간의 괴리는 극단적 조치를 취하지 않고는 되돌리기 어려울 정도로 고착화되었다. 청년세대와 기성세대가 바라는 미래가 확연히 달라 세대 간 간극과 분리도 심각하다. 절대다수의 국민들은 보수도, 진보도 변화를 거부하기는 마찬가지로 보고 있다. 재벌만이 경제를 살린다는 재벌 만능주의자와 성장이 모든 것을 해결해준다는 성장 지상주의자의 '헛소리'나, 이념에 사로잡힌 진보 세력의 현실과 동떨어진 '계도'도 더 이상 듣고 싶어 하지 않는다. 그렇다고 모든 것을 복지로 해결할 수 있다는 이상적인 사회를 꿈꾸는 것도 아니다. 국민의 소박한 꿈이란 경제가 성장한 만큼이라도 함께 잘 살자는 것이다. 그 해법을 어떻게 찾을 것인가는 기성세대가 아니라 미래를 책임질 청년세대의 몫이자 책임이며 특권이 되어야 한다.

더 나은 미래를 위해 변화와 비전을 만들어내는 것이 반드시 특정 세대의 몫이라고 단정할 필요는 없다. 그러나 고도성장의 성공 신화를 만든 산업화 세대와 군사독재를 종식시킨 민주화 세대의 과거 경험의 연장선으로는 한국의 미래를 설계할 수 없다. 한국 사회를 지금의 이념적 갈등과 불평등에서 벗어나서 좀 더 화합하며 함께 잘사는 사회로 만들어가려면 기존의 틀을 연장하는 것이 아니라 새로운 체제를 만드는 수준의 혁신이 필요하다. 한국의 미래를 설계하고 이끌어갈 주역은 청년세대일 수밖에 없다. 기성세대의 역량과 경험은 우리 사회의 소중한 자산이기에 새로운 세대에게 큰 보탬이 될 것이다. 과거로 설계한 미래는 과거일 뿐이다. 기성세대인 산업화 세대와 민주화 세대는 지난날 자신들이 변화를 이끌어낸 주역을 담당했던 것처럼, 오늘의 청년세대를 믿어주면 된다.

제 9 장

청년이 세상을 바꿀 때다

청춘에게
미래는 있는가?

| 88만원 세대, 3포 세대, 잉여 세대 |

한국 청년세대의 미래에 희망이 있는가? 희망이란 오늘보다 나은 미래를 만들어내고자 하는 바람이다. 바라는 것이 이루어지면 희망은 미래의 현실이다. 2007년에 《88만 원 세대》라는 책이 출간되었다.[1] '88만 원 세대'란 대학 졸업 후에도 치열한 경쟁을 하면서 88만 원이라는 임금을 받는 비정규직 20대의 절망을 상징하는 말이었다. 당시에 많은 젊은이들이 자신의 아픈 현실을 말해주는 이야기에 동감했다. 곧이어 《아프니까 청춘이다》가 출간되었고, 젊은이들은 그들을 위로해주고 아픔을 달래주는 멘토의 따뜻한 말에 감동하고 열광했다.[2] 88만 원 세대가 등장한 지 8년이 흘러서 당시 20대는 이제 30대가 되었다. 그들은 지금 당시 꿈꾸던 희망의 미래를 이루었는가? 꿈을 이루지는 못했을지라도 그때보다 미래에 대해서 더 희망적으로 되었는가?

그들 중 어떤 이는 꿈을 이루었을 것이고, 어떤 이는 아직도 희망을 찾아 헤매고 있을 것이며, 또 어떤 이는 좌절하고 희망을 포기했을 것이다. 88만 원 세대였던 20대는 지금 30대가 되었고, 이제는 '3포 세대'라 불린다. 아파하면서도 자기계발을 하고 힐링도 하면서 비정규직의 함정에서 빠져나와보려고 몸부림쳤지만, 그들 중 많은 이들이 좌절의 끝에서 사랑도 가족도 꿈꾸지 않는 세대가 되었다. '아프니까 청춘'이었던 그들이 이제는 연애, 결혼, 출산조차 포기하는 30대가 된 것이다.

이 글의 시작은 '한국 청년세대의 미래에 희망이 있는가?'라는 질문이었다(이 글에서 청년세대는 20대와 30대를 함께 아우르는 의미로 사용한다). 《88만 원 세대》 저자들도 8년 전에 같은 질문을 던졌다. '10대와 20대의 운명은 어떻게 될까?'라고 물었고, '큰 변화가 발생하기 전까지 지금의 10대와 20대가 처한 상황은 아마 시간이 흘러서 20년이 지나더라도 근본적인 변화가 오지 않을 것이다'라고 답을 했다. 그리고 88만 원 비정규직에서 크게 나아지지 않을 '20대는 평균적으로 전세는 물론 결혼도 하기 어려운 세대'라고 3포 세대의 도래를 예언하기까지 했다. 뿐만 아니라 '20대의 운명이 10대에게 그대로 이어지는데, 더욱 열악하게 하향 확대재생산될 것'이라고도 말했다.[3]

우석훈과 박권일의 불길한 예언은 8년이 지난 지금 현실이 되었다. 저자들은 '큰 변화가 발생하기 전까지'라고 단서를 붙였다. 그동안에 저자들이 예측하지 못한 큰 변화가 있었다. 바로 2008년 세계 금융 위기였다. 저자들이 예상했던 것보다 상황은 훨씬 더 악화되었고 그들의 예언보다 더 빨리 88만 원 세대는 3포 세대가 되었다. 당시의 10대들에게 '(20대보다) 더욱 열악하게 하향 확대재생산 될 것'이라고 했던 예언도 현실이 되었다. 지금의 20대는 '88만 원 세대'보다 더 슬픈 '쓸모없이 남아도는 인생, 즉 잉여 세대'[4]가 된 것이다.

| 바뀌지 않는다면 |

'한국 청년세대의 미래에 희망이 있는가?'라는 질문으로 되돌아가보자. 답은 '없다!' 지금의 한국 경제구조에서 청년들이 꿈꾸는 더 나은 인생, 더 좋은 세상은 미래에 현실이 될 수 없다. 오늘보다 더 못하지 않으면 다행이다. 그럼에도 불구하고 이 진부한 질문을 다시 던지는 이유는 왜 답이 '없다!'인지, 그 이유를 찾으려 하기 때문이다. 필자가 질문을 던지기도 전에 이미 20대는 '잉여'가 되었고, 30대는 '포기'했다. 청년들이 이미 희망을 포기했는데, 희망이 없는 이유를 찾는다고 해서 무슨 의미가 있는 것일까? 그래도 답을 구하려는 이유가 있다. 청년세대가 희망을 포기하면 한국은 미래가 없기 때문이다. 그렇다고 해서 위기는 기회다, 그래도 희망은 있다, 긍정의 힘으로 이겨내라고 말하는 행복전도사 행세를 하려는 것이 아니다. '아프니까 청춘이다'의 속편으로 '포기하니까 30대다'라고 위로의 멘토질을 하려는 것도 아니다.

그들을 3포 세대와 잉여 세대로 만든 한국 경제의 구조를 파헤치려고 하는 이유는 잉여가 되고, 포기한 "청년들에게 진정으로 필요한 것은 근거 없는 희망보다 논리적인 절망"[5]이기 때문이다. 기성세대가 그들을 위로하고, 긍정의 힘으로 힐링하는 것은 그들을 그렇게 만든 구조를 더 강화시켜줄 뿐이며, 그들이 사회의 중심에 서는 30대와 40대가 되었을 때에는 더욱 더 절망의 벽이 높아질 것이기 때문이다.6 이유를 모르는 절망이나 근거 없는 희망은 그들의 미래만 망치는 것이 아니라 지금의 10대와 20대의 미래까지도 망칠 것이기 때문이다.

이 책은 처음부터 그 내용이 3포 세대와 잉여 세대를 만들어낸 한국 경제의 불평등한 구조를 파헤치는 것이었다. 이 책은 '지루할' 정도로 수많은 지표들과 그림들을 이용해서 한국이 얼마나 불평등하고, 왜 불평등해졌는가를 길고, 자세하게 그리고 다양한 각도에서 설명했다. 필자의 또 다른 저서인《한국 자본주의》도 한국 경제의 어두운 현실을 논의하고 있다. 무모할 만큼 다양한 통계를 이용해서 희망 없는 한국의 상황을 설명한 이유는 무엇이 한국의 희망을 빼앗아갔고, 어떻게 청년세대에게 절망이 강요되었는지를 알아야 다시 희망을 찾아나서든지 아니면 정말로 포기하든지를 결정할 수 있을 것이기 때문이다. 그 방대하고 '지루한' 내용들을 반복할 생각은 없다. 간단히 요약하면 다음과 같다.

'경제'라는 단어는 '경세제민(經世濟民)'을 줄인 말이다. 세상을 잘 다스려서 국민을 고난으로부터 구한다는 뜻이다. 다시 말해서 경제의 목적은 국민을 더 잘살게 하는 것이다. 그런데 한국은 경제가 성장했는데도 대부분 국민의 삶이 나아지지 않고 있다. 일하는 국민 100명 중 75명이 임금을 받는 노동으로 먹고살고, 25명이 자영업으로 먹고산다.7 자영업자들은 경제가 성장하는 동안에 수입이 늘어나기는커녕 오히려 줄어들었다. 자영업자 25명은 성장의 혜택을 못 받은 것이 아니라 완전히 소외되었고, 더 못살게 되었다.[8] 임금노동자 75명 중 61명이 중소기업에서 일하고, 14명이 대기업에서 일한다.[9] 중소기업에서 일하는 61명은 대기업에 일하는 14명이 받는 임금의 60%를 받는다.[10] 임금격차에도 불구하고 대기업에서 일하는 14명의 임금은 경제성장보다 더 빠르게 상승하지만, 나머지 61명의 임금 상승은 성장률도 따라가지 못해서 경제성장의 혜택에서 제외되었다. 대기업에서 일하는 14명이라고 다 같지 않다. 이 중에서 네 명만이 높은 임금을 받는 재벌 100대 기업에서 일한다.[11] '경세제민'의 경제는 14명에게만 해당된 이야기다. 당신은 어디에 속하는가? 당신이 14명 중 한 명이라면 행운아다. 그러나 86명에 속한다면 당신에게는 희망이 없다.

경제가 성장했지만 고소득층 상위 10%가 전체 소득의 절반에 가까운 45%를 차지한다. 국민의 90%가 상위 10%가 차지하고 남은 나머지인 55%를 나누어 갖는다.[12] 그 결과로 국민 세 명 중 한 명은 월 최저생계비인 100만 원도 못되는 임금으로 먹고산다.[13] 믿기 어렵겠지만 이것은 한국의 현실이다. 그럼에도 불구하고 소득 불평등은 갈수록 심해지고 있고, 이를 바로잡으려는 사회적 합의나 구체적인 노력도 보이지 않는다. 소득 불평등이 개선될 것이라는 희망을 가질 근거를 찾을 수 없다.

20대인 '잉여 세대'가 직면한 한국 경제는 어떠한가. 그들에게 최우선의 관심은 취업이다. 청년 실업률이 사상 최고치에 달한 2015년 6월 정부의 공식적인 청년 실업률은 10.1%이다. 그러나 일자리를 원하지만 구해지지 않으니 아예 일자리 구하기를 포기한 잠재적 구직자를 포함한 청년 실업률은 22.4%이다. 청년 100명 중 22명은 실업자라는 말이다. 나머지 78명 중에서 40명은 정규직으로 일하고, 38명은 비정규직으로 일한다.[14] 비정규직의 임금은 정규직의 60% 수준이다. 대학을 졸업하면 나아지는가? 실업자를 제외하고, 졸업 후 첫 일자리를 대기업 정규직으로 시작하는 행운아는 100명 중 15명이다. 중소기업 정규직은 51명이다. 나머지 34명은 비정규직으로 인생을 시작한다.[15] 2년이 지나면 대기업 정규직으로 첫 일자리를 시작한 15명 중에서 계속해서 대기업 정규직을 유지하는 사람은 일곱 명이다. 중소기업 정규직에서 대기업 정규직으로 직장을 옮긴 진짜 행운아는 다섯 명이다. 그래서 대기업 정규직은 12명으로 줄어든다. 30대가 된다고 해서 더 나아질 것도 없다. 여전히 열 명 중 한 명은 실업자이고, 나머지 아홉 명 중에서 여섯 명은 정규직이지만, 세 명은 비정규직으로 남는다. 아이들이 커가는 40대가 되면 정규직은 다시 다섯 명으로 줄어들고, 네 명이 비정규직으로 일해야 한다.

희망이 없다는 답은 지금의 구조가 '바뀌지 않는다면'이라는 전제하에 내린 것이다. 그러면 지금의 구조가 바뀔 가능성은 있는가? 그 가능성도 크지 않다. 그 이유는 세상이 저절로 좋아지거나 나빠지는 것은 아니기 때문이다. 시간이 지나면 좋아지겠지 하는 것은 그저 무책임하고 개념 없는 바람일 뿐이다. 세상은 스스로 진화하는 것이 아니라 우리가 만들어가는 것이다. 그런데 더욱 암담한 것은 세상을 만들어갈 바로 그 우리가 없다는 것이다.

저항하지 않는
젊은이들

| 아프지만 행복하다? |

'잉여'와 '포기', 참으로 절망적인 단어다. 청년세대 모두가 그런 것은 아니겠지만 스스로 자기 세대를 표현하는 말이다. 잉여와 포기라고 자조하지 않더라도 많은 청년세대들은 걱정하고 불안하다. 앞선 세대들이 '민주화', '산업화'와 같은 세상을 변화시킨 삶을 표현하고 있는 것과 비교하면 더더욱 씁쓸한 단어다. '쓸모없이 남아도는 잉여'가 된 20대와 '사랑과 가족을 포기한' 30대의 삶은 '불행'할 수밖에 없다. 그런데 그들이 '불행'할 것이라는 생각이 완전히 틀렸다는 것을 보여주는 통계가 발견된다. '잉여'와 '3포'들이 자신은 불행하지 않고 오히려 행복하다고 한다.

　여러 가지 여론조사 통계들이 있지만, 가장 광범위하고 신뢰할

만하다고 여겨지는 두 가지 조사의 결과를 살펴보자. 하나는 한국보
건사회연구원의 '사회 통합 실태 진단 및 대응 방안 연구'[16]이며, 또
하나는 통계청의 '2014년 한국 사회 통합 실태 조사'[17]이다. 두 조사
는 청년세대만이 아니라 모든 세대를 대상으로 삶에 대한 만족과 사
회를 바라보는 시각 등을 알아보는 다양한 질문들로 구성되어 있다.
한국보건사회연구원의 결과부터 먼저 보자.

주관적인 행복감을 측정하는 '자신이 평소에 행복한 사람이라
고 생각하느냐'는 질문에 대해서 20대는 69.1%, 30대는 67.3%가 '행
복하다'고 답했다. '불행하다'고 답한 비율은 20대가 4.7%, 30대가
7.2%이었다.[18] 20대와 30대의 세 명 중 두 명은 행복하고, 불행한 사
람은 열 명 중 한 명도 채 되지 않는다. 청년세대가 불행할 것이라는
생각과는 정반대의 결과다. 더욱 놀라운 결과는 20대와 30대의 행복
하다고 답한 비율이 다른 세대보다 월등하게 더 높다는 것이다. 40
대는 60.2%, 50대는 57.9%, 60세 이상은 50.5%이었다. 젊은 세대일
수록 행복하다는 비율이 높고, 반대로 불행하다고 답한 비율은 나이
가 많은 세대일수록 높다.[19]

삶에 대한 만족도를 조사한 결과도 행복감과 크게 다르지 않
다.[20] 자신의 삶에 '만족한다'는 답이 20대는 63.2%, 30대는 57.9%
이고, '만족하지 못한다'는 답이 20대 16.0%, 30대는 13.2%이었다.
반면에 40대는 55.8%, 50대는 49.5%, 60세 이상은 47.1%가 삶에 만
족한다고 답했고, 만족하지 못한다는 답은 40대가 14.7%, 50대가
21.1%, 60세 이상이 22.6%이다. 20대와 30대의 절반 이상이 삶에 대
해서 만족하고 있고, 다른 세대보다 만족하는 비율도 더 높다. 조사
결과를 좀 더 구체적으로 살펴보면, 삶의 만족을 결정하는 요인들에

대한 여러 가지 질문에서도 20대와 30대는 단연 만족한다는 답이 다수이고, 다른 세대보다 만족한다는 비율도 훨씬 높다.

직업에 대한 만족, 삶에서 성취한 것에 대한 만족, 생활수준에 대한 만족, 심지어는 미래 안정성에 대한 만족까지도 20대와 30대는 만족한다고 답한 비율이 모두 50% 이상이고, 다른 모든 세대들보다 높다.[21] 실업률이 높고, 비정규직이 많고, 저임금노동자가 가장 많은 세대임에도 불구하고 20대와 30대의 다수가 지금의 삶에 만족하고 있고, 다른 세대들보다 만족하는 비율도 더 높다.

이러한 놀라운 결과는 통계청이 한국행정연구원에 의뢰해서 조사한 '2014년 한국 사회 통합 실태 조사'에서도 크게 다르지 않다. 20대와 30대 중에서 '행복감이 보통 이상'이라고 답한 비율이 각각 62.9%와 64.2%이다. 세 명 중 두 명이 행복하다고 답을 했고, 이 비율은 다른 세대들보다 높다. 40대는 60.0%, 50대는 54.8%, 60대는 54.8%이었다. '삶에 대한 만족도가 보통 이상'이라고 답한 비율은 20대와 30대가 각각 56.6%와 52.7%이며, 40대는 51.3%, 50대는 46.2%, 60대는 44.8%이다. 20대와 30대는 다수가 삶에 대해서 보통 이상으로 만족하고 있고, 이 비율은 다른 세대들보다 높다. 이러한 결과는 앞서 제시한 다른 조사 결과와 크게 다르지 않다.

잉여와 3포라는 말이 무색할 정도로 20대와 30대의 절대다수가 행복하고, 삶에 대한 만족감도 높다. 뿐만 아니라 이들은 다른 세대들보다 더 행복하고, 더 만족한다고 답했다. 행복은 주관적인 것이기 때문에 세대마다 행복을 결정하는 요인들이 다를 것이다. 50대 60대에게는 집을 장만하는 것이 큰 행복을 주지만, 20대 30대에게는 맛집에서의 저녁 한 끼가 큰 행복을 주는 것일 수도 있다. 그럼에도 불구하고 '쓸모없이 남아도는 잉여'라고 자조하는 20대와 '사랑과 가족을 포기한' 30대들의 행복은 어디서 오는 것인지가 어리둥절하다. 조사의 신뢰성을 의심하는 것 이외에는 쉽게 그 이유를 생각해볼 수가 없다.

'한국 사회 통합 실태 조사'의 결과에서 20대와 30대가 다른 세대보다 높은 행복과 만족을 느끼는 것과는 달리 한국의 현재 상황과 미래를 긍정적으로 보고 있는 것은 아니었다. '경제 상황 만족도'가 보통 이하라고 답한 비율은 20대 57.8%, 30대 63.0%이었다. '정치 상황 만족도'가 보통 이하라고 답한 비율은 20대가 63.3%, 30대가 69%이었다. 경제와 정치 상황에 대해서 모두 만족하지 못하다는 비율이 절대다수다. 두 가지 상황에 대한 답에서 20대가 30대보다 약간 낮다. 아마도 취업 전인 까닭에 20대는 아직 기대감을 가지고 있으나, 30대는 직장 생활을 통해서 현실을 좀 더 잘 알고 실망한 것이 반영된 게 아닌가 추정해본다. 반면에 불만족의 비율은 다른 세대보다 30대가 가장 높다. 20대는 경제 상황에 대한 불만족의 비율은 다른 세대보다 오히려 낮고, 정치 상황에 대한 불만족의 비율은 다른 세대보다 약간 높다.[22] 또한 20대와 30대는 '향후 경제 상황 전망'이 보통 이상이라고 답한 비율이 각각 27.8%와 25.0%로 다른 세대보다 낮았다.[23]

이러한 결과가 말해주는 최소한의 의미는 20대와 30대가 현재의 한국 상황에 만족하거나 또는 다른 세대보다 더 만족하는 것은 아니라는 것이며, 그들이 미래의 경제 상황에 대해서 다른 세대보다 더 희망적으로 보지도 않는다는 것이다. 그럼에도 불구하고 그들은 개인적으로는 행복하고, 만족하며, 다른 세대보다 더 행복하고, 더 만족한다. 그들은 자신들을 둘러싸고 있는 한국 경제와 정치의 구조에 대해서는 만족하지 않지만, 나의 삶에는 만족하다는 것이다. 이런 조사 결과에서 20대와 30대가 '불행하다' 또는 기성세대보다 '더 불행하다'는 증거는 없었다. 그들의 좌절과 아픈 상처의 흔적이 보이지 않는다. 아픈 청춘이라고 했는데, 청년세대는 정말 아픈 것일까?

한국 경제의 현실은 어둡고, 미래 희망의 빛은 너무도 희미하다. 특히 20대와 30대는 미래에 대해서 절망할 수밖에 없는 구조다. 그런데도 청년세대가 행복하고, 만족하는 이유는 무엇일까? 그리고 그들이 다른 세대보다 더 행복하고, 더 만족하는 이유는 무엇일까? 그리고 왜 그들은 스스로 '잉여'라고 자조하고, '3포'라는 슬픈 선택을 하는 것일까? 이런 질문에 대한 답을 쉽게 구할 수가 없다. 그래서 그들이 아프다는 객관적인 증거가 무엇인지 그리고 아파하는 이유가 무엇인지를 다시 확인해보려고 아픈 청춘의 이야기를 되짚어 읽어보았다.

청춘에 관한 많은 글들에서 그들이 아프다는 것을 확인할 수 있는 객관적인 증거는 찾을 수 없었다. 아픈 청춘의 경험담으로 채워져 있거나 또는 '아프다'고 전제하고 있을 뿐이었다. 그렇다면 다수의 청년세대는 행복한데, 소수의 아픈 청춘들만이 목소리를 높인 것일까. 기성세대가 '너희는 아플 거야'라고 지레짐작하고서 있지도 않는 청춘의 아픔을 위로하고 멘토질한 것일까. 스스로 '잉여'라고 자조하는 것은 소수의 아픈 20대만의 칭얼거림이란 말인가. '사랑과 가족을 포기'한 것은 소수의 능력 없는 30대의 선택이거나 기성세대와 다른 삶의 방식이라고 치부해버려야 하는가.

청춘이 아프다는 수많은 글들에 나타난 아픈 이유는 매우 현실적인 것이었다. 그것은 그들이 당장 직면하고 있는 취업과 저임금의 문제이었다. 그들의 아픔은 더 많은 월급을 받는 정규직 자리를 차지하기 위한 치열한 취업 경쟁에서 오는 아픔이었다. 불안과 두려움과 걱정은 고용 경쟁에서의 탈락과 임금의 불평등에서 오는 것이었다. 자기계발이라는 이름으로 매달리는 "외국어 공부, 학점 관리, 자격증 취득, 인턴, 봉사 활동, 공모전 참가. 체력 관리, 외모 가꾸기(심하면 성형도 불사), 자기소개서 작성 연습, 프레젠테이션 및 스피치 훈련"24 등은 모두 남보다 더 좋은 일자리를 갖고 더 많은 임금을 받기 위한 것이었다.

얼마나 객관적인지는 의문을 제기할 수 있지만, 20대와 함께하면서 그들의 자화상을 그려낸 다음의 글을 부정하기 어렵다. "'영혼이라도 팔아서 취직하고 싶다'는 게 이십대의 현실이다. 무슨 대외활동을 하더라도, 겉으로는 '다양한 세상 경험'을 말하지만 이들에게 그것이 선택된 이유는 오로지 취업을 위한 자기소개서에 한 줄 기입될 수 있기 때문이다. 또는 이십대의 모든 '다양한 세상 경험'은 결국에는 취업에 도움이 되리라는 포장을 쓴 채 진열된다. 그렇게 이십대의 자기계발은 '취업 준비'의 다른 말일 뿐이다."25 그래서 청년세대에게 "꿈은 결국 일하는 것, 직업을 갖는 것 외의 다른 것이 아니다. 예전에는 꿈을 그런 것으로 정의하지 않았다. 이제 꿈은 매우 현실적이고 엄격한 기준에 의해서 그 가치가 판별된다." 꿈이라는 말이 "어느 때보다도 많이 사용되지만, 그 내용을 살펴보면 어느 때보다 초라한 것이 바로 우리 시대의 꿈이다."26

청춘들의 '자기계발'은 '자기'를 계발하는 것이 아니라 '회사가 원하는 자기'를 만들어가는 것이었다. 그래서 "꿈을 가지고, 열정적으로 노력하라"는 말에서 "꿈이란 '갖고 싶은 직업', '들어가고 싶은 직장'을 의미한다. 꿈이라는 단어의 의미가 이토록 하향 조정된 덕분에 이 사회에서는 '좋은' 직장에 다니고 있다는 것만으로도 '꿈을 이룬 사람'이 될 수 있다."[27]는 것이다. 그들의 아픔은 '높은' 이상을 추구하지 못하고 '현실'과 타협해야 하는 데에서 오는 아픔이 아니다. 그들의 아픔은 '나인 나'를 만들지 못했다거나 '내가 아닌 나'를 만들어야만 하는 데에서 오는 갈등 때문도 아니다. '회사가 원하는 나'를 만들었는데, 회사가 나를 원하지 않는 데에서 오는 것이다.

| 긍정의 노예, 포기의 대가 |

청년세대 담론은 신자유주의를 깨자는 것도 아니고, 자본주의를 무너뜨리자는 것도 아니고, 남북통일을 하자는 것도 아니었다. '88만 원 세대'가 말하는 것처럼 '88만 원을 깨자'는 것이었다. '좋은' 일자리를 갖고 더 많은 임금을 받는 그 '소박한' 꿈을 이루지 못해서 '잉여'가 되고 '3포'를 하는 것이다. 그런 청춘이 여전히 많고, 앞으로도 '소박한' 꿈을 이룰 가능성이 더 높아지지도 않을텐데도 불구하고 왜 그들은 행복하고, 만족하는 세대인가에 대한 의문은 여전히 풀리지 않는다.

아픔을 느끼는 청춘들이 소수일까? 아픔을 외면하거나 감추는 알량한 자존심일까? 부모의 풍요를 자신의 것으로 착각하는 허위의식일까? '행복학'을 너무나 잘 배워서 세대 전체가 집단적으로 긍정의 자기최면을 걸고 있는 것일까? 힐링을 너무 잘한 것인가? 맛집에서의 행복이 너무도 큰 것인가? 자신이 어떤 세상에 살고 있는지 현실을 제대로 알지 못해서일까, 아니면 아무 생각도 없고 개념도 없는 세대일까? 세상이 아무리 절망적이어도 '나만은 다를 수 있다'는 주제넘는 자신감을 가진 젊은이가 많은 것일까? 정반대로 현실이 너무도 절망적이기 때문에 꿈을 버리고 주어진 것에 만족하는 달관의 경지에 이른 것일까? 기성세대가 그 이유를 쉽게 알 리가 없다. 아마도 청년세대 스스로도 그 이유를 모르고 있는 것은 아닐까? 필자는 감히 매우 상반된 두 가지 추론을 해본다. 그 하나는 긍정의 배신이고, 다른 하나는 포기의 저주다.

대학생은 입학한 순간부터 모든 것이 취업을 위한 '스펙 쌓기'로 시작된다. 수업도 학점을 따는 과정일 뿐이고, 학점 경쟁은 학구열이 아니라 취업열이다. 동아리나 봉사 활동도 자아의 발견이 아니라 코스프레(Costume Play) 경연이다. 경쟁이 아무리 치열해도 남보다 더 노력하면 '나만은 된다'는 긍정의 믿음을 갖는다. 남들이 세상을 한탄하더라도 자신은 잘못된 세상까지도 긍정적으로 받아들이는 마음 훈련을 한다. 컵에 물이 '반밖에 없다'거나 '반이나 차 있다'가 아니라 "컵이 바닥에 떨어져 산산조각 나도 그 컵에 물이 절반 차 있다고 생각"[28]하는 긍정의 화신이 되어 자신을 회사가 원하는 '인재'로 만들어간다. 주어진 것을 의심하거나 도전하지 않고, 주어진 것에 나를 맞추어간다. 내 몸에 맞는 옷을 찾는 것이 아니라, 남들이 모두 입고 싶어 하는 만들어진 옷에 내 몸을 맞추어가는 것이다. 그 피나는 노력으로 만들어낸 '회사가 원하는 나'는 '나와 다른 나'가 아니라 바로 '나인 나'인 것이다.

좋아서 하는 일이니 임금을 안 주거나 매우 적게 주는 노동을

'열정페이'라고 한다. 열정페이는 하고 싶은 일을 시켜준다는 명분으로 젊은이들을 착취하는 수단이다. 그러나 정작 열정페이를 받는 젊은이들은 "나는 좋아하는 일을 하며 열정을 가지고 있다. 그러므로 나는 노동자가 아니다. 고로 나는 노동자의 권리를 주장하지 않는다."[29]고 스스로 자신을 합리화하고, 자신을 착취하는 구조까지도 정당화해주고 있다. "부당한 사회구조의 '피해자'이지만, 동시에 '가해자'로서 그런 사회구조를 유지하는 데 일조하는 존재란 얘기다."[30] '긍정 이데올로기나 희망의 멘토링은 체계적인 절망을 근거 없는 희망으로 분칠하는 데 기여해서 젊은이들의 희망을 빼앗아간 사회구조의 잔인한 지배를 유지시키는 데 오히려 기여하고 있는 것이다.'[31] 세상 모든 것을 긍정하다 보니, 자신을 짓누르는 것조차도 긍정해버리는 긍정의 화신이 되어 주어진 체제에 순종하는 '긍정적 노예'가 되어버린 것이다. '긍정'이 모든 것을 긍정하고 싶어 하는 청년세대를 '긍정적 노예'로 만드는 배신을 한 것이다. 젊은이들이 행복하고, 만족한 것은 '긍정적 노예의 행복'인 것이다.

두 번째 추론은, 포기로부터 오는 행복이다. "인간은 어느 순간에 '지금 불행하다', '지금 생활에 불만족을 느낀다'라고 대답하는 것일까? 오사와 마사치에 따르면, 그것은 '지금은 불행하지만, 장차 더 행복해질 수 있을 것이다'라고 생각할 때라고 한다. 미래의 '가능성'이 남아 있는 사람이나 장래의 인생에 '희망'이 있는 사람은 '지금 불행하다'라고 말하더라도 그것이 자신의 모든 것을 부정하는 일은 아니기 때문이다. 바꿔 말하자면, 이제 자신이 '이보다 더 행복질 수 없을 것'이라는 생각이 들 때, 인간은 '지금 이 순간이 행복하다'라고 말할 수밖에 없는 것이다. 즉, 인간은 미래에 더 큰 희망을 걸지 않게 됐을 때, '지금 행복하다' 혹은 '지금의 생활에 만족한다'라고 대답하게 되는 것이다."[32] 미래에 희망을 걸 때 그리고 그것을 이루고자 할 때 지금의 불행은 희망적 의지의 표현이라는 것이다. 역설적으로 미래에 행복해질 수 있는 가능성이 없을 때, 즉 희망을 포기했을 때 지금 행복하다고 말할 수밖에 없다는 것이다. 일종의 희망 포기에서 오는 자기기만이다. 이 말은 젊은이들이 행복할 수 없는 구조에 처해 있는데도 불구하고, 행복하다고 말하는 일본의 상황을 그린 《절망의 나라의 행복한 젊은이들》에서 인용한 것이다. 한국의 상황에도 그대로 적용되는 것이 아닌가 생각한다.

한국의 젊은이도 자신들은 희망이 없는 세상에 살고 있다고 말한다. "1980년대는 정치적으로든 경제적으로든 '내일이 오늘보다 나을 것이다'라는 굳센 희망을 품고 살아가던 시대였다. 비록 오늘이 암흑이라고 하더라도 역사는 발전한다고 생각했고, 실제로 그 생각은 진일보한 민주주의 또는 경제성장의 형태로 우리 앞에 가시적으로 나타났다. 그러나 지금은 조건이 전혀 다르다. 우리는 세대를 가리지 않고 내일이 오늘보다 나빠지지 않으면 다행이라고 생각하는 시대를 살아가고 있다."[33] 이 책은 한국에 희망이 없다는 것을 알려주려고 구구절절 수많은 통계와 그림을 제시했다. 그러나 이런 분석을 통하지 않고도 한국의 젊은이들은 이미 한국의 상황을 너무도 잘 알고 있는 것 같다. 그래서 "오늘보다 내일이 더 나아질 것이라고 생각하지 않으며, 그들이 겪고 있는 절망스러운 현실은 그저 끝나지 않는 일상일 뿐이기 때문에 지금 행복하다고 말할 수 있는 것"[34]이 아닌가 생각한다.

청년세대는 기성세대와는 달리 "미리 '더 행복한 미래'를 상정해

두고 그것을 위해 사는 것이 아니라, '지금 아주 행복하다'라고 느끼면서 사는 것이다."[35] 기성세대가 더 나은 미래를 위해서 지금의 '행복을 유예하는 세대'라면, 청년세대는 더 나은 미래가 없으니 지금 '행복을 집행하는 세대'라고 할 수 있다. 청년세대의 행복과 만족은 희망을 포기한 대가로 얻은 것이다. 참으로 '아픈' 행복이다. 그러나 이러한 추론에 "우리가 포기한 것들은 진심으로 포기한 것이 아니다. 원하면 원할수록 마음이 더 아프니까 잠시 숨기고 있는 것뿐"[36]이라고 항변하는 젊은이가 있다. 많은 젊은이들이 이 항변에 동의했으면 좋겠다. 포기로 얻은 '아픈' 행복이 아니라 포기한 척해서 얻은 '위장된' 행복이라면, 그렇다면 한국의 미래를 위해서 일말의 희망이라도 가질 수 있기 때문이다.

청년세대에게
고함

| 깨어나야 한다 |

잉여와 3포의 문제가 한국 사회의 새로운 중심 화두가 된 것은 그들의 '아픈' 또는 '위장된' 행복이 한국의 미래를 결정할 것이기 때문이다. 지금의 30대는 10년 후 40대로서 한국 사회의 중추적인 세대가될 것이고, 지금의 20대가 앞으로 어떻게 변화해 가느냐가 지금의 10대들의 미래를 가늠할 것이다. '3포 세대'라는 말은 이미 '5포 세대'로 진화하고 있고, 최근에는 'n포 세대'라는 말까지 등장하고 있다. 연애, 결혼, 출산을 포기하는 것에다 추가로 내 집 마련과 인간관계까지 포기하는 것을 '5포'라고 부른다. 내 집 마련을 포기하는 경향이 현실로 나타나고 있기 때문에 '5포'는 호사가들의 입담만이 아닌 실제 상황이다. 결혼과 출산을 포기했으니 내 집을 바라지 않는

것은 어쩌면 당연한 결과다. 'n포 세대'란 셀 수 없을 만큼 너무도 많은 것을 포기한다는 의미인데, 희망을 포기하면 거의 모든 것을 포기한 것이기 때문에 이 또한 당연한 결과다.

《아프니까 청춘이다》가 청년세대에게 자신들을 이해해주고 감싸주는 책으로 감동을 주었고, 엄청난 부수가 팔렸다고 한다. 그러자 《아프니까 어쩌라고?》, 《청춘을 위한 나라는 없다》, 《잉여사회》, 《이것은 왜 청춘이 아니란 말인가》, 《우리는 차별에 찬성합니다》 등등 청년세대들의 이야기가 쏟아져 나왔다. 그리고 "너희도 불쌍하지만 우리는 더 힘들었다"[37]는 기성세대의 반박도 있었고, 우리도 아프지만 "소리 내 울지 않는다"[38]는 부모 세대의 타박도 있었다. 기성세대가 아픔을 치유해준다고 멘토질하면서 한 말들에는 '하나 마나 한 이야기'들도 있었고, 청년세대들 중에서 "자신들을 88만 원 세대라고 호명하는 것에 대해서 적개심을 드러냈고, 20대 논객들도 속속 등장했다. 우는 소리, 분노, 조언이 난무했고 공명심, 음모론이 범람했다.[39]"

기성세대가 위로하고, 주제넘는 잔소리와 근거 없는 희망으로 멘토질을 하고, 청년세대의 일부는 '당신들이 내 아픔을 알아?'라고 반발하는 와중에 정작 당사자인 "대다수의 (젊은) 사람들이 멀찍이 비켜서서 머리를 긁적이는 광경은 별로 낯선 것이 아니었다."[40] 청년세대의 대다수는 '우리는 행복하고, 만족하고 있는데 왜 저 난리들이야'라고 어리둥절해 하고 있다는 것이다. 기성세대가 자신들의 행복을 긍정의 배신이 만들어낸 '긍정적 노예'의 행복, 포기가 만들어낸 '아픈' 행복이나 '위장된' 행복'으로 폄하하는 것을 두고 그들은 '우리가 행복하면 안 되는 건가요'라고 묻고 있는 형국이다.

청년세대들은 '당신들이 우리를 잉여, 3포, 5포 또는 다른 무슨 상징으로 부르든 간에 상관없이 우리는 행복하다'고 말할 상황이 아닌 것은 틀림없다. 왜냐하면 100명의 젊은이 중에서 그들의 '꿈'인 재벌 대기업의 '좋은 일자리'를 차지할 사람은 서너 명뿐이고, 나머지는 그 꿈에서 깨어나거나 꿈을 포기해야 하기 때문이다. 꿈을 포기해서 행복하다고 하는 젊은이가 있다면 기성세대가 해줄 말이 있다. "너 늙어봤냐, 나는 젊어봤단다. 인생이 끝나는 것은 포기할 때 끝장이다."[41] 한 개인이 희망을 포기하는 것은 그 개인의 선택이기에 굳이 말릴 방법이나 이유가 없을 수 있다. 그러나 한 세대가 희망을 포기한다면 그것은 개인의 선택이 아니라 사회적 선택이기에 말려야 한다. 한 세대가, 그것도 청년세대가 '인생의 끝장'을 선택한다면 한국의 끝장이 될 것이기 때문에 암울한 한국의 현실에서 행복하면 안 되는 것이다.

'나만은 다를 수 있다'는 믿음은 복권에 당첨된다고 믿는 것과 같은 허구다. 긍정을 말하는 자기계발서들은 "거대한 사기극"이다.[42] 근거 없는 긍정의 행복을 버려야 한다. 그런 책을 쓰고, 그런 강연을 하는 사람들의 대부분은 실제로 그렇게 살지도 않고, 그렇게 살아서 '성공'한 사람들도 아니고, 세상이 바뀌지 않는데 나 혼자 그렇게 산다고 해서 나만은 달라지지도 않는다. 설혹 자기계발서 매뉴얼대로 해서 성공했다 해도 그것은 벼락 맞을 만큼의 불가능에 가까운 낮은 확률로 성공한 다음에 뱉는 쿨한 멘트일 뿐이지 현실은 아니다. 그렇다고 해서 "긍정적 사고의 대안이 절망은 아니다. 부정적 사고는 긍정적인 사고만큼이나 망상이 될 수 있다."[43] 세상은 긍정도 부정도 아닌 있는 그대로 보아야 한다. "있는 그대로의 세상과 우리가 원하는 세상에는 큰 차이가 있다." "있는 그대로의 세상은 안 보고 원하는 세상만 보는 것"은 세상을 "바꾸고 싶다면서도 바꾸지 않게 하려고 발버둥 치는 것"이다.⁴⁴ 세상을 있는 그대로 보고 이를 비판적으로 받아들여야 한다. 주어진 것들을 의심하고, 이것이 아닐 수 있다고 보아야 한다. 그래서 세상을 있는 그대로 바로 보고, 비판적으로 받아들이는 것은 우리 모두를 불행하게 만든 것들을 무너뜨리고 세상을 바꾸는 일의 시작이 된다.

| 일어서야 한다 |

'자기계발은 사기다, 긍정의 행복을 버려라, 나만은 된다는 것은 허구다, 세상을 있는 그대로 보아라, 그러나 비판적으로 받아들여라.' 이게 무슨 하나 마나 한 소리이고, 또 다른 멘토질이냐고 비아냥을 듣는다 해도 어쩔 수 없다. 세상은 바뀌어야 하고, 청년세대만이 세상을 바꿀 수 있기 때문이다. '세상을 이렇게 만들어놓은 것은 기성세대인데, 우리보고 바꾸라니 공정하지 않다, 기성세대가 만들어놓은 틀에 맞추어 열심히 노력하며 살아왔는데 이제 와서 바꾸라니 황당하고 억울하다'고 항변해도 여전히 세상은 바뀌어야 하고, 청년세대만이 바꿀 수 있다는 점에는 변함이 없다.

그 이유는 미래가 기성세대의 것이 아니라 청년세대의 것이기 때문이다. 더구나 기성세대는 세상을 바꿀 생각이 없다. 변화는 기성세대에게 불편한 것이다. 세상을 바꿀 현실적인 힘을 기득권 세력이 가지고 있지만, 그들은 세상이 바뀌면 손해를 볼 것이기에 오히려 변화를 가로막고 저항한다. 기성세대는 자기 자식문제에 대해서는 눈을 부릅뜨지만 자식 세대의 미래에는 눈감고 있다. 기성세대는 무책임하다. 자식 세대에게 희망 없는 구조를 만들어준 것도 무책임하고, 자신들이 만든 잘못된 구조를 바꾸려고 하지 않는 것도 무책임하다. 청년세대가 세상을 바꾸려고 하면 박수 쳐주고 응원해주지도 않을 것이다. 세상을 바꾸려는 '무모한' 짓을 하는 내 자식은 말리고, 남의 자식들이 대신해주기를 바랄 것이다. 최소한 '무모한' 짓을 하는 남의 자식을 비난하지 않으면 다행이다.

기성세대도 할 말은 있다. 그들은 '우리는 이 나라를 빈곤에서 구하는 산업 역군으로 고생했다. 너희가 누리는 오늘의 풍요는 우리가 흘린 땀의 결과다'라고 말할 자격이 있다. 또한 그들은 '우리는 군사독재를 무너뜨리고, 이 나라에 민주주의를 이루었다. 너희가 누리는 오늘의 자유는 우리가 젊음을 걸고 투쟁한 결과다'라고 말할 자격도 있다. 그러니 '지금 상황이 이렇게 된 것은 미안하다. 그러나 우리는 우리가 젊었을 때 우리의 몫을 했다. 너희가 무책임하다고 비난해도 할 수 없다. 미래는 우리의 것이 아니라 너희 것이다. 그러니 너희가 바꿔라'라고 말할 것이다. 뿐만 아니라 세상을 보는 관점도 다르다. 같은 대통령을 두고 청년세대는 열 명 중 여덟 명이 잘못하고 있다고 하는데, 기성세대는 열 명 중 일곱 명이 잘하고 있다고 박수 치고 있지 않은가. 이것이 청년세대가 직면한 현실이다. 기성세대는 세상을 바꾸지 않는다. 그리고 미래는 그들의 것이 아니다. 그렇기 때문에 청년세대가 바꾸어야 한다.

보다 근본적인 이유는 지금 한국 사회를 장악하고 있는 기성세대 중에서는 세상의 변화를 주도할 리더를 찾을 수 없기 때문이다.

리더가 배출될 수 있는 영역으로 정치, 경제, 노동, 종교, 교육, 언론, 문화, 법조, 시민사회단체 등을 생각해볼 수 있다. 그러나 이러한 영역에 있는 사회적 기구들이 대부분 이념 갈등으로 대립화되어 있거나, 이해관계에 얽매어 기득권화되었거나, 또는 비판적 역할과 기능이 이미 크게 손상되어서 국민적 신뢰를 받는 지도자를 배출하지 못한 지가 오래되었다.

정치계는 현직은 물론이고 퇴임한 대통령들까지 철저하게 지역화, 당파화되어 있어서 국민적 리더를 기대할 수 없다는 것은 논의할 필요조차 없다. 재계는 재벌이 경제뿐만 아니라 문화, 교육, 언론까지 많은 분야를 장악하고 있지만 총수나 가족 중에서 자신의 기득권에 집착하지 않고 바르게 경영하는 지도자가 없고, 존경받는 부자도 없다. 대기업에 기반을 둔 민주노총과 한국노총이 양분하고 있는 노동계에서도 국민적 신뢰를 받는 인물을 찾을 수 없기는 마찬가지다. 언론계는 정치권 이상으로 이념적 편향성이 극단화되어 있고, 정치권과 재벌에 줄서기를 하는 이들로 넘쳐난다. 논문 편 수로 교수를 평가하고 취업률로 대학을 평가하는 대학 구조에서 비판적 지식인을 찾기 어려운 것도 오래되었다. 교수들은 지성인이 아닌 취업 알선자가 되어가고 있고, 대학 총장 자리는 학내 정치꾼들의 트로피가 되어가고 있는 대학은 비판과 대안의 산실로써 기능을 잃었다. 종교계도 김수환 추기경의 뒤를 이어가는 인물이 나타나지 않고 있다. 시민사회단체계도 진보와 보수 모두 역량 있는 활동가 중에서 상당수가 지난 10여 년 동안 정치권에 진출했고, 새로운 리더쉽이 형성되지 않고 있는 실정이다. 사회정의의 마지막 보루하고 할 수 있는 법조계마저도 마찬가지다. 검사의 정치적 편향성은 이미 되돌릴 수 없을 지

경이 되었고, 판사 중에서도 올곧은 인물이 배출되지 않은 지 오래되었다.

세상은 스스로 진화하지 않는다. 우리가 원하는 세상이 있다면 그것은 우리가 만들어가야 한다. 그러나 실체가 없는 막연한 '우리'란 변화를 만들어내는 주체가 될 수 없다. 누군가는 변화를 주도하는 주체가 되어야 하지만 기존의 정치권이나 기성세대 중에서는 그 역할을 해낼 리더나 조직을 찾을 수가 없다. 그렇기 때문에 청년세대가 원하는 세상은 청년세대가 주도적인 세력이 되어 만들어야 한다. 청년세대의 '꿈'인 일자리와 먹고살 만한 임금은 청년세대가 만들어야 한다. 불평등한 구조를 깨고, 보다 평등한 세상으로 바꾸는 맨 앞에 꿈꾸는 당사자인 청년세대가 서야 한다.

'개미 방아(ants mill)'라는 현상이 있다. 군대 개미(army ant)는 수만 마리가 군집을 이루고 있어서 부족한 먹이를 찾아 일정한 곳에 머물지 않고 계속해서 이동하는 유목 개미다. 대부분 앞을 보지 못하는 장님 개미인데, 뒤따르는 개미는 앞서가는 개미가 남긴 페로몬(pheromone)의 자취를 따라간다. 그러다 맨 앞에 가는 개미가 방향을 잃고 원을 그리게 되면, 뒤 따르는 개미는 앞서가는 개미의 페로몬을 맡아 따라가고, 그 뒤의 개미는 또 바로 앞선 개미를 따라가면서 결과적으로 다 함께 집단적으로 원을 그리며 맴돌게 되는 것이다. 한번 개미 방아가 만들어지면, 군대 개미들은 지쳐서 죽을 때까지 계속해서 원을 돌다가 종말을 맞게 된다. 앞을 보지 못하는 개미들이 목적이나 정해진 방향 없이 바로 앞에 있는 개미만 무조건 따라가기 때문에 생긴 현상이다. 세상을 바로 보지 못하는 눈먼 집단은 지쳐 죽을 때가지 제자리를 맴돌다가 스스로 자멸하게 되는 것이다. 기성세대가 남긴 페로몬의 흔적을 지우고 청년세대 자신의 눈으로 미래를 바라보고 스스로 맨 앞에 서서 만들어갈 수 밖에 없다. 아니면 우리 모두 개미 방아에 빠지게 된다.

무엇을 어떻게
바꿀 것인가?

| 중요하고도 긴급한 |

세상을 있는 그대로 보고, 비판적으로 받아들인다고 해도 구체적으
로 무엇을 해야 할지 모른다면 무슨 소용인가. 자유와 평등의 기치
를 내걸고 사회정의를 바로 세우자고 한들, 어떻게 현실로 만들어낼
지 실천적 방안이 없다면 거대한 이념도 아무 소용이 없다. '무엇을'
'어떻게' 할 것인가는 매우 구체적이어야 한다. 기성세대의 입장에서
'시시콜콜'한 것으로 보일지라도 청년세대 자신에게 중요한 것부터
바꾸어야 한다. 시대정신이나 세대정신을 미리 앞세울 필요는 없다.
그것은 청년세대가 자신의 미래를 가로막고 있는 '시시콜콜'한 것을
해결해가는 과정에서 스스로 규정될 것이다.

구체적으로 어떤 것을 바꿀지는 기성세대가 가르쳐줄 수 없다.

청년세대 스스로 자신의 희망이 왜 빼앗겼는지 진단하고, 무엇을 어떻게 바꿀 것인지도 찾아야 한다. 기성세대는 청년세대와 '다른 시간'에서 살아왔고, 지금도 '다른 공간'에서 살고 있다. 그렇기 때문에 그들은 청년세대의 절절한 '아픔'을 알지 못하고, 안다 해도 이해하지 못하고, 이해한다 해도 그 아픔을 함께 나누지 못한다. 청년세대의 아픔을 청년세대의 잘못 탓으로 돌리고 자기계발과 긍정을 강요한 것이 기성세대라는 것을 기억해야 한다. 기성세대의 '다른 세계'에서의 경험이 도움이 되기도 하겠지만 걸림돌이 되기도 한다. 기성세대의 페로몬 흔적을 따라가지 말고, 스스로 길을 만들어야 한다. 그럼에도 불구하고 필자의 눈으로 본 해야 할 일 몇 가지만을 이야기해보자. 기성세대인 필자의 제안은 '시시콜콜'하거나 '하나 마나 한' 것일 수도 있고, 이 역시도 앞서가는 개미의 페로몬일 수 있다. 그 판단은 청년세대가 해야 할 것이다.

청년세대가 제일 먼저 해야 할 일은 지금의 '아픔'이 자신의 잘못이 아니라 세상의 탓이라는 것을 깨닫는 것이다. 기성세대를 향해서 세상이 이렇게 된 것은 '당신들의 책임이다'라고 말하는 것이다. 그리고 세상을 '함께 바꾸자'고 요구해야 한다. 한 개인이 아니라, 한 세대가 함께 아프다면 어떤 경우에도 그것은 특정 개인의 잘못일 수가 없다. 자신이 노력하지 않은 탓으로 돌리면서 빠져들어간 자기계발과 긍정의 함정에서 벗어나려면 내 탓이 아니라 세상이 강요한 것이고, 그 세상은 기성세대가 만든 것이라는 것을 바로 인식해야 한다. 그리고 기성세대의 책임을 말해야 한다. 청년세대가 기성세대에게 책임을 묻거나 요구하지도 않는데, 그들이 자발적으로 함께 할 리 없다. 어차피 많은 기성세대들은 세상을 바꾸지 않겠지만 그들이 걸림돌이 되지 않도록 해야 한다. 불공정하고 불평등한 기존의 틀에 대해서 부모 세대와 자식 세대가 함께 분노해야 한다. 분노하지 않는 기성세대에게는 '비난의 화살'도 쏘아야 한다. 그렇게 해야만 모두의 책임이 더 무거워지고, 힘들어도 중간에 포기하지 않을 것이다.

언제부터인지 분명하지는 않지만, 대기업과 금융기업이 임시직인 '인턴'으로 신입 직원을 뽑은 후 이 중에서 다시 선별하여 채용하는 잔인한 방식을 도입하고 있다. 인턴으로 뽑혀도 정식 직원으로 채용되지 않으면 그 사람은 다른 기업에 채용될 기회가 박탈되는 것이기에, 인턴 제도란 기업의 '슈퍼 갑질'이다. 미국과 유럽에서 인턴은 학생들에게 직업 선택 이전에 일하는 경험을 갖게 해주려는 목적으로 방학 기간 등을 이용하여 일시적으로 제공해주는 제도다. 기업이 채용할 때 인턴 경험을 참고하기 때문에 취업에 도움이 되지만, 인턴을 한 기업에서 채용하는 경우는 오히려 드물다. 그러나 한국에서 인턴은 직원을 채용하면서 채용 인원보다 많은 수를 일차로 뽑아 놓고, 이들을 경쟁시켜 그중에서 고르는 잔인한 러시안룰렛(Russian roulette)과 같은 방식이다. 10년 전만 해도 이런 식의 인턴 제도가 없었다. 미국이나 유럽처럼 인턴 제도를 시행하는 기업도 극히 드물었다. 한국식 인턴은 또 다른 형식의 '열정 노동'을 강요하는 것이다. 피해자는 모두 취업을 바라는 젊은이들이다. 한국식 인턴 제도의 폐지를 요구해야 한다.

인턴과 마찬가지로 부모 세대의 젊은 시절에는 비정규직이란 말 자체가 없었다. 지금도 OECD 회원국에서 비정규직(non-regular worker)이라는 형태의 고용이 있는 나라는 한국과 일본뿐이다. 그 외 모든 나라에는 임시직과 영구직이라는 두 가지 고용 형태만 있다. 일이 일시적이면 임시직을 채용하고, 일이 지속되면 영구직을 고용하는 것이다. 일은 지속되는데 사람을 계속 바꾸는 것이 비정규직 제도다. 이것은 노동자의 고용 불안을 이용한 임금 착취의 수단이다. 지속되는 업무에는 비정규직을 폐지하고 정규직을 채용하도록 요구해야 한다.

어떤 경제적 논리도 지금과 같은 대기업과 중소기업, 원청기업과 하청기업 그리고 정규직과 비정규직의 임금격차를 설명하지 못한다. 이것은 강자와 약자의 힘의 불균형이 결정한 것이다. 1990년대 초에는 중소기업의 임금이 대기업의 90%이었던 것이 지금은 60% 수준까지 격차가 커졌다.[45] 과거보다 경제성장이 더뎌지고, 고용이 늘지 않으니 노동자보다 사용자의 힘이 강해져서 임금격차가 커진 것이다. 한국의 노동자는 60년 전 미국과 스웨덴의 노동자, 40년 전 일본의 노동자보다 노동시간이 더 길다.[46] 노동시간 단축을 요구해야 한다. 그것만으로도 일자리 수십만 개가 만들어진다. 일자리가 늘어나면 임금격차도 줄어든다. 이제는 한국 국민도 '저녁이 있는 삶'[47]을 누릴 자격이 있다.

노동시간 단축과 함께 이 책의 제5장에서 설명한 원청 대기업과 하청 중소기업 간의 임금 분배 구조를 바꾸는 제안을 실행한다면 임금격차는 빠른 속도로 줄어들 것이다.[48] 임금격차를 줄이는 방법은 얼마든지 더 있다. 재벌 대기업의 시장 지배가 과거보다 훨씬 더 강화되었기 때문에 많은 중소기업이 대기업으로 성장하지 못하고 하청기업에 머물게 되었고, 새로운 창업 신화도 나오지 않는 것이다. '슈퍼 갑'인 재벌 대기업에 종속된 을과 병인 하청 중소기업 관계가 임금격차의 근본적인 원인이다. 재벌이 모든 업종에서 시장을 장악하고 있는 것을 바꿀 수 있는 수많은 정책들이 있다. 그중에서 계열사에 부당하게 '일감 몰아주는 것'과 하청업체 '단가 후려치기', 두 가지만 막아도 시장은 달라진다. 이것은 경제문제만이 아니라 정의로운 사회를 만드는 일이기도 하다.

이 두 가지 부당 거래를 해서 적발될 경우에, 부당 거래로 얻은 이익의 열 배, 백 배를 벌금으로 물도록 하는 징벌적 배상 제도를 도입하면 몰아주기와 후려치기는 반드시 변한다. 미국을 비롯한 많은 나라들이 그렇게 하고 있다. 핀란드에서는 50km 구간에서 75km로 과속 주행을 한 노키아 부사장 안시 반요끼에게 1억 8000만 원의 벌금을 부과했다.[49] 큰 잘못을 저지른 것이 아닌데도 부자의 경우 재산에 비례한 벌금을 내게 하는 것이다. 그런데 하청 중소기업을 쥐어짜서 수조 원의 이익을 내는 대기업의 불공정 거래가 방치되다 못해 당연시되고 있는 것이 한국의 현실이다. 징벌적 배상 제도를 도입하면 수많은 중소기업이 지금보다 수익성도 높아지고, 성장하는 기회를 가질 수 있게 된다. 그 결과로 성장하는 중소기업에서 임금격차도 줄어들고 일자리도 만들어진다. 혹자는 대기업의 부담을 걱정하기도 하지만, 이것은 기만일 뿐이다. 재벌 기업 내의 내부유보금이 수백조 원에 달하고 있다.

인구가 줄어든다고 많은 사람들이 걱정하지만 아이를 낳아서 기를 수 있는 제도를 만드는 일에는 소극적이다. 다둥이 가족에게 월 1만 원 전기 요금 할인해주고, 연말정산에서 추가 공제를 해주고, 주차비 할인해주고, 고궁에 무료로 입장시켜주는 등의 지원이 도움은 된다. 그러나 그런 혜택을 받으려고 아이를 더 낳을 바보는 없다. 아이 기르는 비용이 너무 많이 들어서 결혼도 출산도 두렵다고 말하는

30대가 많다. 아이를 가진 30대 부모가 가장 힘들어하는 것은 두 가지다. 하나는 아이를 돌보는 보육 문제이고, 다른 하나는 아이를 가르치는 교육 문제다. 보육이 없으면 출산도 없다. 보육을 100% 국가가 책임지도록 30대가 앞장서 요구해야 한다. 이것은 개인의 문제가 아니라 국가 미래 차원의 문제다. 법으로 보장하고 있으니, 아빠들이 육아휴직을 적극적으로 활용해야 한다. 아빠들이 육아휴직을 하면 엄마들의 부담을 덜 뿐 아니라 일하는 엄마가 육아휴직으로 불이익을 받는 것도 없앨 수 있다.

아이들의 사교육 중에서도 제일 심각한 것이 선행 학습이다. 엄마 뱃속에서 태교로 영어를 배운 아이가 나중에 커서 영어를 잘하게 되었다는 증거는 어디에도 없다. 초등학교 선행 학습이 대학 입시 성공과 관련 있다는 증거도 없다. 선행 학습이 없는 나라의 아이들이 한국 아이들보다 능력이 떨어진다거나, 한국 아이들이 선행 학습을 했기 때문에 다른 나라 아이들보다 더 뛰어나다는 증거도 없다. 옆집 아이가 하는데 우리 아이만 안 할 수 없기 때문에 하는 것이 선행 학습 풍조다. 그러니 초등학생 부모들이 함께 선행 학습 안 시키기 운동을 해야만 사교육의 부담을 덜 수 있다. 그래도 '내 아이만은 다르다'는 환상을 버리지 못하는 부모들이 많다면 선행 학습 사교육을 법으로 금지하도록 요구해야 한다.

세상을 바꾸기 위해서 해야 할 일, 할 수 있는 일이 수없이 많다. 여기서는 20대가 잉여가 되고 30대가 3포가 된 것과 직접 관련된 몇 가지를 예로 들었을 뿐이다. 청년세대의 일상과 더 밀접하게 관련된 알바 시급, 주거비, 학력 차별 등 수많은 것들이 있을 것이다. 그런 것들을 찾아내서 기성세대에게 요구하고, 사회적 이슈로 만들고, 궁극적으로 현실화하는 것은 청년세대의 몫이다. 변화에 부정적인 기성세대를 설득해서 함께 세상을 바꾸는 것도 청년세대의 몫이다. 변화를 거부하고 저항하는 기득권 세력에게 요구를 받아들이도록 만드는 것도 청년세대의 몫이다.

| 참여와 행동 |

세상을 혼자서 바꿀 수 없다. 각자가 노력하면 결국은 세상이 바뀐다는 다단계 판매식 사회개혁론은 현실성이 없다. 또한 모래알을 그저 모으기만 한다고 해서 바위가 되는 것도 아니다. 모래를 함께 단단하게 뭉치게 할 조직적 매개체가 필요하다. 조직적 연대가 만들어지려면 같은 관심을 가진 사람들이 한데 모여야 한다. 그러나 1980년대 민주화 운동처럼 한 세대 모두가 하나의 사회적 이슈에 동의하고 함께 행동하는 것이 지금의 청년세대에게 적용되기는 어렵다. 청년세대의 조직적 연대는 같은 관심을 가진 사람들끼리 연결되는 다원화된 조직과 다수의 결사체가 될 것이다.

앞서 예를 든 것 중에서 보육과 교육 문제는 아이를 가진 30대가 만들어야 한다. 30대가 '선행 학습 없는 세상 만들기 부모 모임'를 만들고 20대도 자신에게 곧 닥칠 일이니 함께 참여해서 힘을 보태야 할 것이다. 인턴 제도 폐지는 당장 취업을 앞둔 20대가 중심이 되어야 할 것이고, 비정규직 폐지는 세대를 넘어서 노동계 전체가 추진해야 할 것이다. 징벌적 배상 제도와 임금 분배 구조의 규제가 궁극적으로 일자리를 만들고 임금격차를 줄인다는 것에 동의한다고 해도,

청년세대에게 당장은 '나의 문제'가 아니기 때문에 그들이 앞장서기를 기대할 수는 없다. 그렇다고 하청 중소기업이 나서서 일감 몰아주기와 단가 후려치기에 저항하는 운동을 한다면 이것은 회사 문을 닫겠다는 자살행위나 다름이 없다. 이런 쟁점들은 사회시민단체와 같은 직접적인 이해 당사자가 아닌 조직이 앞장서고, 청년세대가 힘을 보태야 할 것이다. 무엇이 더 중요하고, 당장 급하게 필요한 변화인가가 사람마다 다르기 때문에 다양한 이슈를 다루는 다원화된 조직적 연대가 출현하는 것이 당연하다.

최근에 청년세대 자신의 문제를 가지고 스스로 이루어낸 조직적 연대의 사례가 있다. 반값 등록금 투쟁, '청년유니온'과 '알바노조(알바연대)'의 출현이다. 반값 등록금 투쟁은 대학생 전체가 하나의 이슈로 연대해서 등록금을 정치적 의제(agenda)로 만들고 결국은 변화를 이끌어낸 사례다. 하지만 등록금보다 더 비싼 자기계발 학원비는 기꺼이 내면서, 대학 교육에 대한 의미 있는 토론조차도 없이 단지 등록금이 비싸니 반값으로 해달라는 것이었기 때문에 국가 장학금을 확대하는 것으로 끝났다. 반값 등록금 투쟁 이후 20대의 또 다른 현안들이 정치 이슈로 이어지지도 않았고, 청년들의 조직체가 만들어지지도 않았다. 대학 교육의 내용도 바뀐 것이 전혀 없었고, 청년들의 희망을 만드는 것과는 더더욱 관계가 없었다. 오랜만에 나타난 엄청난 동력을 가진 청년들이 주도한 투쟁이었지만, 그 결과는 참으로 아쉬웠다.

청년유니온과 알바노조의 출현은 청년들이 자신의 문제를 스스로 해결하겠다고 조직을 결성한 것이기에 한국 사회의 새로운 변화의 단초라고 평가할 만하다. "일하는 청년들이 스스로의 문제, 특히 알바·시급·임시직과 비정규직의 고용조건과 임금 문제를 개선할 목적으로 만든 청년유니온, 그들 말대로 '당사자주의'라는 가치와 원리를 모토로 하여 결사체[50]를 조직한 것은 기성세대가 만들어낸 청년 문제를 청년세대가 스스로 해결하겠다는 것이기에 더욱 의미가 크다. 특히 청년유니온은 기존의 '기성세대'가 주도권을 가지고 있는 대기업 중심의 노동운동 조직과의 전혀 다른 차별성을 보여주고 있다. "기존의 노동운동은 사실상 항의 집단으로 고정된 이미지를 갖고 있고, 확장적 잠재력을 잃었다. 이에 비해 새로운 세대의 노동운동을 표현하는 청년유니온은 과거와 같은 운동 방식이 아니라, 새로운 시대가 요구하는 운동에 걸맞게 구체적이고, 실제적이고, 현실적으로 문제를 접근하는 태도를 보여준다. 새로운 형태의 일하는 사람들의 결사체는 많은 사람들이 수긍하지 않을 수 없는 새로운 방식의 결사체 운동을 개척할 수 있을 것이다."[51]

청년유니온은 기성세대가 알지도 못하고 알 수도 없는 청년들의 가장 현실적인 고용 문제에서 이미 의미 있는 성과들을 내고 있다.[52] 편의점에서 일하는 청년의 66%가 최저임금조차 받지 못하고 있는 현실을 사회적 이슈로 만들었고, 배달 노동자의 안전을 위협하던 피자업체들의 '30분 배달제'를 폐지시켰고, 일주일 동안 지속적으로 일한 노동자에게 커피전문점들이 유급 휴일 수당(주휴 수당)을 지급하게 만들었고, 노동부가 긴급 근로 감독에 나서도록 만들었다. 또한 "노동시장에 신규 진입한 청년들의 노동을 착취하거나 부당한 대우를 하는 이른바 악덕 기업에 대한 항의 행동을 보다 체계화하기 위해 '블랙(black) 기업' 캠페인[53]을 하고 있다.

또 하나 주목할 만한 사례가 알바노조의 맥도날드 항의 시위다.54 '짤리면 그만'인 알바들의 노동조합이 대기업 노동조합과 같은 교섭력을 가질 리가 만무한데도 불구하고, 최소한의 생활을 위한 임금 요구를 행동으로 실천한 것이다. 알바 노동의 저임금과 부당한 해고는 맥도날드만의 문제는 아니며, 대기업이 운영하는 전국의 많은 체인점들의 문제이기도 하다. 부담 능력이 있는 대기업까지도 영세업자들의 경영 어려움을 방패로 내세워 최저임금 인상을 반대한다. 최저임금은 알바들에게 '그만큼만' 지급하라는 것이 아니라 기업이 아무리 어려워도 '그만큼은' 지급하라는 최저 기준이다. 모든 알바에게 최저임금만을 지급하는 것은 일종의 부당한 사용자 담합이다. 알바노조가 '최저임금 1만 원'을 추진하는 것은 부당한 노동 행위에 항의하는 것을 넘어서서 제도적인 변화를 청년 스스로 시도하는 것이기에 더욱 의미가 있다.

청년세대가
희망이다

| 그래서 혹은 그래도 |

필자는 다른 저서 《한국 자본주의》에서 마지막을 '민주주의가 희망이다'라는 제목의 글로 마감했다.[55] 한국 경제의 여러 가지 구조적인 문제를 논의하고, 현재의 구조를 바꾸는 정책적인 대안도 몇 가지 제시했지만, 변화를 만드는 궁극적인 방법은 정치라고 결론지었다. 그런데 경제문제를 해결하는 결론이 '기껏 정치냐'는 핀잔 같은 평을 여러 번 들었다. 정치인과 정당에 대한 국민의 신뢰가 매우 낮고, 특히 청년세대는 정치를 외면하거나 정치인을 혐오하는 경향까지도 있다. '기껏 정치냐'는 말을 하는 심정은 충분히 이해할 만하다. 그러나 세상을 바꾸는 현실적인 힘이 정치 말고는 찾을 수 없다. 아무리 우리에게 주어진 정당과 정치인이 신뢰할 수 없고 마음에 들지

않더라도 그것이 현실이다. 비정규직과의 임금격차를 만든 장본인인 기업이 청년세대의 미래를 걱정해서 자발적으로 이 문제를 스스로 해결할 것으로 기대하는가? 하청기업 쥐어짜기로 이익을 내는 대기업이 스스로 하청기업 노동자에게 임금 상승을 위한 분배를 배려하겠는가? 보육을 국가가 책임지라고 아무리 외쳐도 이를 제도화하지 않고서는 실행되지 않는 것이 현실이다. 알바노조와 청년유니온의 행동도 궁극적으로 결과를 내려면 그러한 행동이 정치적인 영향력으로 이어져서 정치인과 정당이 그들의 요구를 제도적으로 수용해야 가능한 것이다.

그동안 국민은 수없이 속아왔다. 정치인과 정당은 선거 때 표를 얻기 위해서 마음에도 없거나 책임지지 않을 약속을 하고, 당선된 이후에는 그 약속을 지키지 않는 것이 이제는 거의 당연시되어버렸다. 국회의원 후보는 말할 것도 없고, 대통령 후보도 그랬다. 많은 사람들이 이미 오래전에 잊었겠지만, 노무현 대통령은 대선 후보 때 개혁을 내세웠다. 그러나 대통령이 된 이후에는 개혁에서 안정으로, 분배에서 성장으로 경제 정책을 바꾸었다. 더 황당한 것은 이명박 대통령이 후보 때 내세운 747 공약이다. 7% 성장, 4만 달러 국민소득, 세계 7대 경제 대국을 이루겠다고 했다. 도저히 가능하지 않은 공약이었지만, 노무현 정부의 경제 성과에 실망한 많은 국민들이 현혹되었다. 그러나 결과는 노무현 정부와는 비교할 수 없을 정도로 처참했다. 이명박 정부 5년 동안의 평균 성장률은 약속한 7%의 절반도 되지 않은 3.2%에 불과했다. 노무현 정부의 성장률은 이명박 정부보다 크게 높은 4.5%이었다. 4만 달러는 처음부터 불가능한 목표이었으며, 2008년 세계 금융 위기로 인한 성장 둔화를 감안한다고 해도 이명박 정부는 1인당 국민소득 2만 3032달러에서 시작해서 2만 4696 달러로 끝났다. 고작 1663달러 증가한 것이다. 이명박 정권과 한나라당이 '잃어버린 5년'이라고 조롱했던 노무현 정부에서는 1인당 국민소득이 1만 297달러 증가했다.[56]

지키지 못할 약속으로 국민을 현혹한 한나라당을 국민이 2012년 총선과 대선에서 심판했어야 했다. 그러나 그런 일은 벌어지지 않았다. 선거 때가 가까워지자 한나라당은 '이명박은 우리 당의 대통령이 아니'라는 식으로 거리를 두었고, 당 이름도 새누리당으로 바꾸었다. 그러고는 박근혜 후보가 가장 진보적인 '경제민주화'를 약속하고 국민에게 다시 표를 얻어서 대통령에 당선되었다. 약속을 지키지 않기는 박근혜 대통령도 마찬가지다. 대통령이 된 이후로 경제민주화라는 말은 언급조차 하지 않으며 재벌 개혁, 분배, 불평등과 같은 단어들은 일종의 금기어처럼 실종되어버렸다. 야당인 새정치민주연합도 대선에서 경제민주화를 내세우기는 마찬가지였다. 그리고 선거에서 졌으면서도 박근혜 정부를 향해서 경제민주화를 실현하고, 불평등을 해소하기 위해서 치열하게 투쟁하는 모습조차도 찾아볼 수는 없었다.

정치인과 정당이 이렇게 국민과의 약속을 지키지 않지만 이에 대해서 책임지는 정치인이나 정당도 없다. 현재의 권력 구조와 정당 구조에서는 국민이 약속을 지키지 않은 정치인과 정당을 투표로 심판하고 책임을 묻기가 어렵게 되어 있기 때문이다. 첫째, 단임제인 대통령제의 문제다. 대통령은 약속을 지키지 않아도 책임질 일이 없고, 국민도 책임을 물을 방법이 없다. 대통령이 소속된 정당의 책임을 물으려고 해도, 임기 말에는 실질적으로 권력의 중심이 대통령에서 당으로 이동하는 레임덕(lame duck) 현상이 나타난다. 정당과 대선 후보는 현직 대통령과 거리를 두거나 당명을 바꾸어서 다른 정당인 양 행세를 하기 때문에 국민이 심판 투표를 하기 어렵다.

둘째, 정당이 지역을 기반으로 하고 있어서 투표가 정권과 정치인에 대한 심판의 성격이나 기능을 갖지 못하는 문제다. 새누리당은 호남에서, 새정치민주연합은 영남에서 국회의원조차도 당선시키지 못하는 정당 구조에서 이 두 지역에서의 심판 투표는 가능하지 않다. 셋째, 계층이나 이슈를 대변하는 정당이 존재하지 않는 양당 구조의 문제다. 지난 총선과 대선에서 새정치민주연합과 새누리당은 모두 중산층과 서민을 위한다고 말하고, 공약으로 내건 정책도 차별성이 없어서 국민이 대안적 선택을 할 수가 없었다. 집권 역량은 부족하더라도 중산층과 저소득층을 대변하는 계층 정당이나, 이념과 기득권에 얽매이지 않고 공정한 사회를 만드는 것을 목표로 하는 개혁 정당이 존재한다면 국민이 대안적 선택을 할 수 있다. 대안 정당이 존재하지 않는 상황에서 주어진 두 당 중에 선택하지 않으면 정치와 투표를 외면할 수밖에 없다.

그러나 정치 외면은 악순환의 반복만 부를 뿐이다. 아무리 기다려도 '현자' 정치인은 하늘에서 내려오지 않는다. 선택은 주어진 대상에서 할 수밖에 없다. 최선의 선택을 할 정당이나 정치인이 없다면 차선 또는 차악의 선택을 할 수밖에 없다. 여야를 막론하고 기존의 정당들이 기득권의 일부가 되어버린 한국 정치가 혐오스러워도 결국은 국민의 정치 참여만이 세상을 바꿀 수 있다. 그렇기 때문에 청년세대에게 희망이 없는 한국의 경제구조를 바꾸는 현실적인 방안은 '기껏 정치'가 아니라 '그래도 정치'라고 말할 수밖에 없다. 이것이 우리에게 주어진 현실이다.

| 정당한 심판 |

세상을 바꾸는 가장 현실적인 방안이 정치이지만 정치 참여로 원하는 세상을 만드는 일은 쉽지 않다. 모든 정치 참여는 투표 참여로 결론지어진다. 그러나 정당과 정치인이 능동적으로 변화를 추구하지 않는 정치 구조에서 청년세대가 단순하게 투표장에 가는 '투표 참여'만으로 세상을 바꿀 수 없다. 주어진 인물이나 정당을 선택하는 투표가 아무런 정치적 영향력을 갖지 못한다는 것은 이미 지난 몇 번의 선거에서 여러 차례 경험했다. 세상을 바꾸는 정치 참여는 청년세대가 바라는 것들을 구체적인 정치적 이슈로 만들고, 정치인이 선거에서 이를 공약으로 약속하게 만드는 것이 전제된 투표 참여가 되어야 한다.

청년세대가 자신의 미래를 위해서 무엇을 원하는지를 구체적이고 현실적인 정치적 요구로 내세우고, 정치인이 마음에 없더라도 표를 얻기 위해서 청년들의 요구를 약속하게 만들고 투표에 참여해야 한다. 지난 대선에서 박근혜 후보가 '경제민주화'를 공약으로 내세운 것은 자신의 신념에 근거한 것이 아니라 표를 얻기 위해서 코스프레를 한 것과 같다. 물론 표를 얻어서 당선되고 나면 약속을 지키지 않는 경우가 생길 것이다. 그러나 청년세대들이 요구한 정치적 이슈를 후보가 공약한 경우에는 지속적으로 공약 이행할 것을 요구하고 책임 물을 주체가 존재하기 때문에 과거와는 다른 결과를 가져올 수 있다. 청년세대가 구체적인 정치적 요구를 내걸고 투표에 나설 경우 정당과 정치인이 공약을 이행할 가능성이 높다는 것은 지난 총선과 대선의 경험에서 찾아볼 수 있다. 이런 사례가 '반값 등록금'이었고, 구체적이지 못했고 주체가 없었던 정치적 이슈가 실패한 사례가 '경제민주화'였다.

반값 등록금은 오랜만에 청년세대가 스스로 만들어낸 정치적 이슈이었다. 대학생 젊은이들이 수년간에 걸쳐서 비싼 등록금을 낮추어줄 것을 요구해 온 결과로 후보들이 공약으로 내걸었고, 결국은 국가 장학금 제도가 도입되었다. 그러나 반값 등록금은 매우 '단견적'이고 '이기적'인 이슈이었다. 한국 대학들의 등록금이 다른 나라와 비교해서 비싸다. 그러나 삼성전자나 현대자동차와 같은 초대기업이나 금융회사의 첫해 연봉은 대학 4년 동안의 등록금보다 훨씬 더 많은 5000만 원에 가깝다. 이런 기업에 취업하는 소위 일류 대학 대학생들이나, 비정규직 취업도 쉽지 않은 대학생들도 모두 한목소리로 반값을 주장했다. 다수의 대학생들은 졸업해도 취업이 어렵고, 취업을 해도 저임금 비정규직으로 일하게 되고, 비정규직으로 취업이 되어도 정규직으로 전환될 가능성이 극히 낮다. 졸업 후 다수의 대학생들에게 닥쳐올 참혹한 문제를 외면하고 당장 등록금을 반으로 깎아달라는 단견적인 요구였다.

반값 등록금에 집중되었던 청년세대의 정치적 행동이 임금 차별과 비정규직 철폐와 같은 이슈에 집중되었다면 자신의 미래만이 아니라 한국 사회를 바꾸는 엄청난 변화를 만들어낼 수 있었다. 이러한 아쉬움에도 불구하고 초등학교 무상 급식을 퍼주기식 복지라고 비판하던 보수 정치인까지도 대학생과 학부모의 표를 얻기 위해서 반값 등록금을 공약하고 일부라도 약속을 지켰다. 이것은 비록 '이기적'이고 '단견적'이기는 했으나 청년세대의 집단적 정치 참여가 실질적인 변화를 이끌어낼 수 있다는 것을 보여준 소중한 사례다.

경제민주화는 반값 등록금과는 달리 아무런 성과를 거두지 못해 실패한 정치 이슈였다. 박근혜 대통령과 새누리당이 약속을 지키지 않을 뿐 아니라 이에 대한 저항이나 책임을 묻는 움직임도 전혀 없다. 정치권에서 경제민주화를 더 이상 언급하지 않는 것은 물론이고, 국민도 더 이상 큰 관심을 두지 않는 것 같다. 그 이유에 대해 몇 가지를 생각해볼 수 있다. 첫째, 경제민주화라는 이슈가 구체적이지 못했다. 많은 사람들이 경제민주화를 재벌 개혁 정도로 이해했지만 구체적으로 재벌 구조의 무엇을 바꾸는 것인지가 분명하지 않고, 보통 국민의 일상적인 삶과 직접 관련된 이슈가 아니기 때문에 약속을 지켰는지 아닌지를 따져 물을 수도 없다.

둘째, 보다 근본적인 이유는 경제민주화를 정치적 이슈로 이끌어가는 주체가 없었던 것이다. 경제민주화가 이루어진다면 가장 직접적인 혜택을 보게 될 이해 당사자는 중소기업과 비정규직 노동자다. 이들이 주체가 되어 경제민주화를 정치적으로 요구했고, 정치권이 이를 받아들여서 공약을 한 것이었다면 박근혜 정부가 지금처럼 공약을 지키지 않을 수는 없었을 것이다. 그러나 경제민주화는 양극화가 심각한 사회 이슈로 부각하자 중도층의 표심을 얻기 위해서 대선 후보가 선거 때 갑자기 내세운 공약이었다. 직접적인 이해관계를 갖지만 대기업의 하청으로 생존하는 중소기업이 조직적으로 경제민주화를 정치적 이슈로 내세우는 주체가 되는 것이 현실적으로 불가능하다. 또한 조직화된 노동조합들이 대부분 대기업에 속하기 때문에 그들이 중소기업과 비정규직 노동자를 적극적으로 대변하는 주체가 되지 않았다. 시민단체와 학자들도 재벌 개혁을 오랫동안 주장했지만, 그들은 직접적인 이해 당사자가 아니기 때문에 공약이 이행되지 않아도 저항하는 주체가 되지 못한다. 진보 세력들도 경제민주화 이외에 수많은 이슈들로 분열되어 있기 때문에 현 정부가 공약을 지키지 않은 것에 대해서 구체적으로 책임을 묻는 주체로서 나설 수가 없다. 경제민주화는 이슈의 구체성이 없었고, 정치적 행동을 이끄는 주체적 집단이 없었기 때문에 소리는 요란했지만 단지 선거용 정치 구호로 끝나버린 것이다.

청년세대가 미래를 바꾸기 위해서는 정치 참여가 거의 유일한 수단이다. 그러나 과거와는 달리 정치 참여의 방법 역시 달라져야 한다. 자신의 요구를 정치적 이슈로 만들어서 청년세대의 표를 원하는 정치인이 이를 공약으로 내걸게 만들어야 한다. 보다 적극적으로는 청년세대가 자신이 내건 이슈별로 정치 세력화를 시도해야 하고, 기존의 정치권에도 뛰어들어야 한다. 정치에 직접 나서는 자신 세대의 새로운 정치인을 청년세대가 지지해주고 키워야 한다. 그리고 최소한의 정치적 참여인 투표를 해야 한다. 청년세대의 일부는 기권을 정치 혐오를 표현하는 행동으로 여긴다. 그러나 기권은 자신이 혐오하는 정치를 더욱 더 혐오스럽게 만드는 것에 일조하는 것이다. 잉여와 3포가 희망을 찾는 길은 기권이 아니라 자신의 세대 이익을 내세우고 이를 받아들이는 정치인과 정당을 선택하는 것이다.

기회는 오고 있다. 2016년에 총선이 있고, 2017년에 대선이 있다. 그리고 그 이후에도 선거는 계속된다. 다음 총선에서 비정규직 폐지, 인턴 폐지, 임금 차별 폐지, 선행 학습 금지, 보육의 국가 책임,

알바 최저임금 인상 등 당장의 아픔을 덜어낼 수 있는 것을 청년세대가 정치적 이슈로 요구하고 청년세대의 표를 원하는 정당과 후보가 이를 약속하게 만들어야 한다. 청년세대의 요구가 정치적 압력으로 이어지면 소속 정당과 관계없이 많은 후보들이 받아들일 것이다. 또한 지난 대선과 총선에서 표를 얻고도 약속을 지키지 않은 정당과 정치인에 대한 심판도 해야 한다. 그 대상은 너무도 분명하다. 지금의 국회의원을 심판하는 것이다. 약속을 지키지 않은 정치인이 공천을 받지 못하게 나서고, 공천을 받으면 낙선 운동도 해야 한다. 정치적 행동의 실천도 물리적으로 나서야만 했던 과거와 달리 인터넷상에 청년세대만의 많은 방법이 존재한다. 기성세대가 그들을 지지하더라도 청년세대가 약속을 지키지 않은 것을 심판하겠다고 나서면, 청년세대의 표가 필요한 정치인만이라도 달라질 수밖에 없다.

시민들이 스스로 해낸다는 말은 아름답지만 현실성도 없고 지속 가능하지도 않다. 국민의 자발적인 참여도 법과 제도로 자리 잡지 않으면 지속되기 어렵다. 시민들의 힘만으로 세상을 바꾸는 것은 혁명이다. 지금의 불평등한 한국을 '혁명적'으로 바꾸지 않으면 청년세대에게 미래는 없다. 그러나 '혁명'으로 바꿀 수는 없다. 정부가 육아를 책임져야 한다고 요구하고, 선행 학습을 하지 말자고 함께 행동하고, 알바에게 정당한 임금을 지급하라고 요구하는 것과 같은 당장의 고통을 덜어내는 지극히 현실적인 문제마저도 청년세대의 적극적인 참여를 이끌어내지 못하고 있는데, 혁명이란 가당치도 않은 말이다. 그래서 현실은 정치다. 아무리 좋은 정책, 다양한 조직과 튼튼한 연대를 만들어도 현실에서 이를 시행하는 힘은 정치에 있다. 정확하게는 정치인에게 있다. 시민의 힘으로 시민이 원하는 것을 정치인이 하도록 만드는 것이 민주주의다.

반값 등록금 투쟁이 절반의 성과라도 낸 이유는 정치인이 대학생의 표를 원했기 때문이다. 그렇기 때문에 청년유니온과 알바노조 같이 정말 오랜만에 나타난 청년세대의 "결사체들이 최종적으로 취할 핵심적인 방법은, 결집된 표의 힘을 통해 자신들의 정책 대안과 결집된 요구를 정치적으로 실현하는 것이다. 정책 결정자 또는 정당에 대해 투표 블록(bloc)으로서 행위하고 요구할 수 있어야 한다는 뜻이다. 그렇게 될 때 정당과 정책 결정자들은 반응하지 않으면 안 될 것이다. 그것이 민주주의가 사회적 약자들에게 제공하고 있는 강력한 힘이다."[57]

정치인은 표를 먹고산다. 보수이든 진보이든 모든 정치인은 표밭에서는 갓끈을 고쳐 맨다. 청년세대가 세상을 바꾸는 방법도 궁극적으로 표의 힘이다. "자본주의는 기득권 세력, 부유층 그리고 재벌의 편이다. 그러나 민주주의는 중산층과 서민 소외층 그리고 중소기업의 편이다. 자본주의는 '돈'이라는 무기가 있지만, 민주주의는 '1인 1표의 투표'라는 무기가 있다. 국민의 절대다수는 자본이 아닌 노동으로 삶을 영위한다. 그러기에 민주주의 정치체제에서 자본주의가 민주주의와 충돌할 때, 민주주의가 가진 '투표'의 무기가 작동되면 자본주의의 '돈'이라는 무기를 이길 수 있거나 적어도 제어할 수 있다."[58]

그들이 약속한다고 해서 그 약속을 지킬 것이라는 보장은 없다. 약속을 지키지 않으면 2017년 대선에서 다시 심판할 기회가 있다. 그리고 그 다음 2020년 총선에서 또 다시 심판해야 한다. 한 번의 투표와 한 번의 참여로 정치인과 정당이 바뀌지 않는다. 그러나 청년세대의 반복적인 '심판 투표'가 계속되면 정당과 정치인은 바뀔 수밖에 없다. 그들은 표를 먹고살기 때문이다. 2016년 총선은 청년세대가 자신의 미래를 위해서 세상을 바꾸는 출발이다.

10년 전 20대는 88만 원 세대라고 불렸다. 30대가 된 그들은 이제 3포 세대로 추락했고, 그 뒤를 잇는 20대는 잉여 세대에서 n포 세대로 추락하고 있다. 젊은이들의 희망을 빼앗아간 지금의 한국은 기성세대가 만든 것이다. 청년세대여, 자신을 탓하지 마라. 기성세대가 만들어놓은 틀에 순응하지 말고 거부해라. "청년세대의 반역이 부재하는 시대는 어둠의 시대에 지나지 않는다."[59] 한국에 드리워진 어둠을 거두고 희망을 다시 세울 자는 젊은이들이다. 미래에 기성세대는 이 자리에 없다. 그들은 세상을 바꾸지 않는다. 미래는 젊은이들의 것이다. 젊은이가 세상을 바꾸어야 한다.

서장 정당한 분노를 해야 할 때다

1 1인당 국민소득은 한국은행 국민소득 계정의 명목 달러를 기준한 것이다.

2 2013년 통계를 기준으로 한 것이다. 국세청에 사업자 등록을 한 법인 수는 2013년 약 51만 8000개다. 이 책에서 기업 경영에 관한 분석들은 한국은행 〈기업경영분석〉과 개별 기업의 사업보고서를 기준으로 한 것이다. 기업 경영 상황에 대한 종합적인 통계인 한국은행 〈기업경영분석〉은 비영리법인 등을 제외한 약 49만 2000개를 대상으로 한다.

제1장 오르지 않는 임금, 늘어나는 기업소득

1 한국의 경우, 소득분배 상황에 대한 조사는 여러 가지가 있으며 오래전부터 통계가 축적되어 왔지만, 재산분배 상황에 대한 조사는 극히 드물고 그나마도 최근에서야 실시되었다. 따라서 소득 불평등에 대해서는 과거로부터의 변화를 알 수 있고 원인을 분석할 수 있으나 재산 불평등에 대해서는 최근의 상황도 매우 제한적으로만 통계가 존재하기 때문에 정확한 실상을 파악하기 어렵다.

2 지니계수는 0과 1 사이의 값을 갖는데, 값이 클수록 불평등의 정도가 심한 것이다. 지니계수가 1이면 한 사람이 모든 소득을 다 가진 것을 의미하며, 0이면 모두가 똑같은 소득을 갖는 것을 의미한다.

3 소득격차 지표로는 최하위 10% 계층의 평균소득 대비 최상위 10% 계층의 평균소득 비율(배수)이 가장 자주 사용된다.

4 한국의 소득 불평등에 대한 지표들이 서로 상반되거나 일관성이 없는 경우가 있다. 한국은 정부 보조금 포함 가처분소득을 기준으로 한 지니계수가 OECD 회원국 중에서 중간 정도에 있다. 임금을 기준으로 한 최하위 10% 계층 대비 최상위 10% 계층의 비율은 OECD 회원국 중에서 가장 높은 나라에 속한다. 노동소득의 불평등은 심한데도, 가처분소득의 불평등은 심하지 않다는 일면 상반된 결과를 보여주고 있다. 한국은 노동자 가계소득의 90% 이상이 임금이고, 정부의 복지

지출을 반영한 소득재분배 효과가 가장 없는 나라다. 따라서 노동소득 불평등 지표가 높은데 가처분소득의 불평등 지표는 낮다는 것은 앞뒤가 맞지 않는다. 이러한 통계상의 모순이 생기는 이유는 소득에 대한 조사들이 서로 일관성이 없고 불완전하기 때문이다.

5   가계소득 전체에 대한 조사로는 통계청의 가계동향조사가 있다. 한국 정부와 OECD의 가계소득 지니계수 통계는 이 조사를 근거로 작성된다. 그러나 이 조사에는 고소득층의 소득이 누락되었고, 상대적으로 소득이 낮은 1인 가구의 소득과 자영업자의 소득이 표본에서 제외되었다. 또한 고소득층에 집중되어 있는 금융소득이 제외되어서 불평등의 상황을 실제보다 과소평가하는 왜곡이 심하다. 예를 들어, OECD가 발표하는 가계소득 지니계수는 통계청의 가계동향조사를 그대로 사용하는데, 한국 가계의 시장소득(세금과 보조금 반영 전 소득) 지니계수가 2012년 OECD 회원국에 중에서 가장 낮다. OECD가 발표하는 임금소득의 최상위 10%와 최하위 10%의 임금 비율에서는 2012년 OECD 회원국 중에서 네 번째로 높다. 임금소득에서는 가장 불평등이 심한 나라인 한국이 가계소득에서는 가장 불평등이 심하지 않은 것으로 보고되고 있다. 이것은 통계상의 오류로 인한 모순이다.
    가계동향조사보다 정확한 가계소득에 관한 통계는 가계금융·복지조사가 있다. 그러나 이 조사는 2010년부터 작성되기 시작했고, 지금의 조사 대상 패널은 2012년에 구성되었기 때문에 과거의 자료가 존재하지 않아서 추이를 알 수 없다.

6   여기서 논의하는 지니계수는 한국노동연구원이 '임금구조 기본 통계조사'와 '고용 형태별 근로 실태 조사'의 결과를 이용하여 측정한 것이다.

7   1인 이상 10인 미만 기업은 2008년부터 조사 대상에 포함되었다.

8   소득에 대한 다양한 통계와 각 통계가 갖는 문제점에 대해서는 다음의 논문을 128~133쪽을 참조할 것.
    김낙년, "한국의 소득 불평등, 1963~2010", 〈경제발전연구〉 제18권 제2호, 2012.

9   정부가 발표하는 가계소득 지니계수는 '가계동향조사'에 근거한 것이며, OECD 가계소득 지니계수도 정부 통계를 사용하고 있다. '가계동향조사'에 근거한 가계소득 지니계수의 문제에 대해서는 주석 5에 설명하고 있다.

10 김낙년(2012), 전게서.

11 김낙년(2012), 전게서에 수록된 자료로 그림을 작성한 것이다. 1986~1994년 기간은 자료가 없다

12 김낙년(2012), 전게서, 152쪽.

13 김낙년(2012), 전게서, 152쪽.

14 WTID 자료(http://topincomes.g-mond.parisschoolofeconomics.eu/)는 'Nak Nyeon Kim and Jongil Kim, "Top Incomes in Korea, 1933~2010 : Evidence from Income Tax Statistics", 〈WTID Working Paper 2014/2〉.'에 근거한 것이

다. 이 자료에서 소득은 국세청의 개인 종합소득 자료를 이용하여 추정한 것이다. 임금·보너스·이자·배당·임대료·사업소득·연금을 모두 포함하고 있으며, 주가 상승 등의 증권 시세 차이로 얻는 자산 차익(capital gain)은 포함하지 않는다.

15 OECD가 발표하는 가계소득 지니계수는 앞서 논의한 것과 같이 소득 불평등을 과소평가하는 정부의 가계동향조사 결과를 그대로 사용한 것이기 때문에 이를 기준으로 다른 나라와 비교할 수는 없다. 따라서 임금소득을 기준해서 비교하는 것이다.

16 국민총소득 중에서 가계에 분배된 비율은 1990년 70.1%이었고, 1996년 70.8%로 큰 변화가 없이 안정적으로 70% 수준을 유지했다. 그러나 외환 위기 직후인 1999년 68.8%로 줄어들었고, 2000년 67.9%, 2005년 64.8%, 2010년 60.4%로 계속해서 줄어들었다. 2014년에 소폭으로 증가해서 61.9%이다.
국민총소득 중에서 기업에 분배된 비율은 1999년 17.1%로 1990년 17.0%와 비슷한 수준이었다. 그러나 2000년 17.6%, 2005년 21.3%, 2010년 25.7%로 계속해서 늘어났고, 2014년에는 25.1%로 소폭 감소했다.
국민총소득 중에서 정부에 분배된 비율도 1990년대에는 큰 변화가 없었다. 1990년 13.0%에서 1997년 14.0%로 1%포인트 증가했다. 1999년 14.1%이었고, 2014년 13.1%로 다시 줄었다.
결과적으로 1999년 이후에 가계소득이 6.9%포인트, 정부소득이 1.0%포인트 줄어든 반면에 기업소득은 8.0%포인트 증가했다.

17 가계소득, 기업소득, 정부소득을 국내총생산(GDP) 디플레이터(deflator)를 적용해 실질 가치로 환산해서 구한 실질 증가율이다. 경제성장률도 물론 실질 성장률이다. 국민총소득 명목 가치를 실질 가치로 전환하는 데 필요한 국민총소득 디플레이터가 별도로 발표되지 않기 때문에 국내총생산 지출 항목 디플레이터를 사용하였다. 기업소득과 가계소득은 국내총생산 민간 지출 디플레이터를 적용했고, 정부소득은 국내총생산 재정지출 디플레이터를 적용해서 실질 가치로 전환하여 실질 증가율을 구한 것이다.

18 국민총소득(GNI, Gross National Income)은 소득의 개념이고, 경제성장률을 구하는 국민총생산(GDP, Gross Domestic Product)은 생산의 개념이기에 약간의 차이는 있으나, 성장률에서는 거의 같다.

19 한국은행, 〈우리나라의 국민 계정 체계, 2010〉, 29쪽, 250쪽 참조.

20 이 책의 본문 247~250쪽 자영업자 가계소득의 구성을 참조할 것.

21 2014년 임금노동자의 연평균 임금은 3540만 원이며, 자영업자의 연평균 영업 잉여는 2120만 원이다. 임금노동자의 연평균 임금은 한국은행 제도 부문 국민소득 계정의 가계 및 비영리단체의 소득 중에서 피고용자 보수(임금)를 임금노동자 수로 나눈 값이며, 자영업자의 연평균 영업 잉여는 마찬가지로 한국은행 제도 부문 국민소득 계정의 가계 및 비영리단체의 소득 중에서 영업 잉여를 자영업자 수로

나눈 값이다. 이것은 국민소득 계정의 거시 총액을 기준으로 구한 것이기 때문에 표본조사에 근거한 다른 통계에서의 임금노동자의 평균임금(근로소득)이나 자영업자의 평균 영업 잉여(사업소득)과는 그 값에 차이가 있다.

22 한국은행이 발표하는 노동소득분배율의 문제점에 대한 논의와 이를 보정하는 방안에 대해서는 다음의 연구보고서를 참조한 것이다.
  이병희, 홍민기, 이현주, 강신욱, 장지연, 〈경제적 불평등과 노동시장 연구〉, 한국노동연구원, 2013.

23 OECD 국가들과 비교하기 위해서 경제성장률과 실질임금 상승률을 OECD의 통계에서 이용하였다. 이 책을 집필한 시점에서는 2013년까지의 자료만 제공되었다.

24 이 책의 제1장 [그림 6]을 참고할 것.

25 가구 소득 중에서 가계 구성원이 직접 벌어들인 소득을 시장소득이라고 하며 친척, 친지 또는 정부가 지원해준 소득을 이전소득이라고 한다. 시장소득은 1차적인 분배에 해당하고, 이전소득은 재분배에 해당한다.

26 가계동향조사의 근로자 가구 소득 통계를 보면 월평균 재산소득이 2002년 2만 1807원에서 2003년 1만 1140원으로 절반 가까이 줄어든다. 이것은 소득 분류상의 불연속인 것으로 추정된다. 따라서 재산소득의 변화는 2000년부터 비교하지 못하고 금융 위기 이후인 2008년부터 비교한다.

27 가계동향조사는 고소득층의 소득과 금융소득이 조사에서 누락되는 문제가 있기 때문에 재산소득의 변화를 정확하게 판단하는 근거로써 미약하다. 보다 정확한 가구 소득 통계로는 통계청의 가계금융·복지조사가 있지만 2012년부터 작성되었기 때문에 과거로부터의 변화를 알 수가 없다. 따라서 한국은행 국민소득 계정상의 가계의 재산소득 변화를 살펴보는 것이다. 하지만 통계청의 가계동향조사는 개별 가구를 표본조사한 것인 반면에 한국은행의 국민소득 계정은 총액을 기준으로 한 통계이기 때문에 평균적인 근로자 가구의 소득 변화를 보여주는 것은 아니다.

제2장 임금 불평등과 고용 불평등

1 정부 통계는 정부 산하 한국노동연구원의 것이며, 노동계 통계는 독립적인 연구자들이 주도하는 한국노동사회연구소의 것이다.

2 2014년 매출액 2위는 한국전력공사이며, 종업원 수는 2만 200명이다. 한국전력공사는 정부 소유 지분이 51.1%인 공기업이다.

3 "더 벌어진 대기업·中小 임금격차 줄여야 靑年 고용 는다", 〈조선일보〉, 2015년 3월 21일자 인터넷 기사.

4 국민은행 2014년 사업보고서에서 보고된 임금이다. 남직원과 여직원 연봉 차이는 근속 연수의 차이와 정규직과 비정규직의 차이로 인한 것으로 추정된다. 국민은행 평균 근속 연수는 남직원이 21년 11개월이며, 여직원은 9년 5개월이다.

5 은행별 남녀 직원의 평균 근속 연수는 신한은행 남직원 16년 3개월/여직원 10년 7개월, 하나은행 남직원 17년/여직원 10년, 우리은행 남직원 19년 1개월/여직원 12년 4개월이다.

6 이 책의 [그림 33]을 참조할 것.

7 2014년 비정규직 노동자 중에서 차지하는 비율은 기간제 노동자 45.2%, 시간제 노동자 33.4%이다. 두 형태의 노동자가 전체의 78.6%를 차지한다.

8 OECD, 〈Strengthening Social Cohesion in Korea〉, 2015.

9 OECD, Labor Force Statistics in OECD Countries: Sources, Coverage and Definition, July 2014, Table 3, p.13

10 정부 통계처럼 비정규직 노동자의 40%가 3년 후 정규직으로 전환되는 것이 지속되었다면 비정규직 보호법이 시행된 지난 7년 동안에 비정규직 노동자의 비율이 3.5%포인트 줄어드는 데 그치는 것이 아니라 대부분이 정규직으로 전환되었어야 한다. 따라서 정부 통계는 전혀 신빙성이 없다.

11 피고용 노동자(dependent employment)의 근속 연수다. 자기 고용 노동자(self-employment), 즉 자영업자의 근속 연수에 대한 통계는 별도로 제시되지 않고 전체 노동자의 근속 연수 통계가 제공되는데, 한국은 전체 노동자 통계에서도 근속 연수가 가장 짧은 5.5년이다.

12 미국의 경우 근속 연수 기간별 통계는 제공되어 있지만 전체 노동자의 평균 근속 연수 통계는 제공되지 않아서 한국과 비교할 수 없다.

13 다음의 OECD 보고서에서 2010년 기준 OECD 회원국의 노동자 회전율을 보고하고 있다. 2013년 노동자 회전율은 OECD 보고서의 방식에 따라서 필자가 새로 추정한 것이다. OECD 보고서에서 한국의 2010년 노동자 회전율은 72.3%이었다.
   OECD, 〈Strengthening Social Cohesion in Korea〉, 2013, Figure 3.5 Panel B, p.117

14 노동자 회전율은 전체 노동자 중에서 새로 일자리를 갖게 된 신규 채용 노동자의 비율(hiring rate)과 기존 일자리를 그만둔 노동자의 비율(separation rate)의 합이다. 따라서 전체 일자리 중에서 노동자 회전율의 절반에 해당하는 일자리가 신규 채용 노동자로 대체되는 것을 의미한다.

15 고용 보호 지표(OECD indicators on employment protection)를 발표하고 있으며, 이중에서 '노동자 개인과 집단 해고로부터의 보호(Protection of permanent workers against individual and collective dismissal, EPRC)' 지표다. 이 지표의 내용에 대한 자세한 설명은 다음의 사이트를 참조할 것.

http://www.oecd.org/els/emp/EPL-timeseries.xlsx

16 OECD는 노동자의 채용, 해고와 관련된 고용 보호법 평가 지표를 작성한다. 평가 분류 중 'protection of permanent workers against individual dismissal'을 말한다. 이 지표는 법에 규정된 해고의 절차의 어려움, 사전 통보, 퇴직수당, 해고의 어려움 각각에 대한 법적 규제를 0에서 6점으로 평가하여 이를 종합한 것이다. 0점은 규제가 가장 약한 것이며, 6점은 규제가 가장 심한 것이다. 이 지표는 규제상 고용 보호의 경직성(strictness of employment protection)으로 해석한다. 이 지표에 대한 내용은 다음을 참조한 것이다.
OECD, 〈Employment Outlook〉, 2013.

17 나라별로 집단 해고에 대한 기준이 다르다. 한국은 종업원 100명 미만의 기업이 열 명 이상을 해고하는 경우, 100~999명의 종업원을 가진 기업이 10% 이상을 해고하는 경우 그리고 1000명 이상의 종업원을 가진 기업이 100명 이상을 해고하는 경우를 집단 해고(collective dismissal)로 정하고 있다.

18 노동조합 가입 대상인 피고용자로서 임금을 받고 일하는 임금노동자만을 기준으로 한 것이다. 2013년 임금노동자 총수는 1841만 명이고, 이중에서 대기업 노동자는 불과 220만 명이다. 나머지 1621만 명은 중소기업 노동자다. 이 통계는 고용노동부의 '전국노동조합 조직 현황 보고서'(2013년)에 수록된 것이다.

19 통계청이 중소기업중앙회의 중소제조업직종별임금조사에 근거해서 중소기업의 노동조합 결성 유무에 대한 통계를 작성한 것이다.

20 이와 관련된 보도가 여러 개가 있으며, 예를 들어 아래와 같다.
"납품 단가 또 얼마나 낮출지…", 〈한국일보〉, 2003년 8월 7일자 인터넷 기사.
"현대차 돈잔치 후폭풍 우려한다", 〈서울신문〉, 2005년 9월 12일 인터넷 기사.

제3장 부자 기업, 가난한 가계

1 기업의 이해 당사자(stakeholder)는 이들 이외에도 소비자가 있다. 그러나 소비자는 기업의 이익을 분배받는 이해 당사자가 아니기 때문에 논의에서 제외한다.

2 협동조합의 경우에도 조합원이 되기 위해서는 반드시 자본 참여를 해야 한다. 그러나 협동조합은 순이익을 자본 참여의 지분만으로 하지 않고, 순이익의 일부를 조합원의 참여도에 따라서 분배한다. 노동자협동조합의 경우에 순이익에 해당하는 잉여를 노동자 각자의 자본 참여 지분과 노동 참여도에 따라서 분배한다.

3 약간 다른 주제이기는 하지만, 밀턴 프리드먼(Milton Friedman)이 법인세 폐지를 주장한 이유는 그가 기업을 바로 도관체로만 보았기 때문이다. 기업 자체가 소비의 주체가 될 수 없으며, 기업이 창출한 이윤은 결국 개인에게 '분배되어야 할 몫'이기 때문에 법인세를 폐지하고 개인소득세만 부과해야 한다는 것이다. 프리드

먼을 오해하고 있는 일부에서는 그가 자유주의 신봉자이기 때문에 법인세 폐지를 주장했다고 하며, 더 나아가 감세 정책의 원흉이라고까지 폄훼하는 경우도 있다. 하지만 그는 감세 정책을 주장한 적도 없고(그렇게 해석될 여지는 있지만) 그의 이론 체계가 이념에 포로된 적도 없다. 그는 기업을 단지 중간 단계로만 보았기 때문에 기업의 모든 이윤이 내부에 유보되지 않고 이해 당사자들에게 분배되어야 한다고 주장했다.

4 언론은 하루 5달러 임금을 미친 짓이라고 보도했다. 하지만 결과는 정반대였다. 이 임금을 보고 디트로이트(Detroit)에서 가장 숙련된 노동자가 몰려왔고, 새로운 직무에 훈련시킬 필요도 없이 바로 적응했다. 생산성은 금방 올랐고, 이직률도 현저하게 낮아져 숙련도는 더욱 높아졌다.

5 한국은행 〈기업경영분석〉 중에서 전산업 통계에 근거한 것이다. 기업이 보유한 5.7% 중에서 1.6%포인트가 순이익 중에서 배당으로 지급하지 않고 기업이 유보한 것이고, 4.1%포인트가 감가상각비 등으로 현금으로 보유한 것이다. 한국 기업의 구체적인 분배 구조는 바로 이어지는 본서의 154~163쪽을 참고할 것

6 한국은행의 〈기업경영분석〉은 "2011년부터 국세청 법인세 신고 대상 법인의 신고 자료에 첨부되는 각 법인의 재무제표를 이용할 수 있게 됨에 따라 〈기업경영분석〉 통계의 편제 방법을 종전의 표본조사 방식에서 모집단 집계 방식으로 전면적으로 변경하게 되었다." 조사 대상은 "2013년 국세청 법인세 신고 기업 53만 6725개 중에서 결산일이 1월 1일부터 5월 31일까지인 법인(5617개), 비영리법인 (9634개)와 영위 업종이 통계 편제 제외 대상인 법인(2만 9186개)을 제외한 총 49만 2288개를 대상으로 편제하였다."
한국은행, 〈기업경영분석〉, 2013, 19쪽.

7 한국은행 〈기업경영분석〉의 통계다. 이해 당사자에게 분배된 금액은 손익계산서와 제조 원가 명세서를 이용해서 구한 것이다. 노동자 몫은 제조 원가 명세서상의 인건비와 판매비와 관리비상의 인건비를 합한 금액이다. 채권자 몫은 이자 비용에서 이자 수익을 차감한 순이자 비용이다. 주주 몫은 순이익 중에서 배당으로 지급된 금액이다. 정부의 몫은 제조 원가 명세서와 손익계산서의 세금과 공과금에 법인세를 더한 금액이다. 공급자 몫은 제조 원가 명세서상의 인건비와 재료비, 감가상각비, 세금과 공과금을 제외한 비용과 손익계산서상의 판매비와 관리비에서 인건비, 감가상각비, 세금과 공과금, 각종 상각비를 제외한 비용을 더한 금액을 구하고, 여기에 이자 비용을 제외한 영업외 비용을 더하여 구한 금액이다. 기업 내부 잔류 몫은 감가상각비, 각종 상각비와 순이익 중 내부유보액이다. 감가상각비와 각종 상각비는 회계상 비용으로 처리하지만 현금이 지급되지 않는 비현금 비용이다. 매출원가와 제조 원가의 차이는 기업이 직접 제조하지 않고 외부에서 구입한 상품이다. 이에 대한 원가 구성을 알 수 없기 때문에, 제조 원가 명세서에서의 이해 당사자 분배 비율에 따라서 분배하는 것으로 가정했다.

8 2013년 매출액 대비 순이익률은 제조업의 경우 3.5%이다. 이것은 다른 산업과 비교해서 월등하게 높은 편이다. 서비스업 0.7%, 건설업 -0.5%, 농업 -1.8%, 어업 1.1% 그리고 광업 3.9% 수준이다. 광업의 순이익률이 높지만, 광업의 비중은 전체 매출액의 0.12%에 불과하기 때문에 전체 분배 구조에 미치는 영향 또한 거의 없다.

9 제조업 대기업의 2013년 이익률은 다음과 같다. 매출액 영업이익률 5.6%, 매출액 순이익률 3.7%, 총자산 세전 순이익률 5.3%, 자기자본 순이익률 6.9%이다.

10 배당으로 지급되지 않은 순이익은 유보이익으로 기업이 보유하게 된다. 상장 주식회사는 배당을 지급하는 대신에 순이익의 일부로 자사주를 매입하는 경우가 있다. 주주들은 일시적인 주가 상승으로 인한 자본 이익을 얻는 경우가 있지만 주식의 본질적 가치에는 변화가 없다. 자사주 매입으로 주주가 혜택을 보기 위해서는 매입한 자사주를 소각해서 발행주식 수가 줄어들어야 한다. 매입한 자사주를 소각하지 않고 이 주식을 회사가 보유하는 경우에는 유통주식 수가 줄어들지만 발행주식 수는 변함이 없기 때문에 주식의 본질 가치가 달라지지 않는다. 회사가 보유한 자사주는 차후에 자금을 조달하거나 우호적인 대주주를 끌어들이기 위해서 재매각을 하는 경우들이 있다. 최근 삼성물산이 KCC에게 자사주를 매각한 것이 그렇다.

11 고용노동부의 사업체 노동력 조사에서 5인 이상 상용 근로자 임금에 근거한 것이다. 2014년 제조업 중소기업의 월평균 임금은 293만 원이고, 제조업 대기업의 경우는 551만 원이다. 제조업 대기업의 월평균 임금이 중소기업의 경우보다 88.1% 높다.

12 삼성전자 2014년 사업보고서의 인건비 총액과 매출액으로 구한 것이다.

13 공급자에게 분배된 몫은 제조 원가 명세서에서 감가상각비, 인건비, 세금 등을 제외한 재료비와 비용 등을 합한 제조 원가와 손익계산서에서 인건비, 감가상각비 등을 제외한 비용을 합한 일종의 '영업 원가'를 포함한다.

14 대기업 원청기업과 중소기업 하청기업 간의 불공정 거래에 대한 논의는 다음을 참고할 것.
장하성,《한국 자본주의》헤이북스, 2014, 478~488쪽.

15 제조업 대기업의 2013년 총 수익, 즉 매출액은 1259.7조 원이며, 이익 0.6%는 7.6조 원이다. 제조업 중소기업의 2013년 매출액은 476.7조 원이며, 이중에서 노동자에게 분배된 금액이 71.5조 원이다. 따라서 7.6조 원은 71.5조 원의 10.6%이다.

16 제조업 대기업의 총수익 중에서 노동자 분배 비중은 7.7%이다. 대기업 노동자 분배의 5%은 총수익의 0.385%(7.7%x5%)이다. 제조업 대기업의 2013년 총수익, 즉 매출액은 1259.7조 원이며, 이것의 0.385%는 4.85조 원이다. 제조업 중소기업의 2013년 매출액은 476.7조 원이며, 이중에서 노동자에게 분배된 금액이 71.5조 원이다. 따라서 4.85조 원은 71.5조 원의 6.8%이다.

17 국내총생산 중에서 총고정자산 투자(gross fixed capital formation)가 차지하는 비중이 한국의 경우 2012년 26.7%이며, 이것은 OECD 34개 회원국 중에서 두 번째로 높다. OECD 평균 비중은 19.1%이다.

18 인용구의 출처는 다음이다.
한국은행, 〈우리나라의 국민 계정 체계〉, 2010, 246쪽.

19 총저축에서 가계 저축과 기업 저축의 비중이 1998년에는 48.7%와 27.6%이었다. 그러나 2014년에는 가계 저축 비중이 20.5%이고, 기업 저축 비중이 59.9%를 차지해서 기업 저축이 가계 저축의 세 배 수준이 되었다.

20 2014년 가계금융·복지조사에서 소득 계층 40~60% 가구의 연평균 소득은 3793만 원이고, 이자와 원금 상환액은 759만 원이다. 따라서 이자와 원금 상환을 차감하고 남는 연 소득은 3034만 원으로, 월평균 소득으로는 약 253만 원에 해당한다.

제4장 소득 불평등과 재산 불평등

1 한국에서 벌어지고 있는 자본주의 시장경제의 현실적인 상황에 대한 논의는 다음을 참조할 것.
장하성(2014), 전게서, 제1장·제2장·제7장 참조.

2 한국 자본주의 체제의 '정당성'에 관한 논의는 다음을 참조할 것.
장하성(2014), 전게서, 제6장·제7장.

3 자영업자의 사업소득과 노동소득에 대한 논의는 본서의 245쪽을 참조할 것.

4 한국이 계획경제에서 시장경제로 경제 운용 체제를 공식적으로 전환한 시점은 경제개발 계획을 포기한 1995년으로 보아야 한다. 이에 대한 논의는 다음을 참고할 것.
장하성(2014), 전게서, 제2장.

5 통계청 가계금융·복지조사에 의하면 소득 최상위 20%(소득 5분위)의 2014년 평균 시장소득은 1억 611만 원이고, 소득 최하위 20%(소득 1분위)는 420만 원이다. 최상위 20%의 시장소득은 최하위 20%의 25.2배다.

6 통계청의 가계금융·복지조사 2014년 가구 소득을 기준으로 한 것이다.

7 재산소득의 비중은 조사에 따라 차이가 있다. 2014년 가계동향조사는 0.3%, 가계복지·금융조사는 상용 근로자 가구의 경우에 2.7%, 임시일용 노동자 가구는 2.9%이다.

8 〈The World Top Income Database〉는 다음의 인터넷사이트에 수록되어 있다.
http://topincomes.parisschoolofeconomics.eu/

9 〈Global Wealth Database〉는 다음의 인터넷사이트에서 찾을 수 있다.

https://www.credit-suisse.com/ch/en/about-us/research/research-institute/publications.html
크레디트 스위스(Credit Suisse)가 발행한 〈Global Wealth Databook 2014〉의 통계다. OECD도 국가별 가구 재산에 대한 통계를 제공하지만 자료가 제공된 나라가 적을 뿐 아니라 국가마다 분류가 일치하지 않아서 일관된 비교를 할 수가 없다. 크레디트 스위스는 한국 통계의 출처가 통계청 가계금융 · 복지조사라고 밝히고 있다. 그러나 통계청은 가계 재산 분포를 20% 구간의 5분위 계층만으로 공개하고 있기 때문에 상위 1%와 상위 10%의 재산 비중 통계는 크레디트 스위스가 통계청의 원자료를 분석해서 추정한 것으로 짐작된다.

10 크레디트 스위스의 〈Global Wealth Report〉 자료에 포함된 나라는 46개국이고, OECD 34개 회원국 중에서 포함되지 않은 나라는 에스토니아 · 헝가리 · 아이슬란드 · 룩셈부르크 · 슬로바키아 · 슬로베니아 등 7개국이다.

11 소득 불평등을 다른 나라와 비교한 것은 이 책의 [그림 83]을 참조할 것.

12 최하위 10% 임금 대비 최상위 10% 임금의 비율로 측정한 소득 불평등에서 스웨덴은 2.3으로 34개 OECD 회원국 중에서 34번째였다. 한국은 4.7로 4위이고, 미국은 5.1로 1위다. 소득 불평등 지표는 이 책의 [그림 83]을 참조할 것.

13 소득 불평등 지표와 재산 불평등 지표 간의 상관계수가 0.68이다.

14 거주 주택 관련 자산은 거주하고 있는 주택과 주택 구입을 위해 지급한 계약금과 중도금 그리고 현재 거주하고 있는 주택의 전월세 보증금을 합한 금액이다. 저축-투자 금융자산은 총금융자산 중에서 현재 전세나 월세로 거주하고 있는 주택에 대한 전월세 보증금을 제외한 순수한 금융자산만으로 추정한 것이다.

15 한국은 통계에 관해서는 상당히 잘 정리되어 있는 나라이나 재산의 분포, 즉 부의 분포에 관한 통계는 매우 제한적이다. 가계금융 · 복지조사가 가계의 재산 상태에 대한 통계를 포함하고 있지만 소득과 재산의 분포를 5분위만으로 발표하기 때문에 부의 불평등 실상을 정확하게 확인하기 어렵다. 특히 소득과 재산은 최상위 1% 또는 10% 계층에 집중된 비율이 높기 때문에 20% 구간으로 구분된 계층 간 소득 불평등과 재산 불평등으로 불평등에 대한 정확한 평가를 하기는 어렵다. 따라서 소득 계층과 자산 계층을 함께 비교하기로 한다.

16 소득 최상위 20% 계층 중에서 재산 최상위 20% 계층에 속하는 비율이 52.9%이기 때문에 소득과 재산 모두가 최상위 20% 계층에 속하는 가구의 비율은 '20%×52.9%=10.6%'이다. 이것은 소득 최상위 20% 계층을 기준해서 추정한 것이다. 정확한 추정을 위해서는 재산 최상위 20% 계층 중에서 소득 최상위 20% 계층에 속하는 비율도 함께 구해서 비교해야 한다. 하지만 이에 대한 통계가 없다. 따라서 10.6%의 추정이 정확한 것은 아니나 실제와 크게 다르지는 않을 것이다.

17 한국은행, 〈한국의 국민대차대조표 해설〉, 2014, 4쪽.

18 한국은행이 제공하는 국민대차대조표에서 가계에 관한 통계란 비영리단체를 포

함한 '가계 및 비영리단체'로 작성되며, 가계만을 분리한 자료는 제공되지 않는다. 국민대차대조표를 이용한 이 글의 논의에서 가계라고 지칭하는 것은 가계 및 비영리단체를 의미한다.

19 실물자산이 아닌 지식재산 생산물 자산의 비중은 2013년 2.5%이다.

20 가계금융·복지조사는 2010년에 시작되었으며, 2012년부터는 2012년에 선정된 2만 가구를 고정하여 계속해서 조사하는 패널 조사 방식으로 시행한다. 따라서 2012년 이후 자료만을 비교하는 것이 일관성을 얻을 수 있다.

21 가계 자산 중 실물자산의 비중은 2012년 74.8%, 2013년 73.0%, 2014년 73.2%이다. 금융자산의 비중은 2012년 25.2%, 2013년 27.0%, 2014년 26.8%이다. 자산 비중의 변화는 자산 가치의 변화에 영향을 받으며, 특히 금융자산 중에서 주식은 주가 변동이 심하기 때문에 실제 보유량이 변하지 않았어도 가치 변동으로 인한 비중 변화가 있으며, 실물자산 중에서 아파트와 같은 주택도 가격 변화에 따라서 가치가 달라지고 비중이 달라진다.

22 '적립식 저축'과 '예치식 저축' 분류 방식은 일반적인 금융자산의 세분류를 제시하지 않고 있다. 때문에 이 자료에서는 예금과 같이 가장 안전하지만 수익성이 가장 낮은 금융자산의 비중이나 반대로 주식과 같이 위험이 크지만 수익성이 높은 금융자산의 비중을 구분할 수가 없다.

23 시장소득과 이전소득의 합을 경상소득이라고 부르며, 경조금이나 퇴직수당과 같은 일상적인 소득이 아닌 것을 비경상소득이라고 부른다. 가계 총소득은 경상소득과 비경상소득의 합이다. 그러나 본 글에서는 정상적인 소득인 경상소득을 기준으로 논의할 것이다. 특히 경상소득 중에서도 개인이 자신의 노력으로 벌어들이는 시장소득을 중심으로 논의를 전개할 것이다.

24 가계동향조사는 매년 동·읍·면에 거주하는 일반 가구 중에서 약 8700가구를 표본으로 소득과 지출을 조사한다. 가계금융·복지조사는 전국 동·읍·면에 거주하는 1인 이상의 표본 가구를 대상으로 2만 가구를 표본으로 소득과 지출, 자산, 부채, 가구 구성 등을 조사한다.

25 가구원이 2인 이상인 도시 근로자 가구를 기준으로 한 소득 구조다.

26 노동소득이 근로자 가구의 시장소득에서 차지하는 비중은 1990년 92.8%, 2000년 92.0%, 2010년 94.8% 그리고 2014년 95.3%이다.

27 재산소득이 근로자 가구의 시장소득에서 차지하는 비중은 1990년 1.1%, 2000년 1.0%이었다. 그리고 2010년 0.4%, 2014년 0.3%로 오히려 줄었다.

28 소비자물가지수를 적용하여 실질 가치로 전환한 2인 이상 도시 근로자 가구의 시장소득은 1990년부터 2014년까지 25년 동안 100.2%가 증가했다. 같은 기간에 실질 가치 기준 노동소득은 107.6%, 사업소득은 43.9%가 증가했지만 재산소득은 40%가 감소했다.

29 가구 수 대비 주택 수의 비율인 주택 보급률이 2007년 100.7%이었다. 물론 1가

구 다주택이 있기 때문에 주택 보급률이 100%라고 해서 모든 가구가 주택을 소유한 것은 아니다.

30 가계동향조사는 가구를 '근로자 가구'와 '근로자 외 가구'로 분류하며, '근로자 외 가구'를 자영업자의 가구로 추정한다. 그러나 가계금융·복지조사는 자영업자 가구에 대한 통계를 별도로 작성한다.

31 상용 근로자 가구의 2014년 연평균 시장소득은 5883만 원(월평균 490만 원)이고, 임시·일용 근로자 가구의 연평균 시장소득은 2488만 원(월평균 207만 원)이다. 임시·일용 근로자 가구의 소득은 상용 근로자 가구 소득 대비 절반에 못 미치는 42.2% 수준이다.

32 가계동향조사는 표본 가구 수가 8700가구로 가계금융·복지조사의 표본 가구 수인 2만 가구보다 훨씬 적다. 가계동향조사는 고소득층이 상대적으로 과소조사 되었고 금융소득이 상당 부분 누락된 것으로 알려져 있다. 따라서 가계금융·복지조사 통계가 가계동향조사 통계보다 근로소득 비중이 약간 높고, 재산소득 비중이 높게 조사된 것이 보다 현실에 가까운 것으로 추정된다. 그러나 2014년 가계금융·복지조사는 2012년부터 시작된 패널 조사이기 때문에 과거 자료가 존재하지 않아서 일반적으로 가계동향조사를 분석에 사용한다.

33 2014년 근로자 가구의 재산소득 월평균 금액은 소득 최상위 10% 계층이 6만 3968원이며, 최하위 10% 계층은 4843원이다. 노동소득의 월평균 금액은 최상위 10% 계층이 880만 1084원이며, 최하위 10% 계층이 111만 869원이다.

34 소득 최상위 10% 계층의 경우 시장소득 중에서 노동소득이 차지하는 비중은 1990년 89.7%, 2000년 88.9%로 큰 변화가 없었다. 그러나 2000년대 들어서는 2005년 91.7%, 2010년 94.5%로 크게 증가했고 2014년 94.3%이다. 재산소득 비중의 경우 2000년대가 1990년대보다 오히려 낮으며, 2000년대에는 0.4%에서 0.7% 사이의 낮은 수준을 유지했다. 최하위 10% 계층의 노동소득 비중의 경우 1990년 93.8%에서 2014년 95.0%로 지난 20여 년 동안 큰 변화가 없었다. 재산소득은 금액이 월 5000원도 되지 않는 미미한 수준일 뿐 아니라 비중도 0.3%에서 0.6% 사이의 낮은 수준이다.

35 가계동향조사는 이 책에서 여러 차례 지적한 바와 같이 고소득층의 소득과 금융소득의 누락 문제가 있기 때문에 소득 세층별 차이에 내해서는 이어서 논의할 가계금융·복지조사에서 다시 살펴보기로 한다.

36 소득 최하위 20% 계층의 경우 노동소득이 68.9%, 사업소득이 26.6% 그리고 재산소득이 4.5%를 차지한다. 최상위 20% 계층의 경우는 노동소득이 71.4%, 사업소득이 25.6% 그리고 재산소득이 3.1%를 차지한다.

37 소득 최상위 20% 계층의 재산소득 비중은 3.1%인 반면에 최하위 20% 계층의 경우 4.5%이다. 재산소득 금액이 최상위 20% 계층의 경우 연 556만 원이고, 최하위 20% 계층의 경우 연 51만 원이다. 소득 최상위 20% 계층의 재산소득이 최하위

20%계층보다 열 배 많지만 전체 시장소득에서 차지하는 비중은 오히려 낮다.

38 가계금융·복지조사 2014년에는 상용 근로자의 연평균 시장소득이 5884만 원이고, 자영업자의 경우 5259만 원이다. 대부분이 자영업자인 근로자 외 가구의 소득 구성을 보면 시장소득의 78.1%가 사업소득이고 근로소득은 16.8%에 불과하다. 가계금융·복지조사는 2014년 근로자 외 가구의 연간 근로소득을 898만으로 계상하고 있다. 이것은 월 75만 원의 임금에 해당하며, 일용 노동자의 노동소득에도 못 미치는 것이다. 따라서 자영업자 소득 중에서 사업소득으로 계상된 상당 부분은 자영업자 자신의 노동소득으로 간주해야 한다. 특히 자영업자의 75%가 종업원이 없는 영세한 사업자이며, 자영업자의 시장소득이 상용 근로자보다 낮은 것을 감안하면 자영업자의 사업소득의 일정 부분을 노동소득으로 보는 것은 타당한 추정이다.

39 한국보다 자영업자 비율이 높은 나라들은 한국과 비교해서 1인당 국민소득이 크게 낮은 나라들이다. 2014년 한국의 1인당 GDP는 2만 7970달러이며, 그리스는 2만 1682달러, 터키는 1만 542달러, 멕시코는 1만 361달러, 칠레는 1만 4520달러 수준이다. 1인당 GDP는 세계은행(World Bank) 통계이며 US달러 경상가격으로 통일했다.

40 통계청 〈경제활동인구조사〉 비임금근로 부가조사에 의하면 2013년 8월 기준 574.7만 명의 자영업자 중에서 73.8%인 424.4만 명이 '고용원이 없는 자영업자'이다.

41 통계청 〈경제활동인구조사〉 2013년 8월 통계다. 신규 자영업자 중에서 사업 자금이 500만 원 미만인 비중이 32.5%이며, 1억 원 이상의 비중은 2.2%이다.

42 임금근로자 평균임금에 대한 통계는 〈경제활동인구조사〉 등의 다양한 통계가 존재하지만 자영업자 영업 잉여와의 일관된 비교를 위해서 한국은행 국민소득 계정 통계를 사용한 것이다. 임금근로자 평균임금은 한국은행 제도 부문별 소득 계정 중 가계 및 비영리단체의 피고용자 보수 총액을 임금근로자 총수로 나눈 값이며, 자영업자 평균잉여는 동일한 계정 중 영업 잉여 총액을 자영업자 총수로 나눈 값이다.

43 자영업자 영업 잉여를 국민소득 계정에서 구한 것이기 때문에 소비자물가 대신에 국내총생산 디플레이터를 적용하여 실질 가치로 환산한 경우에도 14년 동안에 자영업자의 영업 잉여는 8.3%포인트가 줄었다.

44 순자산 계층별 시장소득은 다음과 같다.
    1분위 1781만 원, 2분위 2884만 원, 3분위 3982만 원, 4분위 5257만 원, 5분위 8055만 원.

45 2014년 국정감사에서 국세청이 최재성 의원실에 보고한 개인소득 자료이며, 사업소득은 포함되지 않았다.

46 재산소득의 비중은 평균적인 가계소득의 구성을 보여주는 가계동향조사에서는

0.3%이고, 가계금융·복지조사에서는 2.7%이다. 그리고 국세청 신고 개인소득 총액에서는 배당소득 2.5%, 이자소득 5.4%를 합하면 7.9%이다.

47 국내총생산의 경우 한국은행이 발표하는 실질 가치를 기준으로 한 것이며, 1인 당 국내총생산의 경우 한국은행이 발표하는 명목 가치를 GDP 디플레이터를 적용해서 실질 가치로 전환한 것이다.

48 가계금융·복지조사 2014년의 통계다.

49 가계금융·복지조사에서는 부동산을 '거주 주택'과 '거주 주택 이외'로 분류하는데, '거주 주택 이외'는 주택 '구입을 위하여 낸 계약금·중도금을 포함'하고 있다. 실물자산의 54.6%가 '거주 주택'이며, 나머지 45.4%가 주택 구입을 위한 계약금과 중도금을 포함한 '거주 주택 이외' 자산이다. 따라서 가계의 부동산 자산은 주택 자산으로 볼 수 있다.

50 한국 통계에서 가계금융·복지조사는 2014년 자료이며, 한국은행 대차대조표는 2013년 자료다. 미국과 일본의 통계는 OECD의 'Households' financial and non-financial assets and liabilities' 자료다. 한국의 경우 OECD 통계가 제공되지 않아서 가계금융·복지조사를 사용했다.

제5장 원천적 분배만이 살길이다

1 기획재정부, '열린 재정' 재정정보공개시스템 분야별 세출 국회 확정 예산안을 기준으로 한 것이다.

2 2007년년부터 2015년 사이에 전체 예산 중에서 차지하는 비중이 증가한 분야는 사회복지(2.49%포인트), 산업·중소기업 및 에너지(0.31%포인트), 교육(0.29%포인트), 보건(0.27%포인트), 환경(0.22%포인트), 과학기술(0.19%포인트), 문화 및 관광 (0.13%포인트) 등이다.

3 재분배 효과는 정부가 세금과 사회복지 예산을 지출한 결과로 결정된 가처분소득의 지니계수가 시장소득의 지니계수보다 얼마나 더 낮아졌는가로 측정한다. OECD가 발표하는 가처분소득 지니계수와 시장소득 지니계수를 사용했다. 통계가 제공된 31개 OECD 회원국의 평균 재분배 효과는 약 33%이며, 한국은 9.2%로 세 번째로 낮다.

4 김미곤·여유진·김태완·정해식·우선희·김성아, "사회 통합 실태 진단 및 대응 방안 연구-사회 통합과 국민 행복을 중심으로", 〈연구보고서 2014-26-1〉, 한국보건사회연구원, 2014.

5 이 책의 제7장에서 낙수 효과의 허구에 대해 논의한 것을 참조할 것.

6 기업의 분배 역할에 대한 논의는 이 책의 제3장을 참조할 것.

7 이 책의 [그림 26]을 참조할 것.

8 이 책의 166~174쪽을 참조할 것.

9 초과 내부유보세에 대한 구체적인 논의는 다음을 참조할 것.
   장하성(2014), 전게서, 528~532쪽.

10 이 책의 [그림 30]을 참조할 것.

11 이 책의 [그림 33]을 참조할 것.

12 이 책의 [그림 37]을 참조할 것.

13 이 책의 [그림 42]를 참조할 것.

14 이 책의 [그림 44]를 참조할 것.

15 한국고용정보연구원, 〈고용동향브리프〉, 2015년 5월.

16 기간제 노동자 보호법을 사람 기준에서 일 기준으로 전환하는 방안에 대한 구체
   적인 논의는 다음을 참조할 것.
   장하성(2014), 전게서, 532~537쪽.

17 이 책의 [그림 48]과 [그림 49]를 참조할 것.

18 이 책의 [그림 51]을 참조할 것.

19 최근에는 복지만으로 불평등을 해소할 수 없기 때문에 1차적 분배인 임금, 이자,
   이윤, 지대의 규제를 제안하는 경우들이 있다. 예를 들어, 다음의 글이다.
   이태수, "복지는 왜 불평등 완화에 기여하지 못했나", 이정우·이창곤 외, 《불평등
   한국, 복지국가를 꿈꾸다》, 후마니타스, 2015, 제5장.

제6장 정의로운 차등이 민주주의다

1 원문은 다음과 같다. 아래의 원서와 번역서를 참고할 것.
   "Wherever there is a great property, there is great inequality"
   Adam Smith, 《The Wealth of Nations》, Wilder Publications, 2008, p.509(Book
   V, Part II).
   애덤 스미스, 《국부론》, 김수행 옮김, 개역판, 비봉출판사, 2014, 876쪽.

2 개인에게 강요된 사회-경제적 구조가 반드시 불공정한 것이 아니라 할지라도 불
   평등은 발생한다. 예를 들어, 불평등은 개인의 선호 차이로 인해서 발생하기도 한
   다. 개인에게는 동일한 물건에 대해서 각자의 좋아하는 정도의 차이, 즉 선호의
   차이가 존재한다. 그리고 서로 다른 선호에 따라서 각자의 주관적 가치를 부여한
   다. 동일한 상품에 대해서 주관적 가치가 다르면, 거래가 발생한다. 시장에서는
   수많은 사람들의 거래를 통해서 궁극적으로 동일 상품에 대해 하나의 가격이 형
   성된다. 주관적으로 높은 가치를 부여한다고 해도, 시장에서 가격 차이가 발생하
   면 부의 크기가 달라지고 부의 불평등이 발생한다. 주관적 가치의 차이가 시장에
   서의 거래를 통해 해소되면서 불평등한 결과를 가져오는 것이다.

3   원문은 다음과 같다. 아래의 원서와 번역서를 참고할 것.

"For one very rich man, there must be at least five hundred poor, and the affluence of the few supposes the indigence of the many."

Adam Smith(2008), op. cit., p.509(Book V, Part II).

애덤 스미스(2014), 전게서, 876쪽.

4   다음 내용의 핵심을 요약한 것이다.

장자크 루소,《인간 불평등 기원론》, 홍지화 옮김, 부북스, 2013. 91~100쪽.

5   장자크 루소(2013), 전게서, 102쪽.

괄호 안의 글은 필자의 해석이다.

6   장자크 루소(2013), 전게서, 102쪽

7   장자크 루소(2013), 전게서, 101~103쪽 내용의 요약이다.

8   장자크 루소(2013), 전게서, 103~104쪽.

괄호 안의 글은 필자가 문맥의 이해를 위해서 첨가한 것이다.

9   장자크 루소(2013), 전게서, 118쪽

10 장자크 루소(2013), 전게서, 100쪽.

11 괄호 안의 글은 필자가 삽입한 것이다. 원문은 다음과 같다. 아래의 원서와 번역 서를 참고할 것.

"The affluence of the rich excites the indignation of the poor, who are often both driven by want, and prompted by envy, to invade his possessions. It is only under the shelter of the civil magistrate that the owner of that valuable property, which is acquired by the labour of many years, or perhaps of many successive generations, can sleep a single night in security. He is at all times surrounded by unknown enemies, whom, though he never provoked, he can never appease, and from whose injustice he can be protected only by the powerful arm of the civil magistrate continually held up to chastise it. The acquisition of valuable and extensive property, therefore, necessarily requires the establishment of civil government. Where there is no property, or at least none that exceeds the value of two or three days' labour, civil government is not so necessary."

Adam Smith(2008), op. cit., p.509~510(Book V, Part II).

애덤 스미스(2014), 전게서, 876쪽.

12 자유의 불평등이라는 서술은 다음을 참고한 것이다.

선우현,《평등》, 책세상, 2012, 84쪽.

13 장자크 루소(2014), 전게서, 121~122쪽.

14 애덤 스미스도 부가 복종을 가져온다는 것을 다음과 같이 적고 있다. "통치는 어 느 정도의 복종을 전제로 한다. 그런데 통치의 필요성은 값비싼 재산을 획득함에

따라 점차 증대하므로, 복종을 자연스럽게 야기하는 주요한 원인들도 재산의 성
장과 함께 점차 증대한다."
애덤 스미스(2014), 전게서, 876쪽.
15 미국과 유럽의 불평등과 민주주의의 실패에 대한 많은 글들 중에서 최근에 출간
된 몇 가지를 들면 다음과 같다.
래리 M. 바텔스,《불평등 민주주의》, 위선주 옮김, 21세기북스, 2012.
조셉 스티글리츠,《불평등의 대가》, 이순희 옮김, 열린 책들, 2013.
제프리 삭스,《문명의 대가》, 김현구 옮김, 21세기북스, 2012.
아나톨 칼레스키,《자본주의 4.0》, 위선주 옮김, 컬처앤스토리, 2011.
16 아시아 국가 중에서는 일본이 2위, 대만이 5위로 소수 그룹의 시장 지배력이 약
한 나라이며, 정부 소유 기업이 시장을 지배하고 있는 중국도 29위다.
World Economic Forum, 〈The Global Competitiveness Report 2014~2015〉,
Table 6.02 Extent of market dominance.
17 이 책의 제1장과 다음을 참조할 것.
장하성(2014), 전게서, 제7장.
18 최장집,《민주주주의 민주화》, 후마니타스, 2006.
최장집,《민주화 이후의 민주주의》, 후마니타스, 2010.
19 장자크 루소(2013), 전게서, 118쪽.
20 한국의 불평등 추이와, 다른 나라들과 비교한 불평등 정도에 대한 구체적인 논의
는 이 책의 제1장에서 구체적으로 논의하고 있다.
21 주석 11을 참조할 것
22 정부가 발표한 2014년 2인 가구 최저생계비는 102.7만 원이다.
23 2012년 국세청 원천징수 노동자 소득에 대한 분석은 다음을 참고할 것.
김상조, "국세청의 통합소득 자료를 이용한 소득분배 및 실효 세율 추이 분석",
〈경제개혁리포트 2014-8호〉, 경제개혁연구소, 2014년 8월.
24 뒤에서 설명하는 2014년 소득분포 자료에 따르면 전체 원천징수 대상 노동자
1619만 명 중에서 월소득 100만 원 이하의 노동자가 23.6%이다. 2014년이 2012
년보다 임금 상승한 것을 감안하지 않고, 이 비율을 그대로 2012년 전체 원천징
수 대상 노동자 1572만 명에 적용하면 약 371만 명이다.
25 2014년 국세청 소득 자료에 대한 분석은 다음의 보고서를 참조할 것.
이총희, "2014년 연말정산 파동의 두 가지 불편한 진실", 〈경제개혁이슈 2015-2
호〉, 경제개혁연구소, 2015년 5월.
26 사실 경제학에서 불평등이 성장에 긍정적이라고 명시적으로 주장하는 학설은 없
다. 이러한 주장은 대부분 다른 표현이나 교묘한 용어들을 차용하고 있을 뿐이
며, 대표적인 예가 '낙수 효과' 이론이다. 기업이나 부자들이 먼저 잘살게 되면 자
연스레 모두가 잘살게 된다는 논리에서 가장 중요한 전제 조건은 기업과 부자들

이 잘사는 것이다.

27 정부가 1963년부터 가계동향조사에서 도시가구의 소득 자료를 발표하고 있다. 하지만 이 조사는 고소득층의 소득을 제대로 반영하지 못하고 있다. 이 조사에 근거해서 불평등의 정도를 측정하는 지니계수가 신뢰할 만한 것이 못되는 이유다.

28 한국의 학자가 소득 불평등과 경제성장의 관계를 규명한 최근의 연구로는 다음을 들 수 있다. 이 연구는 소득 불평등을 측정하는 다양한 지표로 한국의 불평등 변화를 보여주고 있지만, 불평등과 경제성장의 관계에 대한 검증은 아래에서 설명하는 IMF 보고서와 유사한 153개 국가의 1978년부터 2010년 사이의 자료를 분석한 것이다.
신관호·신동균, "소득 불평등이 경제성장에 미치는 효과", 〈한국 경제의 분석〉, 제20권 제1호, 2014.

29 Era Dabla-Norris, Kalpana Kochhar, Frantisek Ricka, Nujin Suphaphiphat, and Evridiki Tsounta, "Causes and Consequences of Income Inequality: A Global Perspective", 〈IMF Staff Discussion Note 15/13〉, International Monetary Fund, June 2015.

30 IMF 보고서는 선진국, 신흥 시장 국가, 개발도상국 등 159개 국가의 1980년부터 2012년까지의 자료를 이용한 국가 간 분석이다. 이 분석은 159개 국가의 32년간의 자료를 분석한 것이기 때문에 본 보고서가 보고하고 있는 불평등이 GDP에 미치는 영향의 크기를 특정 국가에 바로 적용해서 해석할 수는 없다.
Era Dabla-Norris, Kalpana Kochhar, Frantisek Ricka, Nujin Suphaphiphat, and Evridiki Tsounta(2015), op. cit., p.7(Table 1).

31 Era Dabla-Norris, Kalpana Kochhar, Frantisek Ricka, Nujin Suphaphiphat, and Evridiki Tsounta(2015), op. cit., p.8.

32 세대 간 이동성과 소득 불평등을 완화하는 재분배 정책에 관한 대표적인 논문은 아래를 참조할 것, 이 논문에서 POUM이란 상향 이동 전망(Prospect of upward mobility)의 약자다.
Roland Benabou and Efe A. Ok, "Social Mobility and the Demand for redistribution: The POUM Hypothesis", 〈The. Quarterly Journal of Economics〉, May 2001.

33 OECD, 〈Divide We Stand, Why Inequality Keeps Rising〉, 2011. p.40.

34 OECD, 〈Growing Unequal? Income Distribution and Poverty in OECD Countries〉, 2008, p.296 Figure 11.3, p.300.

35 협동조합기업에 관한 보다 구체적인 논의는 다음을 참조할 것,
장하성(2014), 전게서, 216~224쪽, 225~235쪽.

36 존 롤즈, 《정의론》, 황경식 옮김, 이학사, 2003, 105~106쪽.

37 장하성(2014), 전게서, 452~453쪽.

38 존 롤즈(2003), 전게서, 111쪽.

39 장하성(2014), 전게서, 453쪽.

40 마이클 왈쩌, 《정의와 다원적 평등》, 철학과현실사, 1999년, 19쪽.

41 마이클 왈쩌(1999), 전게서, 18쪽.

42 장자크 루소(2013), 전게서, 118쪽.

43 마이클 왈쩌(1999), 전게서, 18쪽.

44 마이클 왈쩌(1999), 전게서, 18쪽.
    괄호 안의 글은 필자가 루소의 주장을 결합하기 위해서 삽입한 것이다.

45 마이클 왈쩌(1999), 전게서, 19쪽.

46 불평등이 정의로울 수 있기 위한 '정의로운 분배'에 관한 논의는 다음을 참조할
    것.
    장하성(2014), 전게서, 452~456쪽.

47 마이클 샌델, 《정의란 무엇인가》, 이창신 옮김, 김영사, 2010, 199쪽.

48 존 롤즈(2003), 전게서, 105쪽, 405쪽.

49 장하성(2014), 전게서, 453~454쪽.

50 존 롤즈(2003), 전게서, 123쪽.

51 장하성(2014), 전게서, 455쪽.

52 장하성(2014), 전게서, 425쪽,
    본 인용구는 장하성이 다음의 존 롤즈의 주장을 재해석해서 기술한 것이다.
    "모든 사람은 전체 사회의 복지라는 명분으로 유린될 수 없는 정의에 입각한 불
    가침성을 갖는다. 그러므로 정의는 타인들이 갖게 될 보다 큰 선을 위하여 소수
    의 자유를 뺏는 것이 정당화될 수 없다고 본다. 다수가 누릴 보다 큰 이득을 위해
    서 소수에게 희생을 강요해도 좋다는 것을 정의는 용납할 수 없다."
    존 롤즈(2003), 전게서, 36쪽.

제7장 재벌만 누린 성장, 국민은 소외됐다

1 Ranis, G., "Industrial sector labor absorption", 〈Economic Development and
   Cultural Change〉, Vol.21, No.3, 1973, p.387~408.
   유사한 분석으로 다음을 참조할 것.
   Amsden, A., 《Asia's Next Giant: South Korea and Late Industrialisation》,
   Oxford University Press, 1989, chapter 8.

2 Krugman, P. "The Myth of Asia's Miracle", 〈Foreign Affairs〉, vol.73, no.6,
   1994, p.62~78.

3 이에 대한 논의는 Ranis(1973), Amsden(1989), Krugman(1994) 전게서들을 참

조할 것.

4 국내총생산 기준이며, 세계은행(World Bank) 2014년 통계다.

5 대기업의 분배 구조에 관한 논의는 이 책의 제3장을 참조할 것.

6 매출액은 2008년 72.9조 원에서 2014년 137.8조 원으로 4.0배 증가했고, 순이익
은 2008년 5.5조 원에서 2014년 14.6조 원으로 2.6배 증가했다. 2014년은 2013
년보다 매출액과 순이익 모두 줄었다. 2013년 매출액은 158.4조 원이고, 순이익
은 17.9조 원이었다.

7 2014년 사업보고서에 보고된 연간 급여 총액을 직원 수로 나눈 1인당 단순 평균
이다. 삼성전자 직원 수는 9만 9382명이고, 이 중에서 비정규직인 계약직의 비율
은 3.0%이다. 정규직과 비정규직을 구분한 임금 총액은 사업보고서에 보고되지
않았다. 남직원의 경우 비정규직(2.1%)을 포함한 평균 연봉이 1억 1100만 원이고,
여직원의 경우 비정규직(5.4%)을 포함한 평균 연봉이 7318만 원이다.

8 고용노동부 사업체임금근로조사(2008~2010년)와 사업체노동력조사(2011년 이
후)의 기업 규모별 임금 통계다.

9 2000년부터 2014년까지 한국 경제성장률은 73.8%이며, 삼성전자의 매출액을 불
변가격으로 환산한 성장률은 169.5%이었다. 매출액 불변가격은 소비자물가지
수를 적용해서 전환한 것이다.

10 비정규직 월평균 임금은 2008년 129.3만 원이고, 2014년 145.3만 원이다. 통계청
〈경제활동인구조사〉의 통계다.

11 재벌 100대 기업의 매출액과 순이익은 한국은행 2013년 〈기업경영분석〉 전산업
손익계산서와 각 기업의 2013년 사업보고서의 총액으로 구한 것이다. 이 책을 집
필한 2015년 6월에 '기업경영분석 2014년' 통계가 아직 제공되지 않아서 2013년
을 기준으로 한 것이다. 한국은행 〈기업경영분석〉은 국세청에 소득 신고를 한 49
만 2288개 기업 모두를 대상으로 한 전수조사 통계다. 재벌 100대 기업은 재벌
그룹에 속하는 기업 중에서 매출액 기준으로 상위 100개의 기업을 선별한 것이
다. 개별 기업의 사업보고서에 직원 수와 총급여를 보고하지 않은 기업은 제외했
다. 고용 비중은 각 기업의 사업보고서에 기재된 직원 총수의 합계와 통계청 임금
노동자 총수의 비율이다. 〈기업경영분석〉에 보고된 2013년 한국 기업의 총매출
액은 3,511조 원이고, 재벌 100대 기업은 1,011조 원이다. 한국 기업의 총순이익
은 69.0조 원이고, 재벌 100대 기업은 41.1조 원이다. 임금근로자 총수는 1878만
명이고, 재벌 100대 기업 직원 총수는 76.3만 명이다.

12 주석 7을 참고할 것. 중소기업 총매출액은 1221조 원이고, 총순이익은 24.4조 원
이다. 한국은행 2013년 〈기업경영분석〉 전산업 중소기업 손익계산서에서 구한 것
이다.

13 2008년 재벌 100대 기업의 평균 연봉은 5345만 원이고, 중소기업의 평균 연봉은
2991만 원이었다.

14 시중은행 총예금의 2015년 6월말 평균 이자율은 1.6%이고, 저축성 예금의 평균 이자율은 2.2%이다.

15 지방은행을 제외한 전국적인 영업을 하는 다음의 5개 은행이다. 우리은행, 국민 은행, 신한은행, 하나은행, 외환은행. 평균 연봉은 각 은행의 2014년도 사업보고 서의 직원 현황에 근거한 것이다.

16 2014년 남직원 평균 연봉은 우리은행 9459만 원, 국민은행 1억 433만 원, 신한 은행 1억 276만 원, 하나은행 1억 5만 원, 외환은행 1억 531만 원이다. 각 은행의 2014년도 사업보고서에서 구한 것이다.

17 5대 시중은행 남직원 평균 근속 연수가 18.8년이고, 여직원의 경우는 11.5년이다. 여직원의 평균 근속 연수가 11년을 넘기 때문에 단기 근속으로 인한 임금격차로 볼 수는 없다.

18 2013년 시중은행의 총이익(24.2조 원) 중에서 85.8%가 대출과 예금의 이자 차이 로 인한 이익(20.8조 원)이다.
금융감독원, 〈은행경영통계〉, 2014년.

19 은행예금은 5000만 원까지 원금 지급이 예금보험을 통해서 보장된다. 그러나 예 금보험이 충분하지 않을 경우에는 국민의 세금으로 예금을 보장한다. 1997년 외 환 위기로 은행이 파산했을 때 국민 세금으로 은행의 부실을 보전해주었다.

20 5대 시중은행의 2013년 이자 차이 순이익은 18.1조 원이고, 임금 총액은 5.4조 원 이다.

21 2008년 대출의 평균 이자율는 7.20%이었고, 2015년 6월 말에 3.80%이다.

22 주석 8을 참조할 것.

23 2015년 광복절을 앞둔 대통령 사면에서 재계가 재벌 총수 사면을 요구하면서 내 세운 이유가 투자 활성화이었고, 정부도 경제 활성화를 위해서 사면을 한다는 취 지를 발표한 바 있다.
재계 "투자 살리려면 기업인 반드시 포함돼야", "총수들의 과감한 투자 없다면 하반기 경제 장기침체 불가피", 〈문화일보〉, 2015년 7월 14일자 인터넷 기사 참 조.
'원칙 잃고 경제 살리기도 놓치는 사면', 〈조선일보〉, 2015년 8월 13일 인테넷 기 사 참조.

제8장 미래 세대란 무엇인가?

1 한국갤럽조사연구소 홈페이지(http://www.gallup.co.kr)의 갤럽 리포트에 게시된 '데일리 오피니언 제176호(2015년 8월3주)'의 자료다. 과거의 대통령 업무 평가에 대한 글은 한국갤럽조사연구소의 갤럽 리포트와 갤럽 DB에 게시된 대통령 업무

평가에 대한 여론조사 자료에서 구한 것이다.

2 '잘못하고 있다'는 부정적인 평가 비율도 2009년 12월에 40대는 45.1%, 60대 이상은 22.8%이다. 두 세대 간의 부정 평가 차이가 22.3%포인트다. 2012년 3월에는 40대가 66%, 60대 이상은 34%로, 두 세대 간의 부정 평가 차이는 32%포인트다.

3 2015년 8월 조사에서 '잘하고 있다'는 긍정 평가 비율이 대구-경북은 46%, 광주-전남이 26%이다.

4 2015년 8월 조사에서 '잘못하고 있다'는 부정 평가 비율이 대구-경북은 39%, 광주-전남이 64%이다.

5 윤성이·이민규, "한국 사회 이념 갈등의 세대 간 특성 비교", 〈21세기정치학회보〉, 제24집 3호, 2014, 274~276쪽 참조.

6 김미곤·여유진·김태완·정해식·우선희·김성아, "사회 통합 실태 진단 및 대응 방안 연구-사회 통합과 국민 행복을 중심으로", 〈연구보고서 2014-26-1〉, 한국 보건사회연구원, 2014.

7 보고서가 조사한 8가지 갈등 구조는 다음과 같다. ① 가난한 자와 부유한 자 간의 갈등, ② 경영자와 노동자 간의 갈등, ③ 주택 소유자와 비소유자 간의 갈등, ④ 정규직과 비정규직 간의 갈등, ⑤ 고령자와 젊은이 간의 갈등, ⑥ 진보와 보수 간의 갈등, ⑦ 지역 간의 갈등, ⑧ 다문화 갈등.

8 '갈등이 매우 심하다'와 '갈등이 대체로 심하다'에 응답한 비율의 합이다.

9 윤성이·이민규(2014), 전게서.

10 윤성이·이민규(2014), 전게서, 280~282쪽.
청년세대와 기성세대 모두 사회질서와 개인의 자유와 같은 사회 가치 요인들이 이념 성향을 결정하는 데 중요한 변인으로 나타났다.

11 김홍중, "서바이벌, 생존주의 그리고 청년세대 : 마음의 사회학의 관점에서", 〈한국사회학〉, 한국사회학회, 2015.

12 이 글의 취지는 필자가 〈조선일보〉 2012년 1월 17일자에 게재한 "[장하성 칼럼] '희망은 이념이 아니라 새로운 세대에 있다'"의 내용을 인용하고 확장한 것이다.

제9장 청년이 세상을 바꿀 때다

1 우석훈·박권일, 《88만 원 세대》, 레디앙, 2007.

2 실제로 젊은이들이 얼마나 위로받고 감동받았는지는 알 수 없으나, 이 책이 100만 부 넘게 판매된 것으로 알려진 것으로 보아 열광한 것은 맞다.
김난도, 《아프니까 청춘이다》, 쌤앤파커스, 2010.

3 우석훈·박권일(2007), 전게서, 137~144쪽.

4 최태섭, 《잉여사회》, 웅진지식하우스, 2013.

5 안치용, 《아프니까 어쩌라고?》, 서해문집, 2012, 7쪽.

6 청년세대 중에는 이러한 긍정의 모순을 꿰뚫어 보고 있는 이도 있다. 안치용은 "체계적인 절망을 근거 없는 희망으로 분칠하는 데서 항구적이고 잔인한 지배를 성립시킨다. 비록 양념이라 해도 '긍정 이데올로기'나 '희망의 멘토링'은 그래서 항상 유효하고, 지배를 유지시키는 데 필수 아이템이다."라고 적고 있다. 안치용(2012), 전게서, 8쪽.

7 이 책의 [그림 112]를 참조할 것.

8 이 책의 [그림 114]를 참조할 것.

9 이 책의 [그림 27]을 참조할 것.

10 이 책의 [그림 26]을 참조할 것.

11 이 책의 339쪽을 참조할 것.

12 이 책의 [그림 5]를 참조할 것.

13 2014년 2인 가구 최저생계비는 월 102.7만 원이다.

14 김유선, "청년 고용 실태와 대책", 〈KLSI Issue Paper〉, 2015 제10호, 한국노동사회연구소, 2015.

15 한국고용정보원, "대졸 취업자 노동이동 현황과 시사점", 〈고용동향브리프〉 2015년 5월호.

16 이 조사는 전국의 1만 6435가구를 모집단으로 2014년 6월에 조사한 것이다., 한국보건사회연구원, "사회 통합 실태 진단 및 대응 방안 연구-사회 통합과 국민 행복을 중심으로", 〈연구보고서 2014-26-1〉, 2014.

17 '한국 사회 통합 실태 조사'의 결과는 KOSIS 국가통계 포털에 2013년, 2014년 결과가 게시되어 있다.

18 행복과 불행에 대한 질문은 "나는 평소에 자신을 __한 사람이라고 생각한다."이고, 불행하다는 답은 '매우 불행한 사람'부터 3단계, "보통", 행복하다는 답은 "매우 행복한 사람"까지 3단계로 제시되어, 행복과 불행을 총 7단계로 구분하고 있다. 이 글에서 '행복하다'는 행복한 3단계 답의 합이며, '불행하다'는 불행한 3단계의 합이다.

19 '불행하다'고 답한 비율이 20대 4.7%, 30대 7.2%, 40대 8.6%, 50대 12.7%, 60세 이상 15.8%이다.

20 질문은 "__님께서는 요즘 __님의 삶에 전반적으로 얼마나 만족하십니까?"이고 답은 '만족하지 못한다'는 '전혀 만족하지 못한다'부터 5단계, '보통', '만족한다'는 '매우 만족한다'까지 5단계로 선택하도록 주어졌다.

21 삶의 만족을 결정하는 요인들에 대한 질문의 답은 '만족하지 않다'에 5단계, '보통', '만족한다'에 5단계로 제시되어 총 11단계로 이뤄졌다. 세대별 '만족한다'는 응답 비율은 다음과 같다.

생활수준 : 20대 47.7%, 30대 50.9%, 40대 42.3%, 50대 42.2%, 60세 이상 32.4%.
삶에서 성취한 것 : 20대 58.7%, 30대 60.2%, 40대 54.5%, 50대 48.4%, 60세 이상
37.3%.
미래 안정성 : 20대 60.0%, 30대 57.9%, 40대 52.2%, 50대 43.1%, 60세 이상
35.1%.
직업: 20대 54.6%, 30대 54.0%, 40대 51.9%, 50대 45.6%, 60세 이상 29.6%.

22 '경제 상황 만족도'가 보통 이하라고 답한 비율이 40대는 59.1%, 50대는 57.0%,
60대는 57.1%이다. '정치 상황 만족도'가 보통 이하라고 답한 비율이 40대는
63%, 50대는 60.5%, 60대는 57.3%이다.

23 '향후 경제 상황 전망'이 보통 이상이라고 답한 비율이 40대는 29.9%, 50대는
32.1%, 60대는 32.0%이다.

24 오찬호,《우리는 차별에 찬성합니다》, 개마고원, 2013, 52쪽.

25 오찬호(2013), 전게서, 54쪽.

26 한윤형·최태섭·김정근,《열정은 어떻게 노동이 되는가》, 웅진지식하우스, 2011,
29쪽.

27 한윤형·최태섭·김정근(2011), 전게서, 32쪽.

28 바버라 에런라이크,《긍정의 배신》, 전미영 옮김, 부키, 2011, 75쪽.

29 한윤형·최태섭·김정근(2011), 전게서, 192쪽.

30 오찬호(2013), 전게서, 5쪽.

31 안치용(2012), 전게서, 8쪽의 내용을 필자가 재구성해서 인용한 것이다.

32 후루이치 노리토시,《절망의 나라의 행복한 젊은이들》, 이언숙 옮김, 민음사,
2015, 133~134쪽.

33 엄기호,《이것은 왜 청춘이 아니란 말인가》, 푸른숲, 25쪽.

34 후루이치 노리토시(2015), 전게서, 135~136쪽의 내용을 문맥이 이어지도록 필자
가 재구성한 것이다.

35 후루이치 노리토시(2015), 전게서, 136쪽.

36 안치용(2012), 전게서, 310쪽.

37 한윤형·최태섭·김정근(2011), 전게서, 27쪽.

38 송호근,《그들은 소리 내 울지 않는다》, 이와우, 2013, 228쪽.

39 한윤형·최태섭·김정근(2011), 전게서, 27쪽.

40 한윤형·최태섭·김정근(2011), 전게서, 27쪽.

41 서유석의 노래〈너 늙어봤냐, 나는 젊어봤단다〉가사다.

42 이원석,《거대한 사기극》, 북바이북, 2013.

43 바버라 에런라이크(2011), 전게서, 270쪽.

44 강준만,《우리는 왜 이렇게 사는 걸까》, 인물과사상사, 2014, 93~97쪽에서 발췌
인용.

45 이 책의 94쪽 [그림 26]을 참조할 것.

46 이 책의 108쪽 [그림 36]을 참조할 것.

47 손학규,《저녁이 있는 삶》, 폴리테이아, 2012.

48 이 책의 289~293쪽을 참조할 것.

49 "핀란드 과속 벌금 2억 6000만 원, 우리도 이렇게 합시다", 〈국민일보〉, 2015년 1월 26일자 인터넷 기사 참조.

50 최장집, "청년 취업과 청년들의 대응", 이정우·이창곤 외,《불평등 한국, 복지국가를 꿈꾸다》, 후마니타스, 2015, 176~177쪽.

51 최장집(2015), 전게서, 177쪽

52 청년유니온의 결성 과정과 구체적인 성과는 다음을 참조한 것임.
유형근, "청년 불안정 노동자 이해 대변 운동의 출현과 성장, 청년유니온과 알바노조", 〈아세아연구〉, 제58권 2호, 2015.

53 유형근(2015), 전게서, 53쪽.

54 "시급 인상하라…알바노조, 맥도날드 매장 항의 점거", 〈뉴시스〉, 2015년 2월 7일자 인터넷 기사.
"신혼여행 앞둔 내 남편, 왜 맥도날드와 충돌했나", 〈오마이뉴스〉, 2015년 5월 3일자 인터넷 기사.

55 장하성(2014), 600쪽.

56 이명박 대통령 임기는 2008년 2월부터 2013년 2월까지다. 한국은행 통계에 의하면 1인당 국민소득(National Income)은 2007년 2만 3032달러에서 20012년 2만 4696달러로 5년 동안 1663달러 증가했다. 노무현 대통령 임기는 2003년 2월부터 2008년 2월까지다. 1인당 국민소득은 2002년 1만 2735달러에서 2007년 2만 3032달러로 5년 동안 1만 297달러 증가했다.

57 최장집(2015), 전게서, 177쪽.

58 장하성(2014), 전게서, 603쪽.

59 송호근, "청년세대를 위한 사회과학", 송호근·강원택 외 7인,《위기의 청년세대, 출구를 찾다》, 나남, 2010, 10쪽.

이 책의 주제는 불평등에 대한 일반론이 아니라 한국의 현실에 근거한 '한국'의 불평등이다. 첫 번째 졸저인 《한국 자본주의》에서 자본주의가 아니라 '한국' 자본주의를 논의했던 것과 같은 맥락이다. 필자는 불평등의 문제에서도 다시 '한국'에 방점을 두었다. 이유는 '왜 불평등해졌는가'에 대한 기존의 논의들이 한국의 현실, 특히 임금으로 삶을 꾸리는 절대다수 국민들의 현실과 다소 거리가 있는 진단을 제시하고 있다고 생각했기 때문이다. 대부분이 불평등의 원인을 빈부 격차, 즉 가진 것의 차이로 보았고, 고소득층이 저소득층의 몫까지 더 많이 가져갔기 때문인 것으로 진단했다. 그리고 불평등을 해소하는 방안도 복지를 통한 재분배에 초점을 맞추었다.

이 책에서 필자는 기존의 논의와 다른 불평등의 원인과 해법을 제시했다. 필자는 가진 것의 차이인 재산 불평등보다는 버는 것의 차이인 소득 불평등이 더 심각하다는 점이 한국에서 불평등의 핵심임을 지적했다. 그리고 고소득층이 더 많이 가져간 것도 틀림이 없지만 그것이 불평등의 근본적인 원인이 아니라는 점이다. 불평등이 심화된 근본적이고 더 중요한 원인으로 성장의 성과가 국민과 중소기업에게 분배되지 않고 재벌 대기업이 독차지했기 때문이라고 진단했다. 원인에 대한 진단이 기존의 논의와 다르기 때문에 불평등을 해소하는 필자의 방안도 다르다. 복지를 통한 '재분배' 이전에 성장의 성과만큼만이라도 임금으로 보상받는 원천적 '분배' 바로잡기를 해법으로 제시했다. 이를 위해서 정규직과 비정규직, 대기업과 중소기업, 원청기업과 하청기업 간의 임금격차를 줄이고 고용 차별을 타파하며 불공정 거래를 바로잡아야 한다는 점을 주장했다.

기존의 논의들이 만들어낸 불평등에 관한 고정관념과 사뭇 다른 내용을 일반 독자가 쉽게 이해할 수 있도록 글을 쓰는 것이 용이하지 않았다. 빈부 격차는 사람의 행색이나 사는 집이나 타고 다니는 차와 같이 겉으로 잘 드러나기 때문에 대중의 감정에 힘입어 직설적인 설득력이 있다. 하지만 보이지 않는 임금격차와 초대기업의 이익 독점이 불평등의 원인이라는 것을 설명하는 것은 어려운 도전이었다. 초대기업이 가계와 중소기업에 분배를 늘리는 것이 재분배보다 훨씬 더 직접적이고 효과적이라는 결론에 도달하기 위해서 수많은 통계와 도표를 제시했지만, 오히려 그것 때문에 일반 독자가 책의 내용을 흡수하기에 용이하지 않을 것이라는 우려를 지울 수 없었다. 그러나 그것이 한국의 현실이기에 피할 수 없는 선택이었다. 일반 독자가 이해할 수 있도록 설명하려고 노력했지만 여전히 부족함을 느끼면서 책을 마감할 수밖에 없는 아쉬움이 남는다.

한국은 지난 20년 동안 경제가 성장해도 국민의 삶이 나아지지 않는, 목적을 상실한 성장을 하고 있다. 그 결과로 한국은 세계에서 가장 불평등한 나라라는 나락으로 떨어져버렸다. 그 책임을 그동안 한국 사회를 이끌어 온 기성세대에게 물을 수밖에 없었다. 그러나 이를 바로잡는 역할은 청년세대가 할 수밖에 없다고 필자는 적었다. 기성세대는 아직도 자신의 과거인 산업화와 민주화에 갇혀 있고, 그들은 세상을 바꿀 생각이 없다. 청년세대가 스스로 자신의 미래를 만들어가야 한다. 미래는 미래 세대의 것이기 때문이며, 더욱 중요하게는 기성세대가 만들어준 정의롭지 못한 한국을 자식 세대에게 물려주지 않아야 하기 때문이다. 청년들이 지금의 정의롭지 못하고, 공정하지 않는 한국의 불평등한 상황을 제대로 인식하고, 분노하고, 대안을 모색한다면 한국의 미래에는 희망이 있다.

이 책을 집필하면서 근본적인 고민과 갈등이 있었다. 고백컨대 수많은 불평등에 관한 논의에 또 하나를 더하는 연구자로서의 욕심을 무던히 경계했다. 이 책의 목적은 현실을 바꾸는 데 있다는 점에 대한 자각과 되새김질을 반복했다. 때문에 무엇보다도 불평등한 한국의 현실을 분석하는 것과, 청년세대에게 세상을 바꾸라는 메시지를 전하고자 하는 두 가지의 결이 다른 이야기가 쉽게 이어지지 않았다. 이 책의 원초적인 집필 동기는 불평등 분석이 아니라 청년세대들에게 불평등한 현실에 분노하고, 세상을 바꾸는 역할을 해달라는 기대와 소망에서 출발한 것이다. 한국이 어떻게, 왜 불평등한가를 인식하지 않고서는 그저 불평등하니 바꿔야 한다고 말할 수는 없었다. 그랬다면 또 하나의 푸념일 수밖에 없다. 그러기에 독자의 불편을 예상하면서도 수많은 통계에 근거하여 불평등한 현실에 대한 분석을 매우 구체적으로 제시한 것이다. 이 점은 타협하기 어려웠음을 독자께서 양지해주시기 바란다.

2015년 가을, 안암동에서

장하성

| 감사의 말 |

불평등한 한국의 현실을 분석하는 것과 청년세대에게 세상을 바꾸라는 메시지의 결이 다른 두 가지 내용을 하나의 책으로 엮는 필자의 고민과 고통을 덜어준 사람이 장하원 박사다. 주제들에 대한 토론, 원고 수정, 편집 구성 등 탈고하기까지의 모든 단계에서 장 박사의 역할이 절대적으로 컸다. 그의 솔직하고 진지한 비판과 조언은 이 책이 전하고자 하는 내용을 명확하게 정리하는 데 결정적인 도움이 되었다. 감사드린다.

이 책은 수많은 통계 그래프와 서술적 설명을 함께 제시하는 독특한 구성으로 되어 있다. 어렵다고 느껴질 수 있는 것들을 독자가 쉽게 접근하고 이해할 수 있도록 편집한 김영회 편집장의 뛰어난 역량과 성실한 노력이 이 책을 완성시켰다. 감사드린다. 수많은 통계 그래프가 본문 글과 조화되도록 꾸며준 류지혜 디자이너에게 감사드린다. 집필을 시작한 때부터 지난 1년 동안 많은 어려움을 헤치고 책이 출판된 것은 헤이북스 윤미경 대표의 헌신적인 노력의 결과다. 윤 대표의 1인 출판사 도전이 성공의 열매를 맺게 되기를 바라고, 감사드린다.

초고를 읽고 소중한 의견을 주신 한재민 교수, 통계 자료의 정리를 함께해준 이은정·채이배 회계사 그리고 대학원 제자인 김부식·차윤주·곽림에게 감사드린다.

졸저를 기꺼이 추천해주신 손학규 전 의원, 강준만 교수, 윤태호 작가께 감사드린다.

되돌아보니, 지난 몇 해 동안 집필에 매달리느라 많은 일들을 소홀히 했다. 그런 나를 사랑으로 감싸주고 응원해준 아내 훈순에게 감사드린다.

| 참고 문헌 |

단행본

강원택 · 김병연 · 안상훈 · 이재열 · 최인철, 《당신의 중산층입니까》, 21세기북스, 2014.
강준만, 《우리는 왜 이렇게 사는 걸까》, 인물과사상사, 2014.
김난도, 《아프니까 청춘이다》, 쌤앤파커스, 2010.
래리 M. 바텔스, 《불평등 민주주의》, 위선주 옮김, 21세기북스, 2012.
로널드 드워킨, 《민주주의는 가능한가》, 홍한별 옮김, 문학과지성사, 2012.
로널드 드워킨, 《자유주의적 평등》, 염수균 옮김, 한길사, 2005.
마이클 왈쩌, 《정의와 다원적 평등》, 정원섭 옮김, 철학과현실사, 1999.
서울사회경제연구소 엮음, 《소득불평등 해소의 길》, 한울아카데미, 2014.
선우현, 《평등》, 책세상, 2012.
손학규, 《저녁이 있는 삶》, 폴리테이아, 2012.
송호근, 《그들은 소리 내 울지 않는다》, 이와우, 2013.
송호근 · 강원택 외 7인, 《위기의 청년세대, 출구를 찾다》, 나남, 2010.
스테판 에셀, 《분노하라》, 임희근 옮김, 돌베개, 2011.
신광영, 《한국 사회 불평등 연구》, 후마니타스, 2013.
아나톨 칼레츠키, 《자본주의 4.0》, 위선주 옮김, 컬처앤스토리, 2011.
안치용, 《아프니까 어쩌라고?》, 서해문집, 2012.
R.H. 토니, 《평등》, 김종철 옮김, 한길사, 1982.
애덤 스미스, 《국부론》, 김수행 옮김, 개역판, 비봉출판사, 2014.
앤서니 B. 앳킨슨, 《불평등을 넘어》, 장경덕 옮김, 글항아리, 2015.
엄기호, 《이것은 왜 청춘이 아니란 말인가》, 푸른숲, 2010.
에티엔 드 라 보에시, 《자발적 복종》, 심영길, 목수정 옮김, 생각정원, 2015.
오찬호, 《우리는 차별에 찬성합니다》, 개마고원, 2013.
우석훈 · 박권일, 《88만 원 세대》, 레디앙, 2007.
이신화 · 권혁웅 · 문우진 · 이양호 · 지은주 · 에릭 창, 《불평등과 민주주의》, 고려대학교
　　출판부, 2014.
이원석, 《거대한 사기극》, 북바이북, 2013.

이원재 외,《이따위 불평등》, 북바이북, 2015.
이정우 · 이창곤 외,《불평등 한국, 복지국가를 꿈꾸다》, 후마니타스, 2015.
바버라 에런라이크,《긍정의 배신》, 전미영 옮김, 부키, 2011.
박종훈,《세대전쟁》, 21세기북스, 2013.
장자크 루소,《인간 불평등 기원론》, 홍지화 옮김, 부북스, 2013.
장하성,《한국 자본주의》 헤이북스, 2014.
제프리 삭스,《문명의 대가》, 김현구 옮김, 21세기북스, 2012.
조셉 스티글리츠,《불평등의 대가》, 이순희 옮김, 열린 책들, 2013.
조준현,《중산층이라는 착각》, 위즈덤하우스, 2012.
존 롤즈,《정의론》, 황경식 옮김, 이학사, 2003.
지그문트 바우만,《왜 우리는 불평등을 감수하는가?》, 안규남 옮김, 동녘, 2013.
최장집,《민주주의 민주화》, 후마니타스, 2006.
최장집,《민주화 이후의 민주주의》, 후마니타스, 2010.
최태섭,《잉여사회》, 웅진지식하우스, 2013.
톰 하트만,《중산층은 응답하라》, 한상연 옮김, 부키, 2012.
한병철,《피로사회》, 김태환 옮김, 문학과지성사, 2012.
한윤형 · 최태섭 · 김정근,《열정은 어떻게 노동이 되는가》, 웅진지식하우스, 2011.
후루이치 노리토시,《절망의 나라의 행복한 젊은이들》, 이언숙 옮김, 민음사, 2015.
Amsden, A.,《Asia's Next Giant: South Korea and Late Industrialisation》, Oxford University Press, 1989.
Adam Smith,《The Wealth of Nations》, Wilder Publications, 2008.
John Rawls,《A Theory of Justice》, The Belknap Press of Harvard university Press, 1971.

논문

김낙년, "한국의 소득 불평등, 1963~2010", 〈경제발전연구〉 제18권 제2호, 2012.
김미곤 · 여유진 · 김태완 · 정해식 · 우선희 · 김성아, "사회 통합 실태 진단 및 대응 방안 연구-사회 통합과 국민 행복을 중심으로", 〈연구보고서 2014-26-1〉, 한국보건 사회연구원, 2014.
김상조, "국세청의 통합소득 자료를 이용한 소득분배 및 실효 세율 추이 분석", 〈경제 개혁리포트 2014-8호〉, 경제개혁연구소, 2014년 8월.
김유선, "청년 고용 실태와 대책", 〈KLSI Issue Paper〉, 2015 제10호, 한국노동사회연 구소, 2015.
김하영, "대졸 취업자 노동이동 현황과 시사점", 〈고용동향브리프〉, 한국고용정보원,

2015년 5월호.

김홍중, "서바이벌, 생존주의 그리고 청년세대 : 마음의 사회학의 관점에서", 〈한국사회학〉, 한국사회학회, 2015.

신관호·신동균, "소득 불평등이 경제성장에 미치는 효과", 〈한국 경제의 분석〉, 제20권 제1호, 2014.

유형근, "청년 불안정 노동자 이해 대변 운동의 출현과 성장, 청년유니온과 알바노조", 〈아세아연구〉, 제58권 2호, 2015.

윤성이·이민규, "한국 사회 이념 갈등의 세대 간 특성 비교", 〈21세기정치학회보〉, 제24집 3호, 2014.

이병희·홍민기·이현주·강신욱·장지연, 〈경제적 불평등과 노동시장 연구〉, 한국노동연구원, 2013.

이총희, "2014년 연말정산 파동의 두 가지 불편한 진실", 〈경제개혁이슈 2015-2호〉, 경제개혁연구소, 2015년 5월.

Era Dabla-Norris, Kalpana Kochhar, Frantisek Ricka, Nujin Suphaphiphat, and Evridiki Tsounta, "Causes and Consequences of Income Inequality: A Global Perspective", 〈IMF Staff Discussion Note 15/13〉, International Monetary Fund, June 2015.

Krugman, P. "The Myth of Asia's Miracle", 〈Foreign Affairs〉, vol.73, no.6, 1994.

Nak Nyeon Kim and Jongil Kim, "Top Incomes in Korea, 1933~2010 : Evidence from Income Tax Statistics", 〈WTID Working Paper 2014/2〉.

Ranis, G., "Industrial sector labor absorption", 〈Economic Development and Cultural Change〉, Vol.21, No.3, 1973.

Roland Benabou and Efe A. Ok, "Social Mobility and the Demand for redistribution: The POUM Hypothesis", 〈The. Quarterly Journal of Economics〉, May 2001.

보고서 및 기타 자료

갤럽 리포트 '데일리 오피니언 제176호(2015년 8월3주)', 한국갤럽조사연구소, 2015.

고용노동부, 〈사업체 임금근로조사〉.

고용노동부, 〈전국노동조합 조직현황 보고서〉, 2013.

고용노동부, 〈직종별 사업체 노동력 조사〉.

국민은행, 〈기업보고서〉, 2014.

국세청, 〈통계연보〉.

국회의원 최재성 의원실, 〈국세청 국정감사 자료〉, 2012.

금융감독원, 〈은행경영통계〉, 2014.

삼성전자, 〈사업보고서〉, 2014.

서유석 작사, 서유석 작곡, 〈너 늙어봤냐, 나는 젊어봤단다〉, 2015.

신한은행, 〈사업보고서〉, 2014.

우리은행, 〈사업보고서〉, 2014.

SK텔레콤, 〈사업보고서〉, 2014.

외환은행, 〈사업보고서〉, 2014.

중소기업중앙회, 〈중소제조업 직종별 임금조사〉.

통계청, 〈가계금융·복지조사〉

통계청, 〈가계동향조사〉

통계청, 〈경제활동인구조사〉.

포스코, 〈사업보고서〉, 2014.

하나은행, 〈사업보고서〉, 2014.

한국노동연구원, 〈고용형태별 근로실태조사〉.

한국노동연구원, 〈임금구조 기본 통계조사〉.

한국은행, 〈기업경영분석〉, 2013.

한국은행, 〈우리나라의 국민 계정 체계〉, 2010.

한국은행, 〈한국의 국민대차대조표 해설〉, 2014.

현대자동차, 〈사업보고서〉, 2014.

Credit Suisse, 〈Global Wealth Databook〉, 2014.

Credit Suisse, 〈Global Wealth Report〉.

OECD, 〈Divide We Stand, Why Inequality Keeps Rising〉, 2011.

OECD, 〈Employment Outlook〉, 2013.

OECD, 〈Growing Unequal? Income Distribution and Poverty in OECD Countries〉, 2008.

OECD, 〈Labor Force Statistics in OECD Countries: Sources, Coverage and Definition〉, July 2014.

OECD, 〈Strengthening Social Cohesion in Korea〉, 2013.

OECD, 〈Strengthening Social Cohesion in Korea〉, 2015.

World Economic Forum, 〈The Global Competitiveness Report 2014~2015〉, 2015.

언론 기사

"납품 단가 또 얼마나 낮출지…", 〈한국일보〉, 2003년 8월 7일자 인터넷 기사.

"더 벌어진 대기업·中企 임금격차 줄여야 靑年 고용 는다", 〈조선일보〉, 2015년 3월

21일자 인터넷 기사.

"시급 인상하라…알바노조, 맥도날드 매장 항의 점거", 〈뉴시스〉, 2015년 2월 7일자 인터넷 기사.

"신혼여행 앞둔 내 남편, 왜 맥도날드와 충돌했나", 〈오마이뉴스〉, 2015년 5월 3일자 인터넷 기사.

"원칙 잃고 경제 살리기도 놓치는 사면", 〈조선일보〉, 2015년 8월 13일 인테넷 기사.

"[장하성 칼럼] '희망은 이념이 아니라 새로운 세대에 있다'", 〈조선일보〉, 2012년 1월 17일자

"財界, '투자 살리려면 기업인 반드시 포함돼야'", 〈문화일보〉, 2015년 7월 14일자 인터넷 기사.

"핀란드 과속 벌금 2억 6000만 원, 우리도 이렇게 합시다", 〈국민일보〉, 2015년 1월 26일자 인터넷 기사.

"현대차 돈잔치 후폭풍 우려한다", 〈서울신문〉, 2005년 9월 12일 인터넷 기사.

인터넷 사이트

고용노동통계 http:// laborstat.molab.go.kr
국가통계포털 http://www.kosis.kr
통계청 http://kosis.kr
한국갤럽조사연구소 http://www.gallup.co.kr
한국노동사회연구원 http://www.klsi.org
한국노동연구원 http://www.kli.re.kr
한국은행 경제통계시스템 https://ecos.bok.or.kr
CREDIT SUISSE https://www.credit-suisse.com
THE WORLD TOP INCOMES DATABASE
    http://topincomes.g-mond.parisschoolofeconomics.eu
OECD http://www.oecd.org

| 찾아보기 |

왜 분노해야 하는가

한국 자본주의 Ⅱ - 분배의 실패가 만든 한국의 불평등
© 장하성, 2015

펴낸날 1판 1쇄 2015년 12월 5일
        1판 25쇄 2021년 4월 6일

지은이 장하성
펴낸이 윤미경

펴낸곳 헤이북스
출판등록 제2014-000031호
주소   경기도 성남시 분당구 황새울로 234, 607호(수내동, 분당트라팰리스)
전화   031-603-6166
팩스   031-624-4284
이메일   heybooksblog@naver.com

만든이 김영회, 윤여진
꾸민이 류지혜
마케팅 김남희
적은곳 한영문화사

ISBN 979-11-953169-7-7 03300